LA TRAQUE DES CRIMINELS NAZIS

Présenté par
SERGE KLARSFELD
avec ANNE VIDALIE

LA TRAQUE DES CRIMINELS NAZIS

TALLANDIER / L'EXPRESS

Les éditeurs remercient chaleureusement les collaborateurs et journalistes de *L'Express* pour avoir autorisé la reproduction de leurs articles. Si en dépit de leurs efforts, certains ayants droit n'avaient toutefois pu être contactés, nous les prions de se signaler auprès des éditions Tallandier. Leurs droits sont réservés.

Éditions Tallandier
2, rue Rotrou – 75006 Paris
www.tallandier.com

SOMMAIRE

LE COMBAT D'UNE VIE

Un crime presque parfait

C'était il y a soixante-dix ans, peu après mon huitième anniversaire. Dans la nuit de la rentrée des classes, le 30 septembre 1943, les soldats allemands encerclent le pâté de maisons où se trouve notre immeuble, à Nice. Les projecteurs des camions s'allument et la chasse aux Juifs, appartement par appartement, débute. Elle est dirigée par Alois Brunner et son commando de SS autrichiens qui ont pénétré, le 8 septembre, dans Nice où les militaires italiens protégeaient les Juifs, jusque-là, contre toute arrestation. Il nous était impossible de quitter la ville dont les accès étaient bloqués et placés sous contrôle policier, à commencer par les gares.

Brunner a mené à Nice les rafles les plus brutales de l'Europe occidentale : vérifications soudaines d'identité dans les rues avec déshabillage des hommes suspectés d'être Juifs et, chaque nuit, des opérations comme celle que nous subissons. Mon père a pris la précaution de créer un double fond dans un placard profond afin d'y cacher ma mère, ma sœur et moi ; lui-même a prévu de se sacrifier pour ouvrir la porte aux Allemands et éviter ainsi une fouille violente qui mènerait immanquablement à notre découverte, tant notre protection est fragile.

Les gestapistes sont déjà dans l'appartement voisin, où vit sous un faux nom une famille juive : le père, la mère, une jeune fille et une fillette qui est notre camarade de jeux. Les Allemands se mettent à les battre, elle et sa sœur aînée, pour faire avouer aux parents l'adresse de leur fils. Notre placard est mitoyen de leur appartement et nous entendons distinctement leurs cris et leurs pleurs. La petite Marguerite répète : « Je ne sais pas ! Je ne sais pas ! » Le père hurle : « Police française, police française ! Au secours ! Sauvez-nous ! Nous sommes Français ! »

Je sais que, si l'on nous trouve, nous sommes promis à la mort. Quelques jours auparavant, notre père nous a dit : « Si les Allemands nous arrêtent, moi, je survivrai parce que je suis fort, mais vous, non. » La sauvagerie à laquelle nous assistons cette nuit-là nous plonge, ma sœur et moi, dans le silence et l'immobilité les plus complets. On frappe à notre porte : « Ouvrez, police allemande ! » Mon père obéit, sinon la porte serait enfoncée. Tout de suite, l'Allemand demande en français : « Où sont votre femme et vos enfants ? » Mon père répond que nous sommes à la campagne parce que l'appartement vient d'être désinfecté. Les Allemands entament la fouille ; l'un d'eux ouvre la porte du placard, rabat les vêtements qui se trouvent sur la tringle, mais il ne touche pas le mur du fond qui est, en réalité, une mince cloison de bois.

Voilà comment nous avons eu la vie sauve. Au matin de cette nuit terrible, nous avons pu enfin sortir. Pendant des mois, nous avons vécu traqués, passant d'appartement en appartement, marchant dans la rue, ma mère sur un trottoir, ma sœur et moi sur celui d'en face. À chaque instant, nous savions que la mort pouvait nous rattraper.

Pour les enfants juifs de ma génération, cette menace revêtait tantôt des uniformes allemands, tantôt des uniformes français. Elle était incarnée par des civils allemands ou par des inspecteurs français, parfois par les uns et les autres, ensemble. C'est ainsi que, même ceux d'entre nous qui étaient assimilés et ne savaient pas ce que cela signifiait, religieusement, qu'être juif, ont eu la révélation profondément durable, jusqu'à leur dernier souffle, qu'ils étaient juifs.

Pendant ces années terribles, combien de pères juifs ont-ils été obligés de bâtir des doubles fonds pour tenter de sauver leur famille ? Combien ont réussi ? Bien peu. Nous n'avons pas été découverts, Anne Frank le fut.

Mon père a pris le chemin de Drancy, puis d'Auschwitz, où il est arrivé le 30 octobre 1943 par le 61e convoi parti de France. Frappé par un Kapo, il eut la force de répliquer en l'assommant, ce qui lui coûta la vie. En 1965, je me suis rendu à Auschwitz-Birkenau, là où il est mort. Là où j'aurais dû mourir, moi aussi, s'il ne nous avait pas sauvé la vie au sacrifice de la sienne. C'était l'hiver, il faisait un froid terrible, j'étais seul. Moi, le survivant, je me suis fait deux promesses : celle de défendre Israël ; et celle de défendre la mémoire des Juifs qui ont péri durant la Shoah.

La tâche était immense. En pleine civilisation, en se servant de procédés méthodiques, la cruauté raciale des nazis a exterminé six millions de Juifs. Six millions de femmes, d'hommes et d'enfants qui ont succombé, dans les conditions les plus atroces, à un mélange fatal de mystique barbare et d'esprit administratif.

Les crimes des Himmler, Heydrich et autres Eichmann ont frappé toutes les régions asservies au Reich. Leurs circulaires ont aspiré les Juifs de toute l'Europe au fond de l'univers concentrationnaire. Les convois de déportation sont venus de partout : France, Bohême-Moravie, Belgique, Pays-Bas, Norvège, Autriche, etc. Il n'a fallu que quelques jours pour que les Juifs de l'île de Rhodes, arrêtés en pleine mer, traversent la Méditerranée et l'Europe et foulent la sinistre rampe d'arrivée de Birkenau, à quelques pas des chambres à gaz où ils allaient être exterminés.

Les rafles avaient lieu simultanément à Budapest, Toulouse, Minsk et Mantoue, dans les villages de Thrace ou dans ceux de Dordogne. L'équipe des organisateurs du massacre sillonnaient l'Europe : après avoir persécuté les Juifs allemands en 1939, le lieutenant d'Eichmann, Theodor Dannecker installait en 1940 la réserve juive de Nisko en Pologne, puis préparait la déportation des Juifs de France jusqu'à l'été 1942. Ensuite, il a poursuivi sa sinistre besogne à Sofia et à Prague. Avec Eichmann, à Budapest, il a collaboré à la déportation de plusieurs centaines de milliers de Juifs hongrois, puis il a fini sa carrière en décimant les Juifs de l'Italie du Nord. Alois Brunner, un autre des efficaces lieutenants d'Eichmann, a opéré successivement, lui, à Vienne, Berlin, Salonique, Paris et Bratislava.

Ce crime parfaitement planifié, organisé, exécuté, témoigne de la détermination effrayante avec laquelle ses auteurs l'ont conçu et réalisé. Ce n'est pas un crime isolé, l'œuvre d'une petite équipe autonome. C'est un crime de masse qui a nécessité, d'abord, la coopération de diverses administrations allemandes. Il a fallu négocier les convois ferroviaires avec le ministère des Transports. Pour obtenir la livraison de Juifs de nationalités relevant de pays neutres, alliés de l'Axe ou soumis au Reich, il a fallu le concours de la diplomatie hitlérienne qui, le plus souvent, l'a offert sans réserve.

Il a fallu, ensuite, le concours de l'armée allemande pour que les groupes spéciaux d'extermination, les Einsatzgruppen, puissent accomplir efficacement leur besogne de tueurs. Plus d'un million et demi de Juifs ont été massacrés par ces SS appartenant à la police politique, mais que la Wehrmacht pourvoyait en munitions et en nourriture, en moyens de transport et de transmissions – tout ce dont ils avaient besoin pour anéantir les Juifs de l'Union soviétique.

Il a fallu, de plus, l'exploitation de la main-d'œuvre concentrationnaire par la grande industrie allemande qui a réalisé de fabuleux bénéfices en louant à bas prix aux SS ces esclaves qu'elle n'avait pas à ménager ni à nourrir décemment. Lorsque, rapidement, ils perdaient leur capacité de travail, les industriels allemands les rendaient aux SS, qui les envoyaient à la chambre à gaz.

Il a fallu aussi, ne l'oublions pas, la complicité des antisémites locaux, de la Pologne à l'Ukraine, de la Roumanie aux Pays baltes, ainsi que la bienveillance des régimes mis en place ou soutenus par le IIIe Reich, de la Slovaquie à la Croatie, de la France de Vichy à la république de Salo, qui ont massacré eux-mêmes leurs Juifs ou les ont livrés à l'occupant hitlérien.

Ainsi, de 1940 à 1945, le nazisme a tué ou a fait tuer les deux tiers du peuple juif vivant en Europe par des méthodes variées : les exécutions sommaires par petits groupes ou dans les grandes fosses comme celle de Babi Yar ; la sous-nutrition dans les ghettos ; les chambres à gaz ambulantes des territoires de l'Est ; le surmenage et la sous-alimentation dans les mines, les carrières ou les usines de IG-Farben et de Krupp ; les pogromes provoqués ; l'empoisonnement dans les chambres à gaz de Treblinka, Maidanek, Belzec, Sobibor, Auschwitz et du Stuthoff. Un médecin SS, le Dr Johann Paul Kremer, a raconté dans son journal intime avoir observé par un hublot comment 761 Juifs du convoi parti de Drancy le 31 août 1942 ont été gazés : « En comparaison, l'enfer de Dante m'apparaît presque comme une comédie. Ce n'est pas pour rien qu'Auschwitz est appelé camp d'extermination. »

Cette colossale entreprise de destruction, par sa nature et par ses dimensions, n'a jamais eu d'équivalent. Pour être menée à bien par les gouvernants d'un peuple appartenant, dans sa majorité, au christianisme et connu pour être l'un des plus civilisés du monde occidental, il a fallu deux catégories de criminels : ceux qui perpétraient directement les assassinats massifs, les fantassins de cette armée du crime ; et ceux qui assassinaient derrière leurs bureaux, c'est-à-dire qui donnaient l'ordre de tuer ou dont les activités contribuaient à l'organisation du crime. Les uns et les autres sont coupables car, sans leurs agissements conjugués, il n'y aurait pas eu ces millions de victimes dont, sans doute, plus d'un million d'enfants.

Prémisses de justice

Disons-le haut et fort : la chasse aux criminels de guerre nazis est un mythe. N'en déplaise aux journalistes, aux écrivains et aux cinéastes, il est faux d'affirmer que ces criminels ont été activement recherchés. Au vrai, ils l'ont été beaucoup moins que nombre d'escrocs d'envergure internationale… Il faut savoir regarder la vérité en face et séparer lucidement la fiction de la réalité, aussi triste et décevante soit-elle. Seule la trop brève période de coopération entre l'Est et l'Ouest, de 1945 à 1947, donna lieu à une « chasse » digne de ce nom. La guerre froide y mit un point final. Elle fut une véritable bénédiction pour les criminels nazis, très souvent graciés et parfois rapidement libérés, notamment par les Américains.

Des films comme *The Boys from Brazil*, *Marathon Man* et *The Odessa File* ont contribué à entretenir une autre légende, tout aussi fausse : celle d'une traque impitoyable menée par des commandos de justiciers juifs. Aucun peuple, je crois, victime d'une souffrance immense comme le fut le peuple juif aux mains des nazis, n'aurait laissé la vengeance prendre aussi peu de place dans son cœur. Israël n'a jamais agi illégalement à l'encontre des criminels nazis relaxés, acquittés ou condamnés, en Allemagne ou en Autriche, à des peines scandaleusement faibles. Les impératifs de la lutte contre le terrorisme, la nécessité de s'intégrer à un ensemble occidental dont il fallait bien respecter les règles de cohabitation, le rôle permanent de l'Autriche comme sas de sortie des Juifs des pays de l'Est, l'appui matériel apporté par la République fédérale à l'Etat juif et la volonté d'établir avec elle des relations diplomatiques ont conduit Jérusalem à ne jamais intervenir directement contre les criminels nazis dans ces deux pays. Israël s'est contenté de fournir aux procureurs allemands les témoins et les documents qu'ils lui demandaient et d'exiger que justice soit faite.

Si la traque des criminels nazis par des Juifs assoiffés de vengeance relève du mythe, un fait, bien réel celui-là, mériterait d'être mieux connu. En effet, ce sont des Juifs qui sont à l'origine des premiers efforts de recherche sur les crimes commis contre eux. Dès 1940 est fondé, à Haïfa, un bureau d'investigation de l'Agence juive qui amasse les renseignements recueillis auprès des nouveaux immigrants sur les criminels nazis. En mars 1943, le département politique de l'Agence juive établit une section spéciale des questions juives de la Diaspora. En mars 1944, cet organisme devient le Bureau de recherches sur la situation des Juifs sous la domination nazie. Les informations proviennent des immigrants, de l'Agence juive à Istanbul, des émissaires en Suisse et des rapports de résistants. En France, Isaac Schneersohn crée à Grenoble, en avril 1943, le Centre de documentation juive contemporaine qui organise la collecte des documents disponibles sur les persécutions antisémites perpétrées, en France, par l'occupant allemand et le régime de Vichy.

Du côté des Alliés, la justice se met en branle bien avant la fin de la guerre, également. Dès janvier 1942, à Londres, les huit gouvernements européens en exil, plus le Comité national de la France libre, se réunissent. Ils peaufinent une déclaration stigmatisant les crimes allemands. Déjà se fait sentir une volonté juive de prévenir le crime antijuif en mettant ce dernier en évidence. Sous la pression du Congrès juif mondial (CJM), la section britannique du CJM insiste pour que la déclaration comprenne une partie spécifique consacrée aux crimes perpétrés contre les Juifs. En vain. Dans ce texte, comme dans ceux qui suivent, le crime antijuif n'est pas, hélas, distingué des autres crimes. S'il en avait été autrement, si les Alliés avaient menacé explicitement les Allemands de représailles contre ce crime raciste, cela aurait peut-être tempéré le zèle des tueurs.

N'oublions pas que, au moment où les Juifs sont exterminés dans l'Europe asservie par le nazisme, des bateaux chargés de Juifs, refoulés par les Anglais de Palestine, sombrent en Méditerranée ou en mer Noire ; que l'on ne bombarde pas les voies ferrées menant aux camps de concentration et que le Vatican, la plus éminente instance de la chrétienté, reste silencieux, même lorsque les nazis entraînent vers Auschwitz les familles juives de Rome. De 1942 à 1945, on n'assiste pas à un effort interallié organisé et efficace pour sauver le peuple juif martyrisé.

Les nazis s'en rendent parfaitement compte. Citons Josef Goebbels, le ministre de la Propagande du IIIe Reich : « Il est curieux de constater que les pays dont l'opinion publique s'élève en faveur des Juifs refusent toujours de les accueillir. Ils disent que ce sont des pionniers de la civilisation, des génies de la philosophie et de la création artistique, mais, lorsqu'on veut leur faire accepter ces génies, ils ferment leurs frontières. Non, nous n'en voulons pas. »

Cependant, la volonté des Alliés de réprimer les crimes de guerre s'exprime de plus en plus solennellement. Le 27 avril 1942, les gouvernements anglais, américain et soviétique affirment que le châtiment de ces crimes est « un des buts majeurs de la guerre ». Le 30 octobre 1943, la déclaration de Moscou, souscrite par Churchill, Roosevelt et Staline, stipule que « le problème des criminels de guerre dont les crimes ne sont pas en relation avec un point géographique déterminé sera résolu par une décision commune des gouvernements alliés » et que « les trois puissances alliées poursuivront les criminels de guerre jusque dans les régions les plus reculées de la terre et les remettront à leurs accusateurs pour que justice soit faite ».

La compilation systématique de renseignements menée par l'Agence juive a facilité le travail de la Commission internationale pour l'élaboration de la question de la responsabilité des principaux criminels de guerre, établie à Londres. Dès juin 1945, 570 fiches détaillées offrent, sur chacun de ces criminels, des informations personnelles, leur description physique, les actes commis et les sources d'information. Ces précieux renseignements sont envoyés à l'Agence juive de Londres pour appuyer la demande de nomination de représentants du peuple juif comme membres de la Commission internationale sur les crimes de guerre – demande à laquelle il n'est pas donné suite.

Réunie en juin 1945, cette commission élabore l'accord de Londres du 8 août 1945 en vue de la poursuite et du châtiment des principaux criminels de guerre de l'Axe en Europe. Ce texte prévoit la création d'un tribunal militaire international – le futur tribunal de Nuremberg – en zone d'occupation américaine. Il définit également, dans son article 6, les trois catégories de crimes que cette juridiction aura à examiner : les crimes contre la paix, les crimes de guerre et les crimes contre l'humanité. La définition des crimes contre l'humanité, dont le crime antijuif a été l'exemple le plus significatif, est la suivante : « L'assassinat, l'extermination, la réduction en esclavage, la déportation et tout acte inhumain commis contre toutes les populations civiles, avant ou pendant la guerre, ou bien les persécutions pour des motifs politiques, raciaux ou religieux, lorsque ces actes ou persécutions, qu'ils aient constitué ou non une violation du droit interne du pays où ils ont été perpétrés, ont été commis à la suite de tout crime entrant dans la compétence du tribunal ou en liaison avec ce crime [...] Les dirigeants, organisateurs, provocateurs ou complices qui ont pris part à l'élaboration ou à l'exécution d'un plan concerté ou d'un complot pour commettre l'un quelconque des crimes ci-dessus définis sont responsables de tous les actes accomplis par toute personne en exécution de ce plan. »

Le procès de Nuremberg

La définition des crimes contre l'humanité est alors nouvelle et positive : pour la première fois, les crimes de droit commun commis contre la personne humaine au nom de la raison d'État vont être réprimés en la personne des dirigeants qui les ont conçus et ordonnés. Aussi le grand procès de Nuremberg est-il dominé par cette notion de crime contre l'humanité, tant dans les actes officiels que dans les débats. Mais il semble que, pendant le déroulement des centaines d'audiences, les chefs d'accusation détaillés concernant le supplice et le massacre des Juifs se délitent dans une espèce de confusion. Peu d'observateurs saisissent à quelle lacune est exposé le procès de l'hitlérisme si le problème juif n'y garde pas, rassemblé, sa valeur de pièce maîtresse qui, par ses affreuses conséquences, distingue le nazisme de toutes les autres idéologies.

Il fallait une volonté juive et un porte-parole juif. C'est à Chaïm Weizmann, devenu plus tard le premier président d'Israël, qu'échoit ce rôle, mais, finalement, il se heurte à un refus poli. Citons un extrait de sa lettre au procureur général américain Jackson en octobre 1945 : « J'ai vivement apprécié votre intention de me permettre de présenter l'aspect juif de cette terrible mise en accusation. » Et voici la réponse, trois mois plus tard, du procureur général : « En fin de compte, nous avons pu réunir sur la persécution des Juifs une documentation tellement complète et tellement terrible que le témoignage d'un Juif à ce sujet pourrait avoir un effet contraire. Les documents nazis sont si froidement cruels et si complets au sujet de l'intention d'exterminer les Juifs, si détaillés [...] La force de ces documents provient de ce qu'il n'y a pas de doute sur leur authenticité ou sur la vérité de leur terrible teneur. Il n'est pas possible de prétendre qu'ils sont teintés par la soif de vengeance. Je suis convaincu que, pour la future position des Juifs en Europe, il est préférable de construire notre accusation de cette manière, plutôt que de l'étayer par des témoignages qui seraient vulnérables aux attaques. »

Du 20 novembre 1945 au 1er octobre 1946 se tient donc, à Nuremberg, le procès intenté par les puissances alliées contre vingt-quatre des principaux responsables du IIIe Reich, accusés de complot, crimes contre la paix, crimes de guerre et crimes contre l'humanité.

Au passage, je tiens à tordre le coup à une idée reçue : non, le crime commis contre le peuple juif n'est pas passé sous silence à Nuremberg. Il est évoqué par le biais de pièces à conviction, de trop rares témoins juifs et de quelques films bouleversants. Mais, c'est vrai, il n'est pas au centre des délibérations. Aucun réquisitoire n'est présenté au nom du peuple juif et personne n'est invité à la barre pour parler clairement et fortement au nom des Juifs dont les survivants, à cette même époque, restent dans les camps, sur les lieux de leur calvaire, ou essaient, malgré les Anglais, de rallier la Palestine.

Les procureurs des quatre délégations se répartissent les réquisitoires et le travail. Les crimes contre les Juifs ont été commis, soit en Allemagne avant la guerre (ce sont les procureurs américains qui en sont chargés), soit durant les hostilités dans les territoires occupés par l'Allemagne. Pour ceux-là, les plus importants, les procureurs français et soviétiques se présentent devant le tribunal, non seulement au nom de leurs peuples, mais encore au nom de ceux des territoires occupés de l'Ouest en ce qui concerne la France (Luxembourg, Belgique, Hollande, Danemark, Norvège) ou de l'Est en ce qui concerne l'Union soviétique (Tchécoslovaquie, Pologne, Hongrie, Bulgarie, Yougoslavie, Roumanie et Grèce).

Sept condamnés à mort voient établies leurs responsabilités individuelles dans l'extermination des Juifs : le ministre de l'Air Hermann Göring, le ministre des Affaires étrangères Joachim von Ribbentrop, le chef de la sécurité du Reich Ernst Kaltenbrunner, le ministre aux Territoires occupés de l'Est Alfred Rosenberg, le gouverneur général de Pologne Hans Franck, le protecteur de Bohême-Moravie Wilhelm Frick, le théoricien antisémite Julius Streicher et le gouverneur des Pays-Bas Arthur Seyss-Inquart. Ribbentrop, par exemple, est jugé responsable de crimes contre l'humanité pour avoir joué un rôle important dans la Solution finale de la question juive et « participé à l'application de méthodes criminelles, incluant en particulier celles qui ont abouti à l'extermination des Juifs ».

Le procès de Nuremberg a marqué durablement les esprits par la volonté de ses organisateurs de rassembler une gigantesque documentation sur le régime hitlérien, la guerre d'oppression, les crimes de guerre et les crimes contre l'humanité, ainsi que par leur désir de mettre ces informations à la disposition de tous. Ils ont rendu un service éminent à la justice, bien sûr, mais aussi à l'histoire.

La condamnation des « grands criminels de guerre » par le tribunal de Nuremberg s'insère dans l'ensemble de la répression internationale de la criminalité nazie. La loi n° 10, promulguée le 20 décembre 1945 par le Conseil de contrôle interallié, permet en effet aux tribunaux militaires, dans les quatre zones d'occupation, d'inculper un grand nombre d'individus pour les mêmes chefs d'accusation que ceux retenus à Nuremberg. En zone américaine, par exemple, des tribunaux militaires jugent des gardiens de divers camps de concentration. Au total 1 941 accusés, dont 1 517 sont condamnés. La peine capitale est prononcée à l'encontre de 324 d'entre eux, dont environ le quart est pendu ; 367 gardes sont acquittés.

Surtout, les tribunaux militaires américains, sous l'impulsion de leur procureur, le général Telford Taylor, font comparaître certains des principaux responsables de l'État nazi au fil de douze procès qui se déroulent, eux aussi, à Nuremberg, de décembre 1946 à avril 1949. Parmi les accusés figurent des généraux du haut commandement, des diplomates, des juristes, des fonctionnaires, les dirigeants des entreprises IG-Farben et Krupp, des médecins, des chefs SS et des responsables des Einsatzgruppen. Sur les 184 accusés, cadres supérieurs du crime sous toutes ses facettes, 35 sont acquittés et 24 écopent d'une condamnation à mort, dont 12 sont exécutés.

Les tribunaux militaires britanniques mènent également d'importants procès. Citons notamment celui du maréchal Kesserling qui n'a pas lieu en Allemagne, mais à Venise, parce qu'il a dirigé la Wehrmacht en Italie ; le procès du maréchal Erich van Manstein ; ceux des gardiens des camps de Bergen-Belsen et de Neuengamme. Au total, sur 1 085 accusés, 240 sont condamnés à mort et la majorité d'entre eux est exécutée.

Les tribunaux militaires français en Allemagne, eux, ont à juger 2 107 personnes dont 104 écopent de la peine capitale. À ma connaissance, un seul est exécuté : Robert Wagner, qui a gouverné l'Alsace annexée au IIIe Reich.

Quant aux Soviétiques, le respect des procédures n'est pas leur souci majeur. Ils arrêtent et condamnent, avec ou sans procès, un nombre très important d'Allemands dans leur zone d'occupation : entre 10 000 et 15 000 personnes, dont beaucoup meurent en prison ou dans des camps.

Mais, entre les verdicts et l'exécution de la peine, la guerre froide s'installe en Europe. C'en est fini de la traque organisée des criminels nazis. Pire : nombre d'entre eux bénéficient d'une mansuétude nouvelle. La révision des douze procès de Nuremberg est menée par le commandant suprême américain, le général Clay. Plus tard, une commission mixte germano-américaine de grâce est instituée. Les criminels nazis en sont les principaux bénéficiaires : les pardons se multiplient et les peines fondent comme neige au soleil – vingt-cinq ans de travaux forcés se muant généralement en cinq années de prison, même pour les pires tueurs. De nombreux exterminateurs de masse et, parmi eux, des dirigeants des Einsatzgruppen, d'abord condamnés à mort, purgent finalement moins de huit ans de prison…

Pendant ce temps, tous les efforts des communautés juives dans le monde sont dirigés vers la lutte politique pour la création de l'État d'Israël et, plus tard, vers la lutte pour l'indépendance et la survie de cet État. Aussi, pour mener à bien la répression du crime antijuif, une volonté juive collective fait-elle défaut en cette période d'affrontement entre les blocs idéologiques, où les bourreaux nazis comprennent qu'ils peuvent relever la tête et où l'opinion publique se désintéresse rapidement de l'effroyable passé représenté par la Shoah.

Justices nationales

La justice interalliée n'a pas été la seule à l'œuvre, car les pays victimes de l'agression et de l'occupation par les nazis traînèrent devant leurs tribunaux militaires les criminels de guerre allemands pour les faire répondre des forfaits commis sur leur territoire national. Leurs tribunaux pénaux, réguliers ou d'exception, jugèrent également les nationaux qui avaient participé à ces crimes.

La répression la plus large des crimes nazis a été, de fait, conduite par ces justices nationales. Dans chaque État libéré ou reconstitué, elle s'est exercée contre de nombreux nationaux et, en particulier, contre les dirigeants de ces pays qui s'étaient associés aux crimes du régime hitlérien ou en avaient pris eux-mêmes l'initiative : le maréchal Ion Antonescu, chef de l'État roumain, et son Premier ministre, Mihai Antonescu ; les Premiers ministres hongrois de l'occupation allemande, Döme Sztojay et Ferenc Salaszi ; le président de la République slovaque, Mgr Josef Tiszo ; le chef du gouvernement norvégien Vidkun Quisling, en France, le chef du gouvernement Pierre Laval et le chef de l'État Philippe Pétain.

À l'Est, l'attitude des justices nationales vis-à-vis des criminels antijuifs fut, sans aucun doute, plus proportionnée à l'horreur des crimes commis par les nazis, surtout en Pologne. Les anciens déportés à Auschwitz ont pu comparer les verdicts indulgents du tribunal de Francfort, en 1965, à l'encontre de vingt-deux de leurs anciens bourreaux aux sentences dont ont écopé les quarante sentinelles de ce camp qui durent répondre de leurs crimes devant la cour suprême de Pologne. Tous, sauf un, furent condamnés à la peine capitale (et exécutés) ou à la détention perpétuelle.

En République démocratique allemande, par exemple, un des médecins sélectionneurs d'Auschwitz, le Dr Horst Fischer, fut fusillé en 1966. En revanche, son confrère le Dr Franz Lucas, qui avait accompli la même besogne macabre, a été condamné, à Francfort, à trois ans de prison… Cette légère peine fut même annulée par la cour fédérale qui a estimé ne pouvoir prouver si Lucas croyait vraiment, comme il l'affirmait, qu'il aurait été tué, lui aussi, s'il avait refusé ce travail de sélection. Et cela, alors que la cour reconnaissait que Lucas ne courait pas, objectivement, ce risque.

Les justices nationales se sont également exercées contre des nationaux allemands, coupables de crimes dans ces États, qui ont été arrêtés sur leur sol ou extradés par les pays qui les détenaient. C'est ainsi que la Pologne a jugé et exécuté plusieurs chefs de camps d'extermination, tel Rudolf Höss, commandant du camp d'Auschwitz-Birkenau et un certain nombre d'autres criminels ; tel Amon Göth, commandant du camp de Plaszow ; tel le général SS Jürgen Stroop qui avait réprimé la révolte du ghetto de Varsovie ; tel le gouverneur de Varsovie Ludwig Fischer et le Gauleiter de Prusse orientale Erich Koch. Au total, la Pologne a jugé plus de 5 000 Allemands. C'est ainsi également que Dieter Wisliceny, membre de l'équipe d'Eichmann et responsable de la déportation des Juifs de Slovaquie, a été jugé et pendu à Bratislava.

Les tribunaux belges ont condamné 75 Allemands, les Hollandais, 204, le Luxembourg, 68, le Danemark, 80, la Norvège, 80. En France, les tribunaux militaires, sur la base de l'ordonnance du 29 août 1944, ont jugé les Allemands criminels de guerre présumés, civils et militaires, ayant commis en France ou à l'étranger des crimes à l'encontre de citoyens français ; 1 918 Allemands ont été jugés contradictoirement et 956 verdicts délivrés par contumace.

Parmi les principaux condamnés figuraient Otto Abetz, l'ambassadeur allemand, Karl Oberg, le chef des SS et de la police allemande, Helmut Knochen, le chef de la police de sûreté et du service de sécurité pour la France. Seule une poignée de ces criminels allemands fut exécutée et les derniers d'entre eux furent libérés en 1962, un an avant la signature du traité d'amitié franco-allemand par Charles de Gaulle et Konrad Adenauer.

La France d'après guerre

En France, ou plutôt dans les territoires libérés de l'empire français, la répression a débuté dès juillet 1943 avec une ordonnance créant un tribunal militaire d'armée chargé de juger les crimes commis dans des camps d'internement du sud de l'Algérie. Le 20 octobre 1943, une nouvelle ordonnance a étendu la compétence de ce tribunal devenu « tribunal militaire d'armée de compétence particulière ». Cette « compétence particulière » visait les crimes contre la sûreté de l'État commis par les membres de l'organisme se disant gouvernement de l'État français, ainsi que ceux commis par tous ses hauts fonctionnaires et généraux. C'est ce tribunal qui jugera dans un premier procès, en février 1944, les tortionnaires du camp d'Adjerat coupables d'avoir mis à mort des internés étrangers, dont une proportion importante de Juifs. C'est ce tribunal, également, qui jugera et condamnera à mort, au printemps 1944, Pierre Pucheu, secrétaire d'État à l'Intérieur du gouvernement de Vichy de 1941 à 1942, responsable à ce titre, d'avoir pris part au choix d'otages fusillés par les Allemands.

En métropole, dès la Libération, se sont multipliés à travers la France les cours martiales, tribunaux spéciaux, tribunaux militaires extraordinaires et tribunaux populaires – des juridictions d'exception, improvisées ou bien créées par les arrêtés des commissaires de la République ou des préfets. Pendant cette période confuse, nombreux, sans doute, furent les hommes et les femmes victimes d'une répression souvent aveugle, sans recours et immédiatement exécutoire.

Puis ce furent aux cours de justice, aux chambres civiques et à la Haute Cour de justice de juger des dizaines de milliers de personnes. C'est ainsi que fut jugée et condamnée la plupart des dirigeants de Vichy, le chef de l'État Philippe Pétain, le chef du gouvernement Pierre Laval, d'autres collaborateurs tels Fernand de Brinon, Jacques Benoist-Méchin ou Joseph Darnand, ainsi que des militaires comme le général Henri Dentz et l'amiral Jean-Pierre Esteva.

Deux condamnations à mort furent prononcées, celles des principaux dirigeants politiques, Pierre Laval et Philippe Pétain – ce dernier fut d'ailleurs gracié. Dans ces condamnations, la politique antijuive de Vichy et le concours prêté aux nazis pour l'arrestation et la livraison des Juifs ont joué un rôle important.

Mais la justice fut beaucoup plus indulgente pour les agents du gouvernement de Vichy, en particulier pour les plus hauts responsables de sa police qui géraient directement le « problème juif ». René Bousquet, par exemple, secrétaire général à la police, fut condamné en 1949 à cinq ans de dégradation nationale. Une peine légère dont il fut immédiatement relevé pour « avoir participé de façon active et soutenue à la résistance contre l'occupant ». Admettons que ces faits de résistance aient été authentiques. Plus authentique, encore, a été l'arrestation en zone libre, conformément aux instructions détaillées de Bousquet, des dizaines de milliers de Juifs étrangers qui furent livrés avec leurs enfants français aux nazis dans des conditions abominables et déportés à Auschwitz.

Ce sont aussi les hauts fonctionnaires de police, les représentants de Bousquet en zone occupée, qui organisèrent avec les SS la rafle du Vél' d'Hiv le 16 juillet 1942. Peut-être Bousquet était-il ravi, comme le régime antisémite qu'il servait de son mieux, de se débarrasser des Juifs étrangers dont il disait qu'« ils avaient fait tant de mal à la France » ; peut-être n'en était-il pas ravi… Ce qui est certain, en tout cas, c'est qu'il a fait ce travail répugnant, alors qu'il pouvait y échapper en démissionnant. Il en va de même pour les hauts fonctionnaires de la préfectorale et de la police française qui ont été parmi les acteurs principaux de ce drame effroyable – ce qui ne les a pas empêchés de finir paisiblement leur carrière sous la IVe et la Ve République.

Si la pression de la France sur l'Espagne a été assez forte pour que Madrid oblige Laval à rentrer en France, elle a été, en revanche, notoirement insuffisante pour obtenir le même résultat en ce qui concerne l'odieux commissaire général aux Questions juives du régime de Vichy, Louis Darquier de Pellepoix. Quant à Xavier Vallat, son prédécesseur au même poste, il fut condamné à dix ans de prison (qu'il ne purgea pas), alors qu'il avait forgé contre les Juifs un instrument de persécution très efficace. Leurs principaux collaborateurs du commissariat aux Questions juives s'en tirèrent, eux aussi, sans grand dommage. Nous avons le droit d'affirmer que le crime antijuif en France a été puni avec beaucoup moins de sévérité que bien d'autres crimes, en dépit du nombre considérable de victimes qu'il a faites.

En fin de compte, à ma connaissance, le seul homme jugé et fusillé en France pour avoir agi contre les Juifs était un Juif lui-même, Oscar Reich, ancien footballeur viennois qui, arrêté en France et interné à Drancy, avait prêté main forte aux SS.

Les années qui suivirent cette vague de procès, de 1948 jusqu'à 1960, furent marquées par le désintérêt à l'égard de la Shoah. En Allemagne, Hans Globke, le directeur de la Chancellerie fédérale et éminence grise de Konrad Adenauer, avait été le commentateur officiel des lois raciales du IIIe Reich. Certains des membres de l'équipe d'Eichmann réapparaissaient outre-Rhin sans être inquiétés. Les seuls d'entre eux qui furent jugés, condamnés à mort et exécutés, l'ont été avant la guerre froide. Il s'agit de Dieter Wisliceny qui avait opéré en Grèce, en Hongrie et en Tchécoslovaquie, et qui fut pendu à Bratislava, et de l'Autrichien Anton Brunner, responsable de la déportation des Juifs de Vienne, qui fut jugé dans cette ville en 1946 par le Tribunal populaire où l'influence communiste était forte. Eichmann, le maître d'œuvre de la Solution finale, ne fut même pas jugé par contumace à Nuremberg.

Mais cette période 1948-1960 n'a pas été infructueuse, car elle a permis aux survivants des camps et aux historiens juifs de faire la lumière sur les criminels de la Solution finale. Les centres de documentation juive se créèrent ou se développèrent à Paris, Londres, Varsovie, Vienne, Jérusalem, Milan et New York. Les considérables archives nazies furent exploitées. La connaissance de la Solution finale s'affinait.

En Allemagne, le Dr Josef Mengele, l'implacable médecin d'Auschwitz aux folles expériences sur les jumeaux, sentit d'ailleurs le vent tourner. Jusqu'en 1951, il avait exercé sa profession en Bavière sans être le moins du monde inquiété. Le retentissement des récits des survivants qui le dépeignaient dans toute son horreur l'obligea à s'enfuir en Amérique du Sud. La République fédérale d'Allemagne allait commencer à s'intéresser à la Shoah.

Le procès de Jérusalem

Véritable suite du procès de Nuremberg, celui d'Adolf Eichmann, l'architecte de la Solution finale à la question juive, a donné un formidable coup d'accélérateur à la justice. Pour que s'effectuât une réelle prise de conscience, il était en effet indispensable de mieux éclairer l'opinion publique internationale. Quinze ans après Nuremberg, le procès de Jérusalem a très efficacement joué ce rôle en faisant comprendre la tragédie juive dans toute son ampleur.

Faut-il y voir un signe ? Le 11 mai 1960, jour du rapt d'Eichmann par les services spéciaux israéliens à Buenos Aires, fut aussi celui de notre première rencontre, Beate et moi, à la station de métro Porte-de-Saint-Cloud, qui est encore la nôtre un demi-siècle après. J'avais alors 24 ans, elle, 21. J'étais un étudiant désargenté qui avait pour unique ambition de devenir professeur d'histoire. Je vivais seul avec ma mère, lectrice de russe, dans un petit appartement avenue de Versailles. Beate, elle, était secrétaire à Berlin, sa ville natale, et passait quelques mois à Paris comme jeune fille au pair pour apprendre le français. Pourtant, nous n'avons pas attaché une importance particulière à cette date car, à l'époque, nous ne mesurions pas précisément le rôle essentiel joué par Eichmann pendant la guerre.

Parce que le reste du monde avait trop vite oublié la tragédie dont le peuple juif avait été victime, Israël décida de juger celui qui représentait l'archétype des criminels de l'action antijuive : Adolf Eichmann, le chef du service des affaires juives du Reich. Sa présence à Buenos Aires était un secret de polichinelle. Dans cette ville peuplée de nombreux Juifs, Eichmann ne se cachait guère. Il n'avait pas changé de visage, simplement de nom : il vivait sous le pseudonyme de Riccardo Klement. Ce qui ne l'avait pas empêché d'épouser sa propre femme, Vera Eichmann, ni d'enregistrer leurs deux fils à l'ambassade allemande sous le patronyme de… Klement-Eichmann. L'ambassade israélienne – et elle n'était pas la seule – recevait régulièrement des appels dénonçant la présence d'Eichmann à Buenos Aires.

Il n'existait pas alors de justice internationale compétente dans ce domaine. Quant à l'organisation policière internationale Interpol, elle était dirigée à l'époque par un ancien officier SS déserteur, Paul Dickopf. Seule la RFA pouvait agir légalement. Pas Israël, dans la mesure où l'État juif n'avait été créé qu'après la guerre…

Face à l'inertie allemande, Israël se résolut alors à intervenir illégalement en enlevant Eichmann alors qu'il se préparait à prendre le tramway pour rejoindre son bureau. L'État d'Israël était ainsi le seul à tenir la promesse faite par les gouvernements alliés à Moscou en 1943 : celle de poursuivre les auteurs de crimes contre l'humanité jusqu'au bout de la terre.

En dépit, ou à cause, de l'irrégularité de la capture d'Eichmann, son procès a connu un immense retentissement judiciaire, historique et mémoriel, et il a représenté un véritable point de départ pour une nouvelle quête de justice à l'encontre du crime nazi, en particulier du génocide perpétré contre les Juifs. À Nuremberg, les Juifs, considérés comme « partiaux », n'avaient pas eu la parole, ni comme accusateurs officiels, ni comme victimes, ni comme témoins. On avait beaucoup parlé d'eux, mais « objectivement » seulement, en citant des documents allemands. Le procès de Jérusalem fut mené par des Juifs contre le maître d'œuvre de la Solution finale. Victimes, témoins, accusateurs et juges étaient Juifs. Seuls les avocats de la défense ne l'étaient pas.

En 1961, les Juifs d'Israël pouvaient décider par eux-mêmes, contrairement à ce qui s'était passé à Nuremberg. Le procureur Gideon Hausner choisit de faire reposer le procès sur deux piliers : les pièces à conviction rassemblées soigneusement à travers le monde par une équipe compétente ; les dépositions des témoins, cent douze au total, qui, personnalités dissemblables ayant vécu des expériences différentes, ont donné une image éloquente de la Shoah dans ses multiples dimensions.

Eichmann ne fut pas seul, en réalité, dans le box des accusés. Démontant la machinerie qui extermina six millions de Juifs, le procureur Hausner a déclaré dans son réquisitoire : « Ses complices ne furent pas des gangsters ou des gens du milieu, mais des chefs de la nation, parmi lesquels se trouvaient des professeurs et des savants, des dignitaires et des diplômés de l'université, des polyglottes, des gens cultivés, ceux qu'on appelle l'élite intellectuelle. Nous les rencontrons, ces médecins, ces avocats, ces professeurs, ces banquiers, ces économistes, dans les conseils d'où partit l'ordre d'exterminer les Juifs. Ils figurent aussi parmi les meneurs et les organisateurs de cette effroyable entreprise de meurtre. »

Certes, Eichmann n'était pas un dirigeant politique. Mais le rôle qu'il avait joué dans l'extermination des Juifs était, sans aucun doute possible, au premier plan de cette activité bestiale. Car il ne suffit pas de lancer des idées et d'élaborer des programmes et des plans. Il faut que ces projets soient mis à exécution, qu'ils soient traduits dans la réalité et incarnés dans l'action. Eichmann fut le très consciencieux et très implacable exécutant des plans d'extermination des Juifs. Il fut plus encore. Il fit preuve d'une ténacité machiavélique pour s'opposer à toute atténuation possible de l'extermination et pour accroître l'ampleur des massacres. Eichmann ne se contentait pas, non plus, de donner des ordres depuis son bureau berlinois. Il se déplaçait d'un bout à l'autre de l'Europe, là où l'on arrêtait les Juifs, là où on les mettait à mort.

L'impéritie de l'Allemagne

La valeur historique et éducative du procès Eichmann a été immense. On s'est rendu compte alors que les Allemands n'avaient presque rien fait eux-mêmes pour punir les architectes de la Solution finale, ceux-là mêmes dont les noms avaient été évoqués à Jérusalem. Pourtant, 90 % des criminels nazis se trouvaient en Allemagne ou en Autriche…

De 1949 à 1970, les tribunaux allemands, peuplés de nombreux magistrats au passé nazi, ont battu des records de lenteur et d'indulgence à l'égard des criminels de guerre. Ils ont multiplié les instructions interminables qui se finirent par des non-lieux, les procès interrompus par la santé prétendument défaillante des accusés, les demandes d'extradition délivrées au compte-gouttes et négociées si lentement qu'elles permettaient au criminel visé de prendre toutes ses dispositions pour quitter le pays qui l'hébergeait. Sur plus de 80 000 instructions, 6 425 criminels seulement ont été condamnés, dont 151 à la prison à vie. Les sentences furent, le plus souvent, bien clémentes. Et beaucoup de condamnés n'eurent même pas à purger leur peine, car ils furent jugés médicalement inaptes à la détention. Quant à leurs défenseurs, encouragés par des magistrats trop laxistes, ils ont usé de multiples manœuvres et maltraité les témoins juifs.

La loi n° 10 du Conseil de contrôle allié du 20 décembre 1945, dans son article III, stipulait que les auteurs de crimes contre des citoyens allemands ou des apatrides pouvaient être jugés par des tribunaux allemands après autorisation des autorités d'occupation. À partir de l'année 1951, les tribunaux de la République fédérale eurent à juger sur la base de leur code pénal. Cela coïncidait avec la fin des procédures de dénazification, le retour à leurs postes des fonctionnaires révoqués en 1945, la libération par les Alliés, après quelques années de prison, de nombreux criminels nazis condamnés à de lourdes peines et le réarmement de la République fédérale dans le contexte de la guerre froide.

Après les accords de Paris d'octobre 1954 mettant fin au statut d'occupation et leur entrée en vigueur en mai 1955, les tribunaux allemands eurent pratiquement les mains libres. Avec une exception majeure, toutefois : si le cas d'un criminel avait déjà été traité par les autorités judiciaires des Alliés, la justice allemande ne pouvait être compétente pour les mêmes faits.

En 1958, les ministres de la Justice des Länder allemands décidèrent de mettre en place, à Ludwigsburg, un organisme chargé de mener des enquêtes préliminaires sur les crimes de guerre du IIIe Reich : c'était la naissance de l'Office central pour l'élucidation des crimes nazis, dont le travail devait alimenter la justice et lui permettre de mettre en accusation les coupables.

Une vingtaine de procédures par an furent ouvertes. Sous la pression de l'opinion publique internationale, la prescription fut repoussée deux fois : une première fois, en 1965, jusqu'en 1969, soit vingt ans après la création de la RFA ; une seconde fois, en 1969, jusqu'en 1979. À cette date, le Parlement allemand décida qu'il y aurait imprescriptibilité pour les assassinats accompagnés d'actes de barbarie ou motivés par la haine raciale, notamment. Une catégorie qui englobait donc les crimes commis dans le cadre de la Solution finale de la question juive.

Dans les années 1960, la RFA n'est pas restée totalement inactive. Elle a jugé, à Munich, les responsables de la déportation des cent mille Juifs des Pays-Bas, Wilhelm Harster et Wilhelm Zoepf. Elle a organisé également des procès groupés de tueurs des Einsatzgruppen ; de diplomates spécialistes de la question juive, comme Franz Rademacher ; d'auteurs de pseudo-expériences médicales tel le Dr Horst Schumann ; de commandants de camp d'extermination, comme Franz Stangl. À Düsseldorf ont comparu des SS dirigeants du camp de Treblinka.

Le travail de l'Office central pour l'élucidation des crimes nazis déboucha sur le procès de Francfort, de 1963 à 1965, au cours duquel vingt-deux SS, membres de l'encadrement d'Auschwitz-Birkenau, durent répondre de leurs actes. Des hommes comme Robert Mulka, Oswald Kaduk, Wilhelm Boger, Stefan Baretzki et Pery Broad dont les noms réveillaient d'atroces souvenirs chez les déportés survivants. Quelques médecins responsables de la sélection des Juifs à leur arrivée au camp, comme le Dr Franz Lucas, furent jugés, eux aussi.

Par ce procès, baptisé « procès d'Auschwitz », la République fédérale voulait prouver qu'elle n'était pas indifférente à la tentative de détruire le peuple juif et qu'elle était capable de demander, elle-même, des comptes à certains des responsables. Mais les audiences soulevèrent de nombreuses questions qui pouvaient se poser pour bien d'autres criminels nazis. Comment se faisait-il que les assassins d'Auschwitz aient été découverts seulement après 1960, alors qu'ils vivaient tous, sauf un, sous leurs véritables identités ? N'y avait-il pas, avant 1963, des preuves et des témoignages suffisants pour arrêter les coupables ?

Le déroulement du procès de Francfort, largement couvert par la presse internationale, a montré que les accusés n'avaient pas le sentiment d'être rejetés par leur peuple, mais d'être les victimes de manœuvres politiques. Leurs déclarations étaient impudentes. Leurs avocats accusaient les témoins survivants des camps de mentir et de diffamer l'Allemagne. Cet immense crime racial commis à Auschwitz était dénaturé par la façon dont était conduit ce procès.

L'Office central pour l'élucidation des crimes nazis, à Ludwigsburg, s'est contenté d'être le porte-parole d'une justice allemande critiquée. Jamais il n'a joué réellement le rôle d'aiguillon qu'il aurait pu tenir si tel avait été le but de ses créateurs ou la volonté de ses dirigeants. C'est ainsi que l'Allemagne s'est évité certains des grands procès historiques de la Solution finale : pas de procès pour Walter Best, le créateur, avec Heydrich, des commandos spéciaux d'extermination ; pas de procès pour Horst Wagner, chargé, aux Affaires étrangères, de lever les obstacles diplomatiques à la déportation de nombreuses catégories de Juifs ; pas de procès pour Theodor Ganzenmüller, le sous-secrétaire d'État aux Transports, qui a fourni à Eichmann les sinistres trains de la mort dont le chargement humain était livré aux grands abattoirs de Pologne, d'Auschwitz à Treblinka, Sobibor, Chelmno et Maidanek.

Tous les accusés n'étaient pas logés à la même enseigne. Prenez Franz Stangl, qui avait dirigé les camps de Sobibor et de Treblinka. Arrêté au Brésil en 1967 et extradé, il fut condamné à la réclusion à perpétuité en 1970. Mais Stangl ne faisait pas partie de la bonne société allemande. D'origine modeste, il était Autrichien. Et, circonstance aggravante, il s'était enfui en Amérique du Sud. À l'inverse, le Dr Horst Schuhmann, le médecin qui stérilisait et castrait les Juifs à Birkenau, a été extradé du Ghana, mais il n'a pas été jugé car la justice allemande l'a estimé inapte à subir physiquement son procès. Une santé défaillante qui lui a tout de même permis de vivre encore quinze ans, libre, dans la banlieue résidentielle de Francfort, et d'aller régulièrement skier en Italie. Peut-être la RFA n'avait-elle guère envie que son procès devienne celui des médecins allemands serviteurs du Reich…

Cependant, quelques Allemands ont eu la lucidité de comprendre la nécessité des procès. C'est le cas du ministre de la Justice, Ernst Benda, qui déclarait déjà en 1969 : « J'insiste sur le fait que le peuple allemand n'est pas un peuple de criminels et qu'on doit donner à ce peuple la possibilité de ne pas s'identifier avec ces criminels. Ce peuple doit être libéré de ces criminels, ou exprimé plus clairement, ce peuple doit se libérer lui-même de ces criminels. » Quelques années plus tard, son successeur Horst Ehmke eut ces mots : « Nous ne pouvons pas laisser impunis les criminels nazis qui, de leurs bureaux, ont organisé la mort de milliers d'êtres humains, ni les sadiques qui ont exécuté ces ordres, éprouvé un macabre plaisir en agissant ainsi et usé leur imagination à inventer des supplices. »

Pourtant, en décembre 1966, le chrétien-démocrate Kurt Georg Kiesinger a été élu chancelier de la RFA, à la tête d'une grande coalition entre la droite et la gauche. En lisant *Le Figaro* un matin, nous avons découvert, Beate et moi, qu'il avait été membre du parti nazi et directeur adjoint de la propagande radiophonique du IIIe Reich à destination de l'étranger. Pour Beate, ce fut un choc. Comment accepter que l'Allemagne soit dirigée par un ancien nazi ? Impossible ! La volonté première de mon épouse était d'épurer le personnel politique allemand des anciens nazis.

La campagne qu'elle a engagée contre Kiesinger, d'abord à coups de tribunes publiées dans la presse, lui a valu d'être renvoyée de l'Office franco-allemand pour la jeunesse, où elle travaillait comme secrétaire bilingue, en août 1967. C'est à ce moment-là que j'ai rendu visite à Simon Wiesenthal, à Vienne, pour la première fois. J'ai été surpris qu'il ne soit pas ébranlé par l'arrivée d'un ancien propagandiste hitlérien à la tête du gouvernement allemand. Comment pouvait-on poursuivre des criminels de guerre nazis quand le chancelier de la RFA lui-même avait été un fidèle zélateur du régime hitlérien ? Immédiatement, l'incompréhension s'est installée entre nous. Nous n'avions pas la même vision de la manière d'agir vis-à-vis des Allemands, ni les mêmes méthodes. Nous étions en total décalage. Cela s'est confirmé par la suite. Alors que Simon Wiesenthal entretenait de bonnes relations avec les dirigeants allemands, nous, nous allions en prison. Il est vrai, aussi, que nous opérions dans un domaine dont il était absent, puisque nous voulions régler les problèmes entre la France et l'Allemagne, puis entre la Belgique et l'Allemagne. Malgré nos divergences, je reconnais à Simon Wiesenthal l'immense mérite d'avoir été le seul, dans les années 1950 et 1960, à demander justice, à documenter les crimes nazis, à réunir des informations.

En février 1968, Beate s'est rendu au Bundestag, à Bonn. Pendant un discours du chancelier, elle a crié : « Kiesinger ! Nazi ! Démission ! » Bouleversé, Kiesinger s'est arrêté de parler… Beate n'en est pas restée là. Le 7 novembre 1968, jour de notre cinquième anniversaire de mariage, elle a réussi à se glisser dans la Kongresshalle de Berlin, où se tenait le congrès de la CDU, le parti chrétien-démocrate. Là, elle a giflé le chancelier Kiesinger.

L'an dernier, quarante-quatre ans après cet épisode, Beate était candidate à la présidence de la République fédérale... Beau symbole de l'évolution de l'Allemagne ! Une limousine nous a conduits à l'église où se déroulait une cérémonie religieuse œcuménique. Quand la chancelière Angela Merkel est arrivée, c'est Beate qu'elle a saluée en premier.

La « méthode Klarsfeld »

La plupart des criminels nazis qui avaient sévi en France sont repartis dans leur pays après la guerre. Dans la période 1945-1954, ils ont vécu dans la clandestinité, parfois sous des faux noms, ou en prison. Avec les accords de Paris, signés en octobre 1954, l'Allemagne a recouvré une grande partie de son indépendance. Mais ce traité international était assorti de protocoles, car la France a voulu prendre des précautions. Si les Allemands retrouvaient des criminels, comment les jugeraient-ils, alors que leurs tribunaux fourmillaient d'anciens nazis ? Paris leur a donc interdit de juger les affaires non classées, c'est-à-dire les criminels encore visés, dans l'Hexagone, par des procédures ou condamnés par contumace.

Quelque temps après, des camions de transport Lammerding ont commencé à sillonner la France. Heinz Lammerding, le général qui commandait la division SS Das Reich, responsable des massacres de Tulle et d'Oradour-sur-Glane en juin 1944, s'était, en effet, reconverti avec succès dans la logistique. La France a demandé son extradition. L'Allemagne l'a refusée puisque, en vertu de l'article 16 de la loi fondamentale de 1949, elle n'extrade pas ses nationaux. Et

Lammerding, condamné par contumace en France, ne pouvait pas être jugé par les tribunaux allemands.

Paris a proposé à Bonn la signature d'une nouvelle convention judiciaire afin que la République fédérale soit en mesure de juger ce millier de criminels qui ne pouvaient pas être extradés vers la France, ni jugés en Allemagne puisque leurs dossiers, traités en France, n'avaient pas été classés. Ils étaient donc les seuls criminels nazis au monde à être assurés d'une totale impunité, même s'ils avaient commis des actes considérés comme des crimes contre l'humanité !

Les dirigeants chrétiens-démocrates ont repoussé la demande française. C'est le chancelier social-démocrate Willy Brandt qui, le 2 février 1971, a signé une nouvelle convention. Mais les députés libéraux, chrétiens-démocrates et chrétiens-sociaux refusaient absolument de ratifier cet accord dont l'application, pourtant, devait mettre fin au contentieux judicaire subsistant entre la France et l'Allemagne.

Et Paris semblait résigné à attendre… À ce moment-là, nous avons décidé, Beate et moi, de mener campagne pour arracher la ratification de cette convention. Nous en avons fait notre cause. L'un et l'autre, nous refusions que des criminels ayant déporté des Juifs vivent libres et respectés en Allemagne. Elle, parce qu'elle est Allemande. Moi, parce que j'appartiens à cette génération d'enfants devenus conscients pendant la guerre de leur condition de petits Juifs pourchassés par la Gestapo et la police de Vichy.

À deux, comment faire ? En raison de la disproportion des forces, nous avons choisi, comme nous l'avions fait avec Kiesinger, d'agir illégalement en Allemagne contre les criminels de guerre que nous démasquerions. Le monde entier devait savoir qu'un millier d'hommes, condamnés en France, vivaient paisiblement outre-Rhin, tels d'honnêtes citoyens.

À travers des opérations susceptibles d'ébranler la conscience allemande et internationale, nous voulions violer spectaculairement, mais sans violence, les sacrosaintes lois de l'État. Nous étions déterminés à assumer la responsabilité de nos actes, à être arrêtés, emprisonnés et jugés afin d'atteindre un double objectif : obtenir, d'abord, l'appui des médias qui relateraient nos actions et nos motivations ; provoquer, ensuite, un électrochoc dans l'opinion qui verrait des militants honnêtes et respectables incarcérés alors que les grands criminels restaient libres faute de loi pour les juger. Nous étions décidés à poursuivre cet affrontement jusqu'à ce que la société politique allemande comprenne que les protecteurs des criminels étaient les vrais responsables de cette situation dangereuse, et pas nous.

Pour retrouver la trace des responsables de la Shoah, il nous a suffi, le plus souvent, d'éplucher les bottins téléphoniques, les états civils des mairies et les annuaires professionnels. C'est ainsi que nous avons localisé Hans-Dietrich Ernst, chef de la police nazie à Angers, quatre fois condamné à mort par contumace, avocat et notaire à Leer, en Basse-Saxe. Nous avons identifié Heinrich Illers, devenu président du tribunal des affaires sociales du Land de Basse-Saxe à Celle. Chef de la Gestapo de Paris, rue des Saussaies, il fit partir de Compiègne, le 2 juillet 1944, le « train de la mort » dont 25 % des passagers privés d'eau ne survécurent pas au voyage. C'est lui, aussi, qui a donné l'ordre de départ du dernier convoi vers les camps de la mort, le 18 août 1944. Ernst Ehlers, chef de la police nazie en Belgique et dans le nord de la France, était, lui, magistrat au tribunal administratif du Land de Schleswig-Holstein ; Horst Laube, chef du département chargé des exécutions d'otages en France de 1941 à 1943, président du tribunal des affaires sociales du Land de Bade-Wurtemberg ; son successeur aux mesures de représailles, Karl Kubler, chef du département des transports au ministère de l'Économie du même Land. Nous avons également retrouvé Waldemar Ernst, chef de la police militaire en France, qui mena en décembre 1941 la rafle de sept cents notables juifs, dont beaucoup furent déportés à Auschwitz par le premier convoi parti de France, le 27 mars 1942. Il était désormais président des puissantes aciéries du Bade-Wurtemberg. Fritz Merdsche, chef de la police nazie à Orléans, et responsable du massacre des puits de Guerry où furent jetés vivants une quarantaine de Juifs en juillet 1944, était pour sa part devenu juge au tribunal de Francfort, puis rédacteur en chef au sein de l'une des principales revues juridiques allemandes. Rudolf Schmaeling, chef de la police nazie à Nancy, occupait un poste élevé dans la police, tout comme Karl Müller, chef de la Gestapo de Toulouse, qui dirigeait la brigade des mineurs de Celle, en Basse-Saxe. Le comte Modest von Korff, chef de la police nazie à Châlons-sur-Marne, officiait comme conseiller ministériel au ministère de l'Économie à Bonn. Je pourrais multiplier les exemples, mais ceux-ci suffisent à démontrer que de nombreux criminels de guerre nazis vivaient de l'autre côté du Rhin, en toute impunité.

Nos recherches nous ont également permis de retrouver la piste de trois hommes dont nous avons décidé de faire nos premières cibles. Ils s'appelaient Kurt Lischka, Herbert Hagen et Ernst Heinrichsohn.

Opération Lischka

Nous n'avions pas choisi Lischka, Hagen et Heinrichsohn par hasard. Ces hommes n'étaient pas des serviteurs lambda de la machine de mort nazie, mais trois des principaux responsables de la déportation des Juifs de France. Le lieutenant-colonel SS Kurt Lischka, chef du service des affaires juives de la Gestapo dans tout le Reich au moment de la Nuit de cristal, était le prédécesseur à ce poste d'Adolf Eichmann. Adjoint de Helmut Knochen, le chef de la police de sûreté et des services de sécurité pour la France, il supervisait l'action de la Gestapo dans l'Hexagone pendant l'Occupation.

Herbert Hagen, lui, avait été promu chef du bureau des affaires juives du service de sécurité à 24 ans, en 1937, et il avait formé ses deux adjoints, Adolf Eichmann, spécialiste des affaires sionistes, et Theodor Dannecker, en charge des Juifs assimilés. En France, le commandant SS Hagen était devenu le référendaire personnel et le « cerveau » du général Karl Oberg, chef des SS et de la police allemande. Son rôle, comme celui de Lischka à la tête de l'appareil policier nazi, consistait à rendre possible la mise en œuvre du programme criminel maximaliste de Dannecker, chef du service des affaires juives de la Gestapo en France.

Quant à Ernst Heinrichsohn, il avait été l'adjoint de Dannecker. Les survivants de Drancy se souviennent de lui comme d'un SS sadique qui, en août 1942, contrôlait, sourire aux lèvres, le départ des convois emportant des milliers d'enfants vers la mort.

Autour de Beate et de moi-même se sont rassemblés, peu à peu, les fils et filles de déportés juifs de France, que nous avons regroupés au sein d'une association, en 1979 : les enfants rescapés de la rafle du Vél' d'Hiv, à Paris, ou d'une arrestation par les gendarmes dans un village de campagne isolé. Ceux qui, une fois adultes, sont devenus pères ou mères de famille ; ceux que les malheurs de leur enfance ont laissés déboussolés et brisés. Tous comprenaient que nous avions entrepris de faire juger les hommes coupables d'avoir détruit leur bonheur d'enfant, leur innocence et, trop souvent, leur vie entière.

Nous étions deux, nous sommes devenus un groupe, à force d'agir illégalement en Allemagne. Oui, l'Association des fils et filles des déportés juifs de France s'est forgé une force dont aucun de ses membres ne se croyait capable. Oui, nous avons rempli le rôle que la France ne pensait plus pouvoir tenir.

C'est à nous, les parties civiles, et à nos actions que l'on doit la ratification, en 1975, de l'accord judiciaire franco-allemand permettant à l'Allemagne de juger elle-même les criminels nazis – pas aux diplomates, ni au gouvernement français qui s'est bien gardé d'exercer des pressions sur les autorités allemandes. Pour faire plier le Bundestag, il nous a fallu quatre années de bras de fer avec la société politique allemande. Quatre années ponctuées de coups d'éclat et de séjours en prison.

Beate a d'abord accompagné un groupe de jeunes à Cologne, où se trouvait le bureau de Lischka, alors fondé de pouvoir dans une entreprise de commerce en gros de céréales. Là, ils ont caillassé les vitres et occupé les lieux. Le groupe a été arrêté, mais le parquet de la ville, qui ne voulait pas que l'affaire s'ébruite, a fait libérer tout le monde dès le lendemain…

Une semaine plus tard, une fois que toutes les fenêtres ont été réparées, nous avons envoyé un deuxième commando, des anciens déportés cette fois, vêtus de leur vestes de prisonniers, qui ont, de nouveau, cassé les carreaux. Ils ont été battus au moment de leur arrestation, puis emprisonnés. À l'opinion publique allemande, nous avons expliqué que nous continuerions jusqu'à ce que la fameuse convention judiciaire franco-allemande soit ratifiée et transformée en loi. D'ailleurs, le matin du procès de la deuxième équipe de casseurs, un troisième commando a, une fois de plus, réduit en miettes les vitres du bureau de Lischka…

Avec ces petites actions qui font les gros titres des journaux, nous voulions dénoncer l'immobilisme d'une classe politique qui ne faisait pas son devoir. C'était notre manière à nous de contribuer à une prise de conscience.

En mars 1971, nous avons décidé de kidnapper Kurt Lischka à Cologne pour le ramener en France, où il avait été condamné par contumace, avec l'aide de trois amis, Marco, Eli et David. Je suis allé avec Beate chez Lischka, au 554, Bergisch-Gladbacherstrasse, auprès de qui je me suis présenté comme journaliste. Nous pensons que les gens peuvent changer, nous voulions savoir si c'était son cas. « Vous êtes la cible, en France, d'articles demandant que vous soyez jugé… », lui ai-je dit. Sa réponse fut la suivante : « Je n'ai de comptes à rendre qu'à la justice allemande, si elle m'en demande. » Nous savions donc qu'il était resté le même…

Le 22 mars, nous avons loué un superbe coupé Mercedes et, avec nos trois camarades, nous sommes allés attendre Lischka à l'arrêt de tramway « Maria-Himmelfahrt-Strasse » où il avait l'habitude de descendre pour rentrer chez lui. Nous avons tenté de le faire monter dans la voiture, mais il pesait 110 kilos et mesurait plus de 1, 90 mètre ! Il a résisté et appelé à l'aide. Nous l'avons frappé à la tête avec une matraque pour qu'il y ait délit. Un policier qui, heureusement, n'était pas armé, s'est interposé. Nous avons pris la fuite et nous nous sommes débarrassés des seringues et des ampoules de chloroforme qui devaient nous permettre de neutraliser Lischka.

Malgré tout, la justice allemande n'a pas bougé. De retour à Paris, nous avons alerté la presse d'outre-Rhin sur une tentative d'enlèvement dont aurait été victime Kurt Lischka. Les journalistes se sont renseignés auprès de la police et l'affaire est sortie. Beate a décidé de remettre le dossier Lischka en main propre au procureur de Cologne, Joseph Bellinghausen, le 1er avril. Elle savait qu'elle risquait de se faire arrêter. Et c'est ce qui est arrivé : la justice allemande n'a pas levé le petit doigt contre Lischka, mais a inculpé Beate de tentative d'enlèvement avant de la libérer sous caution trois semaines plus tard. Le 10 juillet 1974, elle a été condamnée à deux mois de prison.

Nous n'avons pas réussi à capturer Lischka pour le ramener en France, mais cette opération illégale a, d'une certaine manière, atteint son but. Grâce à elle, des Allemands apparemment respectables allaient désormais vivre sous la menace d'être entraînés de force dans un pays où les attendaient un mandat d'arrêt et la prison. C'en était fini de l'impunité de criminels nazis dont les noms se trouvaient dans les livres relatant l'histoire de la Solution finale et qui vivaient jusque-là tranquillement en Allemagne, sûrs de ne pouvoir être extradés vers la France, ni jugés dans leur pays.

Malgré l'échec de l'enlèvement, nous n'avons pas baissé les bras. Le 7 décembre 1973, j'ai simulé une tentative d'assassinat de Lischka. J'ai attendu, dans le froid et la neige, qu'il regagne sa voiture, garée près de la cathédrale de Cologne. Quand il est enfin arrivé, je lui ai mis le revolver entre les yeux, sans un mot. L'arme n'était pas chargée, mais Lischka a vu la mort en face. J'avais auparavant écrit une lettre au procureur de la ville pour lui expliquer que nous pouvions tuer les criminels nazis, mais qu'il n'en était pas question, car nous voulions un procès. Nous n'étions pas des terroristes. Nous voulions que l'Allemagne les juge. Nous voulions que la génération de leurs enfants les condamne. Mon geste valait aussi menace pour l'avenir : au cas où il n'y aurait pas de jugement, nous étions résolus à des actes désespérés tenant lieu de justice.

Nous avons remporté une autre bataille en empêchant la nomination à la Commission européenne du nazi Ernst Achenbach, ancien chef de la section politique de l'ambassade allemande à Paris de 1940 à 1943. Au Parlement allemand, il était le plus ardent zélateur d'une amnistie en faveur des criminels nazis. Or nous avons prouvé que lui-même avait été impliqué, en France, dans le processus de déportation des Juifs.

Drôle de vie

Ces années de combat ont été très difficiles pour nous, matériellement. Après avoir travaillé à l'ORTF, puis à la Continental Grain Company, je me suis retrouvé au chômage de 1971 à 1974. Notre cause nécessitait que je m'y consacre à temps plein. Je suis retombé sur mes pieds, finalement, puisque je suis devenu avocat en 1974...

Nous partagions le deux-pièces de ma mère, à Paris, avec notre fils Arno. Ce n'était pas dur pour autant, car il était exaltant de défendre une cause juste. Et puis Beate et moi avions vécu des moments pas faciles. J'avais échappé à Auschwitz, elle avait connu le Berlin d'après guerre. On menait une vie d'aventures. Beate partait au Moyen-Orient, en Amérique du Sud, dans des pays dont on ne savait pas si elle reviendrait...

Nous avons été la cible de menaces, d'attentats, aussi. Un matin de mai 1972, ma mère m'a annoncé que j'avais reçu un paquet, mais que le chat, contrairement à ses habitudes, n'avait pas fait ses griffes dessus. L'expéditeur était un certain Samuel Segal, domicilié à Gignac, dans l'Hérault. J'ai pensé qu'il s'agissait peut-être d'un ancien déporté comme celui qui, quelques jours plus tôt, avait apporté du pain noir d'Allemagne à Beate. J'ai ouvert le colis qui contenait une boîte cylindrique marquée « sucre ». Je l'ai secouée, et j'ai vu tomber quelques petits grains noirs que j'ai mis près du gaz. Ils ont grésillé…

Heureusement, je n'ai pas soulevé le couvercle de la boîte, sinon elle explosait. Je l'ai placée dans un sac à provisions et je suis allé au commissariat. J'ai rencontré un copain, en route, qui m'a demandé ce que je transportais. « Je crois que c'est une bombe », lui ai-je répondu. Au commissariat, les jeunes inspecteurs ont eu la prudence d'attendre le commissaire qui a appelé la brigade pyrotechnique. La boîte contenait une livre de dynamite et cinq cents grammes de clous de tapissier.

Ma mère m'a sauvé la vie, ce jour-là. Heureusement, Beate était partie avec Arno à Cannes, où elle devait donner une conférence. Notre fils avait cinq ans, il n'aurait pas résisté à la curiosité et aurait ouvert le paquet tout de suite, s'il avait été là…

En juillet 1979, une bombe à retardement a détruit ma voiture à 3 heures du matin.

Le procès de Cologne

En 1979, nous avons obtenu, enfin, que soient jugés, à Cologne, Kurt Lischka, Herbert Hagen et Ernst Heinrichsohn. Trois Allemands respectables – Lischka était devenu homme d'affaires, Hagen, directeur commercial d'une grande société d'appareillage électrique, Heinrichsohn, avocat et maire de sa petite ville de Bürgstadt, en Bavière. Trois hommes animés d'une intense haine antijuive et d'une implacable volonté criminelle. Trois des principaux responsables de la Solution finale en France. Trois des organisateurs de la déportation des 76 000 Juifs de France qui, en leur âme et conscience, voulaient que ces 76 000 femmes, hommes et enfants soient mis à mort au terme de leur voyage vers Auschwitz. Nous avons toujours rappelé que, sans ces hommes-là, jamais les Bousquet, Leguay, Papon et Touvier ne se seraient rendus complices de crimes contre l'humanité.

Ce procès de Cologne, exemplaire, nous a laissé un exceptionnel souvenir. Nous y sommes allés en force. À l'ouverture, le 23 octobre 1979, nous étions 500. Certains jours, ce nombre est même monté à 1 000. Nous avons organisé des trains spéciaux pour que la salle soit toujours pleine de Juifs venus de France, surtout des jeunes, qui pourraient encore, des décennies plus tard, témoigner qu'ils avaient vu juger et condamner les bourreaux des Juifs de France. Depuis la Nuit de cristal en novembre 1948, on n'avait jamais vu autant de Juifs défiler dans les rues d'une ville allemande !

Le procès, qui a connu trente-cinq audiences en quatre mois, s'est déroulé sous notre contrôle. Nous avions constitué trois cent cinquante parties civiles et nous disposions, grâce aux archives du Centre de documentation juive contemporaine, de documents permettant de confondre les accusés et les témoins de la défense. Plusieurs de ces derniers, d'ailleurs, ont été inculpés pour faux témoignages au cours du procès, car je détenais les preuves de leurs mensonges.

Nous avons envoyé à tous les membres du Parlement et à la presse des documents accablants signés par les trois accusés – des textes qui reflétaient leur volonté de déporter et leur connaissance du sort qui attendait les Juifs au bout du chemin. Lischka, Hagen et Heinrichsohn étaient donc condamnés avant d'être jugés.

Non seulement ils ont été reconnus coupables, mais ils ont été emprisonnés, ce qui n'allait pas de soi en Allemagne, où l'âge et la santé permettaient trop souvent aux condamnés d'échapper à la détention prolongée. Certes, leurs peines (dix ans, douze ans et six ans de détention respectivement) n'étaient pas très lourdes, mais elles étaient symboliques. Par ailleurs, ces hommes n'avaient pas tué de leurs mains, ils étaient complices. Aux yeux de la loi allemande, ils étaient coupables d'un crime de droit commun, pas d'un crime contre l'humanité, comme cela aurait été le cas en France.

Le président du tribunal a bien exprimé ce que nous ressentions : « Vous ressemblez à nos parents, vous avez aidé à la reconstruction de l'Allemagne et, pourtant, nous devons vous condamner car vous portez sur vos épaules la responsabilité des crimes de l'Allemagne hitlérienne. » C'est le seul grand procès exemplaire qui se soit tenu en Allemagne.

Il y a trois ans, à Cologne, en présence du président du Land, du ministre de la Justice et du président de la cour d'assises de l'époque, une plaque a été apposée à l'entrée de la salle où s'est déroulé le procès de 1979. Ce procès, qui a rapproché Français et Allemands, Juifs et Allemands, a toujours eu, pour nous, une importance beaucoup plus grande que le procès de Lyon, celui de Klaus Barbie, en 1987.

Si Barbie, responsable de la déportation des enfants juifs d'Izieu, incarnait le fanatisme antijuif, il n'était cependant qu'un cadre régional de la Gestapo. Les accusés du procès de Cologne, eux, organisaient la Shoah au niveau national. Au fond, le procès de Cologne a été celui, historique, du rôle des Allemands dans la déportation des Juifs de France.

L'importance de ce procès tenait également à une autre raison : après la guerre, l'Allemagne était devenue la plus proche alliée de la France et, avec elle, le moteur de l'Union européenne. Obliger la République fédérale à cet acte juste et difficile de juger et de condamner ces criminels, c'était la contraindre à s'engager sur la bonne route et à s'aligner sur des valeurs de morale politique que, jusque-là, elle ne respectait pas.

Ce que nous avons obtenu pour les chefs SS en France, nous l'avons obtenu également pour leurs homologues responsables de la déportation de 25 000 Juifs de Belgique et des départements français du Nord et du Pas-de-Calais. De 1975 à 1980, il nous a fallu mobiliser les Juifs de Belgique, multiplier les expertises historiques sur leur sort, établir le Mémorial de la déportation des 25 124 Juifs de Belgique.

Nous avions deux cibles : le colonel SS Ernst Ehlers, le chef de la police de sûreté et du service de sécurité en Belgique de 1942 à 1944, qui avait fait partie des Einsatzgruppen en Russie, et Kurt Asche, le chef du service des affaires juives de la Gestapo en Belgique.

À force d'actions menées dans l'illégalité, là encore, nous avons abouti, en 1981, au procès de Kiel, dans le nord de l'Allemagne, qui dura six mois et où fut jugé et condamné Kurt Asche. Ernst Ehlers, devenu après guerre juge au tribunal administratif du land de Schleswig-Holstein, s'était suicidé à la veille du procès.

Klaus Barbie, alias Altmann

Dès 1971, nous avons également entrepris de mettre un terme à l'impunité du plus notoire des criminels nazis ayant opéré en France, Klaus Barbie, l'ancien chef de la Gestapo à Lyon. Dans ce cas aussi, c'est nous qui avons pris l'initiative de la traque, et non les pouvoirs publics.

La justice allemande avait choisi ce dossier symbolique pour s'opposer à nous et à notre campagne en faveur de la ratification de la convention judiciaire franco-allemande de 1971. En juin 1971, Klaus Barbie a bénéficié d'un non-lieu à Munich. Ses anciens complices, qui avaient témoigné contre lui en France, s'étaient empressés de le dédouaner sitôt rentrés en Allemagne. Le procureur Rabl a décidé de clore le dossier car, selon lui, il était impossible de prouver que, subjectivement, Barbie avait connaissance du sort funeste qui attendait les Juifs arrêtés et déportés par ses soins, enfants compris. Nous devions impérativement faire annuler ce non-lieu, sinon d'autres criminels auraient pu s'en prévaloir.

Beate a mené une action de mobilisation auprès des Juifs de Lyon. Un avion a été affrété pour emmener Juifs et résistants à Munich. Parmi cette délégation figurait une ancienne déportée à Auschwitz, Fortunée Benguigui, dont les trois fils, arrêtés à Izieu par la Gestapo sur ordre de Barbie, étaient morts à Birkenau. Elle a entamé une grève de la faim devant le palais de justice. Le procureur général Ludolph a accepté de la recevoir avec Beate. Mme Benguigui lui a alors remis un document que j'avais retrouvé : le témoignage de Kurt Schendel, chef du service de liaison de l'Union générale des israélites de France (Ugif) avec la section antijuive de la Gestapo. Lors d'une réunion de l'Ugif à laquelle il participait, à Paris, en décembre 1943, il se souvenait d'avoir entendu un participant venu de Lyon rapporter les propos de Barbie : « Fusillé ou déporté, il n'y a pas de différence », aurait dit le gestapiste lyonnais. Le procureur de Munich a fait taper le témoignage de Mme Benguigui par Beate. « Si vous retrouvez ce témoin, lui a-t-il assuré, on pourra rouvrir l'instruction contre Barbie. »

Je me suis plongé dans les archives où j'ai relevé le nom d'un certain Raymond Geissmann, responsable de l'Ugif-Sud, qui était venu de Lyon assister à la fameuse rencontre de décembre 1943. Il était désormais avocat auprès des ambassades d'Israël et de RFA. Geissmann a témoigné être allé voir Barbie à la suite d'exécutions sommaires qui avaient eu lieu dans les caves de la Gestapo, à Lyon, pour le supplier de donner une chance aux condamnés en se contentant de les déporter, plutôt que de les tuer. « Déporté ou fusillé, c'est la même chose », lui a répondu Barbie. Nous tenions donc la preuve que Barbie n'ignorait rien du sort des Juifs déportés. Beate est repartie à Munich et le procureur général a rouvert l'instruction.

Nous avons aussi découvert où s'était réfugié Barbie et sous quelle identité il vivait. Lorsque Beate avait fait campagne à Munich, elle avait distribué une photo de lui prise en 1943. Or un Allemand du nom de Herbert John, installé à Lima, au Pérou, avait vu le cliché dans un article du quotidien *Süddeutsche Zeitung*. Il a pris contact avec le procureur Ludolph car il lui semblait reconnaître un homme d'affaires bolivien d'origine allemande, récemment installé à Lima, qui se faisait appeler Klaus Altmann. Nous nous sommes mis en relation avec Herbert John, qui nous a expédié d'autres photos de l'homme que nous pensions être Barbie, prises notamment lors d'un conseil d'administration. En décembre 1971, il nous a donné l'adresse en Bolivie d'Altmann dont les enfants et la femme portaient, curieusement, les mêmes prénoms que ceux de Barbie, et avaient vu le jour aux mêmes dates, dans les mêmes villes… Un peu plus tard, nous avons reçu une photo de Mme Barbie : elle n'avait pas changé d'un iota en trente ans !

Altmann a fini par avouer qu'il était Barbie. Nous l'avons révélé et nous avons mené campagne, en Bolivie, pour faire comprendre qui était vraiment Klaus Barbie : pas un réfugié politique ayant réprimé la résistance française, comme il le prétendait, mais un chasseur d'enfants juifs voués à la mort dès lors qu'ils étaient arrêtés. Notre action a déclenché plusieurs demandes d'extradition de Barbie, mais elles sont restées infructueuses.

Pendant ce temps, Barbie continuait tranquillement à prendre son thé quotidien à la cafétéria de La Paz, où il monnayait ses interviews mensongères aux médias, français compris. C'est pourquoi, en décembre 1972, nous avons décidé de monter une opération pour le kidnapper. Nous avions le soutien de Régis Debray et son épouse Elisabeth, ainsi que d'opposants au dictateur bolivien Hugo Banzer. J'ai apporté en Amérique du Sud cinq mille dollars pour l'achat d'une voiture qui devait nous permettre de mener à bien l'enlèvement. Mais les officiers qui la conduisaient ont eu un accident, si bien que notre plan a capoté. Nous avons continué à surveiller Barbie par l'intermédiaire d'une amie allemande de Beate qui se rendait régulièrement à La Paz. Il a finalement été expulsé de Bolivie en février 1983, quand la dictature s'est effondrée et que nos amis de l'opposition sont arrivés au pouvoir. L'Allemagne venait, un mois plus tôt, de demander son extradition. Je ne voulais surtout pas qu'il soit jugé outre-Rhin, où il aurait été condamné à une peine modérée…

Au cours de la préparation du procès Barbie, nous avons pu rassembler la très grande majorité des parties civiles, notamment pour chacun des 44 enfants d'Izieu. Ces enfants que le procès par contumace intenté à Barbie en 1954 avait oubliés, comme ont été oubliés les 325 enfants du convoi 77 lors du procès par contumace d'Alois Brunner, la même année. Nous avons pu reconstituer l'identité exacte et l'histoire de chaque garçon, de chaque fille et retrouver, pour chacun d'eux, une partie civile, membre de sa famille. Nous avons même déniché par nos propres moyens le télex original d'Izieu, signé par Barbie, pièce maîtresse de l'accusation, qui avait disparu depuis près de quarante ans. Barbie, responsable de la déportation des enfants d'Izieu, a été condamné à la prison à perpétuité.

Les complices français

Sans les Fils et Filles de déportés juifs de France, il n'y aurait pas eu de procès Barbie. Il n'y aurait pas eu, non plus, l'action judiciaire méthodique que nous avons menée pendant vingt-trois ans contre les complices français de la Solution finale afin de faire saisir à la France et aux Français le rôle exact joué par Vichy dans cette immense tragédie.

Ayant pu prendre très précisément connaissance des archives de la Gestapo, de celles du gouvernement de Vichy et de la police française, nous avons mesuré à quel point le rôle de Vichy dans la Solution finale de la question juive était mal connu en France. Nous avons compris qu'il fallait mener une action pédagogique à l'échelle du pays, non seulement par la publication de nos ouvrages de référence tels que le *Mémorial de la déportation des Juifs de France*, *Vichy-Auschwitz*, *Le Calendrier de la persécution des Juifs* ou *Le Mémorial des enfants juifs déportés de France*, mais aussi par le biais d'affaires judiciaires visant des personnages qui incarnaient les organismes responsables de la persécution des Juifs de France.

Dans l'immédiat après-guerre, la société politique française avait forgé le mythe de la bienfaisance de l'arrestation de la majorité des Juifs par la police française. Elle en avait raflé moins que les Allemands ne l'auraient fait eux-mêmes, assurait-on, et les arrestations se sont déroulées plus humainement que si les Allemands avaient opéré eux-mêmes.

Dans le très indulgent acte d'accusation dressé contre René Bousquet en 1949, il était écrit que l'intéressé avait

« réussi à obtenir que la rafle fût faite par la seule police française ». C'est tout juste s'il ne fut pas félicité pour la rafle du Vél' d'Hiv et il sortit la tête haute d'une cour de justice qui venait, en fait, d'acquitter le chef de la police de Vichy. Cette Haute Cour, rien que pour l'année 1942, avait arrêté et livré aux Allemands 40 000 Juifs dont 10 000 en provenance de zone libre, où il n'y avait pas d'Allemands.

Notre connaissance des dossiers des criminels allemands et de la Solution finale en France nous ont permis, dès 1975, de constater que les agrégés de l'université, auteurs de manuels scolaires d'histoire, avaient falsifié la vérité pour enseigner aux élèves du secondaire que seuls les Allemands avaient traqué les Juifs. Dans tel livre, on osait en effet écrire les lignes suivantes : « Les autorités nazies se livrent en zone occupée à des arrestations massives de Juifs : 4 000 enfants de 2 à 12 ans arrivent en 15 jours à Drancy. » Dans tel autre : « Ainsi les lois allemandes concernant les Juifs sont mises en application dans la zone occupée avec toutes leurs séquelles : perquisitions de la Gestapo, arrestations, déportations, camps de concentration, sévices épouvantables… » Dans un autre, encore : « Le gouvernement de Vichy entreprend, pour sa part, de façonner une France nouvelle dans la zone où son autorité s'exerce directement. »

Ainsi, progressivement, en est-on arrivé à une version édulcorée de l'Histoire selon laquelle seuls les Allemands avaient arrêté les Juifs, lesquels s'étaient laissé faire comme des moutons. Nous avons décidé de réagir contre cette falsification, ce détournement de la vérité historique, et de jouer un rôle pédagogique en enseignant à notre pays ce qui s'était réellement passé.

Il nous semblait judicieux de lancer notre campagne contre les complices français de la Solution finale au moment où nous aurions la certitude que l'Allemagne jugerait leurs maîtres. À l'automne 1978, quand l'acte d'accusation contre Lischka, Hagen et Einrichsohn fut rendu public, nous avons décidé que le moment était venu.

Sachant que Bousquet avait été jugé en 1949 et qu'un homme ne pouvait comparaître deux fois pour les mêmes faits, nous avons porté plainte contre Jean Leguay, le délégué de Bousquet en zone occupée – l'homme qui négocia avec la Gestapo la rafle du Vél' d'Hiv et les transferts de Juifs de la zone libre vers Drancy. Est-ce que, plus de trois décennies après la guerre, la société politique française allait considérer, comme en 1945, que les exécutants étaient innocents, que seuls les donneurs d'ordres étaient coupables ?

Nous avons rassemblé plus d'une centaine de parties civiles et Jean Leguay fut le premier homme à être inculpé en France pour crimes contre l'humanité en 1979. Dix ans plus tard, à sa mort, l'instruction de son affaire était achevée et nous avons obtenu que, pour la première fois dans les annales judiciaires, l'ordonnance d'extinction de l'action publique ne comporte pas seulement quelques lignes, mais l'essentiel du réquisitoire définitif du procureur de la République.

L'instruction avait duré longtemps, trop longtemps pour que Leguay soit jugé. Elle s'est éternisée, également, dans le cas de Maurice Papon, contre lequel j'avais été le seul à réclamer des poursuites pour crime contre l'humanité devant le jury d'honneur qui a examiné son cas en 1981, avant de lui accorder une quasi-absolution.

Nous avons déposé de nombreuses plaintes contre lui. Mais le déroulement des instructions contre Leguay et Papon a été ralenti par le président de la République d'alors, François Mitterrand, comme il l'a avoué dans un entretien à la télévision. Il est intervenu en faveur de Bousquet, aussi, en tentant de diriger son dossier vers une voie de garage, celle d'une improbable Haute Cour de justice, au lieu de la cour d'assises. Nous avions, là encore, pris l'initiative de porter plainte contre Bousquet après avoir étudié le dossier de son jugement de 1949 et découvert qu'un certain nombre de faits avaient été négligés par l'instruction et pouvaient donc être considérés comme des éléments nouveaux. Bousquet a été inculpé et le réquisitoire à son encontre rendu public quand il fut assassiné en 1993.

Comme en Allemagne, les plaintes sont venues des représentants des victimes, jamais de la puissance publique. Comme en Allemagne, nous avons dû faire preuve d'opiniâtreté. Nous avons porté plainte contre Papon en 1981, il a été jugé en 1997. Leguay est mort après avoir été inculpé de crimes contre l'humanité. Bousquet a été assassiné, mais lui aussi était inculpé de crimes contre l'humanité. Il nous a fallu attendre 1994 pour voir jugé Paul Touvier, le chef de la milice lyonnaise, vingt-trois ans après qu'il eut obtenu la grâce présidentielle. Lui a été victime de sa stupidité. Dans une interview, il a affirmé que les Allemands réclamaient cent personnes à fusiller après l'assassinat de Philippe Henriot, le secrétaire d'État à l'Information et à la Propagande du régime de Vichy. « J'ai choisi sept Juifs et cela leur a suffi », s'est-il vanté. Or les Allemands n'avaient exigé aucune représaille… Touvier s'est piégé lui-même et cela lui a valu d'être le premier Français condamné pour crimes contre l'humanité.

Avec Bousquet, Leguay, Papon et Touvier, nous tenions quatre hommes qui avaient exercé des responsabilités dans les organes responsables de la persécution des Juifs. Bousquet, c'était le gouvernement de Vichy et sa police ; Leguay, la police et l'administration préfectorale ; Papon, l'administration préfectorale, et Touvier, la Milice de Vichy. Chacune de ces affaires interminables nous a permis de mettre en lumière la complicité du régime de Vichy. Chacune de ces affaires, à travers ses innombrables épisodes judiciaires, a été l'occasion pour les médias de diffuser auprès des Français des messages pédagogiques que nous n'avons cessé de documenter. La multitude et la précision des informations historiques de ces quatre affaires couvertes pendant deux décennies par la presse, la radio et la télévision ont fait comprendre aux Français le rôle de Vichy dans la persécution des Juifs et dressé un solide barrage contre toute tentative de réhabiliter ce régime.

Notre rôle spécifique a été de dévoiler, également, de nombreux documents, jusque-là inaccessibles, provenant des archives publiques, puis de les faire entrer dans le patrimoine historique de notre pays en publiant des ouvrages de référence. C'est ainsi que, peu à peu, le niveau de connaissance publique du rôle de Vichy est devenu tout à fait satisfaisant. Nous avons été pionniers en établissant que, si les trois quarts des Juifs de France avaient survécu, ils le devaient essentiellement au comportement de la population française. Celle-ci avait, en effet, réagi avec hostilité aux arrestations de familles juives opérées par la police de Vichy pendant l'été 1942. Cette opposition des Français et des Églises avait freiné la coopération policière massive de Vichy avec la Gestapo et, par la suite, de nombreux Juifs, surtout les enfants, ont pu trouver une aide précieuse au sein de la population.

Cette action judiciaire et pédagogique a porté ses fruits. J'en citerai deux : le discours du président de la République, Jacques Chirac, au Vélodrome d'Hiver, le 16 juillet 1995, reconnaissant pour la première fois la responsabilité de la France dans la déportation des Juifs vers l'Allemagne ; la commission Matteoli, dont j'ai fait partie, sur la spoliation des Juifs de France par l'occupant et par le régime de Vichy entre 1940 et 1944.

La France a regardé son passé en face, en a tiré les conséquences et a dégagé la route de l'avenir. Quel changement si l'on se reporte à 1975, quand notre petit groupe d'orphelins et de déportés a décidé de faire connaître la vérité et s'est investi dans cette mission qui allait durer un quart de siècle !

Obstination

En février 1984, nous avons pris le dossier Mengele en main. Après la guerre, le Dr Josef Mengele, auquel ses sinistres expériences sur les prisonniers d'Auschwitz ont valu le surnom d'« ange de la mort », coule quelques années paisibles en Bavière. Mais au fil des procès, les survivants du camp multiplient les témoignages effroyables à son encontre, tandis que d'anciens collègues et son chauffeur SS révèlent des détails accablants. En 1956, le médecin nazi choisit de quitter l'Allemagne. Après quelques années à Buenos Aires sous un faux nom, il n'hésite pas à reprendre son identité et à demander un passeport à l'ambassade allemande en 1956. C'est sous son véritable patronyme, aussi, qu'il épouse la veuve de son frère Karl, décédé pendant la guerre. En 1959, quand la RFA entame publiquement des négociations pour l'extradition de Mengele, il se résout à quitter l'Argentine pour le Paraguay. Là, l'ex-as de la chasse allemande Hans Rudel l'introduit auprès de son grand ami le dictateur Alfredo Stroessner qui lui permet d'obtenir la naturalisation en un temps record.

En quinze mois, nous avons aidé à résoudre le dossier Mengele par le biais d'une mobilisation exceptionnelle, seul moyen de parvenir à un résultat. Chez Rolf Mengele, le fils de Josef, nous sommes parvenus à nous emparer de divers documents attestant de ses nombreux voyages, tels des relevés American

Express, le passeport de son ami Wilfried Busse qui lui a servi pour se rendre au Brésil en 1977, ainsi que des preuves attestant de l'envoi d'argent à son père par divers procédés. Pendant ce temps, Simon Wiesenthal multipliait les conférences de presse, à Vienne ou à New York, pour annoncer qu'il traquait Mengele, qu'il l'avait manqué de cinq jours ici, de quinze jours là, qu'il pourrait le faire exécuter s'il le voulait, mais que cela lui répugnait, que Mengele se cachait chez les Mennonites du Paraguay ou dans une colonie allemande du Chili. Pour notre part, nous étions convaincus qu'il suffisait à Mengele de vivre retiré dans une propriété au Paraguay pour ne pas être inquiété puisque personne, en réalité, ne le pourchassait…

Nous avons transmis au procureur Klein, à Francfort, les renseignements que nous avons obtenus. Seuls, nous n'étions pas en mesure d'accéder au dossier bancaire de la famille Mengele qui aurait permis de dresser la liste de leurs déplacements. Nous n'étions pas en mesure d'obtenir des autorités brésiliennes une enquête sur le voyage de Rolf Mengele au Brésil. Nous n'étions pas en mesure, non plus, de mettre sur écoute les téléphones du fils Mengele. Certes, nous-mêmes, ou des agents israéliens, aurions pu décrocher la clé du mystère Mengele en mettant le couteau sur la gorge de Rolf ou de l'un de ses enfants. Mais pour nous, comme pour le Mossad, le fils d'un criminel n'est en rien responsable des crimes de son père, même s'il le protège.

Face aux nombreux renseignements que nous lui transmettions, le procureur Klein ne cachait pas sa satisfaction, tout en refusant de savoir comment nous les avions obtenus. Par ailleurs, il nous disait son sentiment d'impuissance dans cette affaire : les perquisitions, il n'y croyait pas ; suivre la famille hors d'Allemagne, il n'était pas en droit de le faire ; les écoutes téléphoniques, il y en eut peut-être quelques-unes, épisodiques… Jamais le parquet de Francfort n'a eu le courage d'alerter le ministre de la Justice pour qu'il mette le gouvernement allemand face à ses responsabilités.

Puisque l'affaire Mengele ne pouvait se résoudre sans une mobilisation de l'opinion publique internationale, Beate a entrepris une campagne dans le pays où Mengele avait été vu pour la dernière fois, là où il avait été publiquement protégé : au Paraguay. En février 1984, elle s'est rendue à Asuncion où elle a réclamé le concours des autorités paraguayennes pour retrouver le médecin nazi. Peu satisfaite des réponses du dictateur Alfredo Stroessner, Beate a organisé une manifestation illégale contre lui devant le palais de justice – la première depuis dix-sept ans. De retour à Asuncion en novembre 1984 avec des amis juifs américains, Beate a obtenu du ministre de l'Intérieur Sabino Montanaro la promesse d'une enquête minutieuse auprès de tous les chefs de districts policiers du Paraguay. Elle a également fait insérer dans les journaux *El Diario* et *O Estado de Sao Paulo* une page entière offrant une récompense de 26 500 dollars à celui ou celle dont les informations permettraient la capture de l'« ange de la mort ». Ce qui a incité le parquet de Francfort à porter la prime proposée par la justice allemande de 50 000 à 1 million de deutschemarks.

C'est ainsi qu'a germé l'indispensable mobilisation que nous avons voulue et suscitée. Ont suivi le procès par contumace de Mengele à Jérusalem, qui a donné un écho international à ses crimes atroces, puis l'accusation portée contre les autorités américaines d'avoir arrêté le médecin allemand et de l'avoir laissé échapper, qui a déclenché une enquête officielle aux États-Unis. La presse internationale, passionnée par l'affaire Mengele, lui a de nouveau consacré ses gros titres quand Beate est repartie pour la troisième fois au Paraguay, en mai 1985. Pendant plus de deux semaines, elle a mené une violente campagne contre Stroessner afin de l'empêcher de se rendre en Allemagne pour une visite officielle fixée du 3 au 8 juillet. À plusieurs reprises, pendant les deux semaines de son séjour, elle a manifesté avec un poster clamant en espagnol : « Stroessner, tu mens quand tu dis que tu ne sais pas où est Mengele. Ne pars pas en Allemagne sans lui ! » Ou bien seule, devant l'ambassade allemande à Asuncion, en brandissant une pancarte : « L'Allemagne ne doit pas recevoir le dictateur Stroessner qui protège Mengele. » Des scènes qui furent retransmises par les chaînes du monde entier.

Stroessner a enfin compris que l'affaire Mengele compromettait gravement sa réputation. Quelques jours après le départ de Beate étaient annoncés simultanément le report du voyage de Stroessner en Allemagne, à son initiative, ainsi que… la mort de Mengele, six ans plus tôt, au Brésil. Sa tombe fut localisée quelques mois plus tard et sa dépouille identifiée en 1992 grâce à des tests génétiques.

Dernier combat

Nous avons entamé notre action au nom de l'histoire et de la justice en 1971 avec les criminels allemands Lischka, Hagen, Heinrichsohn et Barbie. Nous l'avons terminée avec un autre criminel nazi, Alois Brunner, jugé par contumace en 2001, à Paris, et condamné à la prison à perpétuité. Dans cette affaire également, les parties civiles ont donné l'impulsion indispensable pour entraîner la justice et les gouvernements. Malgré tous nos efforts, cependant, nous n'avons pas abouti en raison de la situation particulière de la dictature syrienne, insensible aux pressions extérieures qui se sont révélées très insuffisantes.

Si, à partir des années 1980, les médias, les magistrats et les chancelleries de plusieurs pays se sont emparés de l'affaire Brunner, c'est parce que nous avons voulu qu'il en soit ainsi. Nous qui menions campagne contre Barbie au nom des 44 enfants d'Izieu, comment aurions-nous pu ne pas pourchasser Brunner qui avait non seulement dirigé la déportation des Juifs de France depuis juin 1943, mais aussi choisi d'arrêter et d'envoyer vers la mort 250 pensionnaires des foyers d'enfants juifs de la région parisienne dans l'ultime grand convoi qui a quitté Drancy le 31 juillet 1944, à trois semaines de la Libération ?

La présence de Brunner avait été signalée à Damas en 1960 et l'Autriche avait demandé son extradition à la Syrie l'année suivante. Sans succès, hélas. Depuis, le dossier dormait à Vienne et à Francfort, où un mandat d'arrêt avait été lancé en 1961 pour la participation de Brunner à plus de 120 000 meurtres. En France, l'officier SS avait été condamné à mort par contumace en 1954 – une condamnation frappée de prescription vingt ans plus tard.

Pour tenter quelque démarche que ce soit, il nous fallait d'abord savoir où se cachait Brunner. Nous avons enquêté, à Vienne, sur son épouse et sa fille avec l'aide de deux détectives privés que nous avons recrutés pour l'occasion. Nous avons même réussi à pénétrer dans l'appartement de la fille de Brunner, où nous avons découvert l'adresse et le numéro de téléphone de son père à Damas.

Ayant localisé précisément Brunner, à Damas, sous le nom de Georg Fisher, nous avons voulu avoir la certitude absolue que nous ne faisions pas fausse route. Ma femme lui a téléphoné en se faisant passer pour la secrétaire d'un magistrat allemand, fils d'un collègue de Brunner pendant la guerre. Elle lui a transmis un prétendu message de ce magistrat lui recommandant vivement de ne pas se rendre en Suisse pour soigner son œil, car un mandat d'arrêt l'y attendait, la justice allemande ayant été prévenue de ce projet de voyage – Brunner avait perdu un œil dans un attentat au colis piégé à la grande poste de Damas, en 1961. Il a remercié chaleureusement ma femme pour cet avertissement.

Immédiatement, Beate a téléphoné à l'épouse de Brunner, à Vienne, et lui a conseillé d'appeler son mari, à Damas, pour lui éviter de commettre l'imprudence d'aller en Suisse. L'épouse de Brunner lui a assuré qu'elle allait le prévenir. Ainsi étions-nous sûrs que Fischer et Brunner ne faisaient qu'un, de même que nous avions prouvé quelques années plus tôt qu'Altmann et Barbie étaient une seule et même personne.

En juillet 1980, un deuxième colis piégé a privé Brunner des doigts de la main gauche. Mutilé à deux reprises à vingt ans d'intervalle, il savait que ses victimes n'avaient pas oublié. Terminée, la tranquillité d'une retraite anonyme, sous la protection d'une solide dictature antijuive. Désormais, sa vie serait dominée par le souvenir des crimes qu'il avait perpétrés et par la volonté de justice de ceux dont il avait irrémédiablement piétiné la vie.

Pour donner à ce dossier plus d'actualité, nous avons décidé de le rendre public en juin 1982, au lendemain d'un engagement aérien dans lequel l'aviation israélienne avait abattu plus de cinquante avions syriens. En 1967, j'avais suivi l'armée israélienne comme volontaire en Syrie jusqu'à la prise de la ville de Kouneitra, où la diplomatie l'obligea à s'arrêter sur la route de Damas. Si elle y était parvenue, peut-être le cas Brunner aurait-il trouvé une solution satisfaisante dans la ligne du procès Eichmann…

En tout cas, en juin 1982, j'ai pris l'avion pour Damas sans visa. À l'arrivée, j'ai transmis le dossier Brunner aux autorités syriennes qui m'ont refoulé vingt-quatre heures plus tard. Le correspondant du quotidien britannique *Times* à Beyrouth s'est rendu à Damas et a rédigé un article très détaillé sur la présence de Brunner en Syrie, son rôle dans la police politique et la protection policière dont il bénéficiait depuis mon passage sur place.

En octobre 1982, j'ai déposé plainte contre Alois Brunner en Allemagne et j'ai multiplié les démarches auprès des parquets de Francfort et de Cologne, ainsi qu'à Bonn, au ministère de la Justice et au département juridique du ministère des Affaires étrangères. Ces efforts ont entraîné la réouverture du dossier Brunner, un nouveau mandat d'arrêt lancé à Cologne en octobre 1984 et une demande verbale d'extradition présentée par la République fédérale d'Allemagne à la Syrie en décembre 1984. Les autorités syriennes ont prétendu ne pas avoir connaissance de la présence de l'officier SS sur leur territoire... L'Autriche a renouvelé sa demande d'extradition en 1985 – sans plus de succès.

Entre-temps, nous avons tenté d'obtenir de la République démocratique allemande qu'elle demande à la Syrie de mettre Brunner dans l'avion de la ligne Damas-Berlin-Est. Étant donné les liens qui unissaient les deux gouvernements, le président Hafez el-Assad pouvait être certain qu'il ne serait pas question de son pays lors d'un procès Brunner. Peine perdue. C'est seulement en 1988, à la veille de sa disparition, que la RDA s'est résolue à réclamer officiellement l'extradition de Brunner... Sans même recevoir de réponse.

En France, les possibilités de soutenir la demande allemande d'extradition étaient faibles, car le gouvernement, sous l'impulsion du Premier ministre Jacques Chirac, était engagé dans une remarquable opération de sauvetage des Juifs de Syrie.

En octobre 1985, un article du magazine allemand *Bunte* a ranimé nos espoirs. L'hebdomadaire avait, en effet, interviewé et photographié Alois Brunner en Syrie. Le 20 janvier 1987, j'ai pu obtenir du nouveau secrétaire général d'Interpol, qui succédait à un ancien SS allemand et à un policier de Vichy, le premier avis de recherche international lancé contre un criminel nazi. J'ai réussi à le convaincre que c'était une excellente façon de célébrer le 45e anniversaire de la conférence de Wannsee. Le 20 janvier 1942, celle-ci avait réuni à Berlin, au siège d'Interpol, quinze hauts responsables du IIIe Reich pour débattre de l'organisation administrative, technique et économique de la Solution finale à la question juive, sous la présidence de Reinhard Heydrich.

La Syrie, destinatrice de cet avis de recherche, ne réagit point, sinon en imposant le silence à Brunner. L'imprudent avait confié par téléphone au quotidien américain *Chicago Sun Times* que « tous les Juifs méritaient de mourir parce qu'ils étaient des agents du diable et des ordures humaines ». « Je n'ai pas de regrets, avait-il ajouté, et je le referais encore si c'était à refaire. »

Quand mon épouse se rendit à Damas en 1987 avec un visa délivré à Bonn, elle fut, à son tour, refoulée dès son arrivée à l'aéroport. Elle organisa alors des manifestations à New York devant le consulat syrien et fit campagne à Washington auprès de la Chambre des représentants qui émit une résolution demandant l'intervention du gouvernement américain pour soutenir les demandes d'extradition.

En 1987, nous avons porté plainte contre Brunner à Paris. L'instruction, menée par les juges Getti, puis Stephan, avec l'appui de la section de recherches de la gendarmerie de Paris, a porté, d'une part, sur les enfants déportés par le dernier grand convoi et, d'autre part, sur la présence de Brunner en Syrie. Les preuves de cette présence se sont accumulées, les demandes de commission rogatoires se sont multipliées, mais en vain. Les autorités syriennes n'ont rien voulu entendre.

En janvier 1990, j'ai de nouveau pris l'avion pour Damas, cette fois avec un visa d'affaires délivré par l'ambassade à

Paris, soucieuse probablement de voir le cas traité dans la capitale syrienne plutôt qu'en France. Une demi-heure avant un entretien avec le vice-ministre des Affaires étrangères, celui-ci a appelé l'ambassadeur de France à Damas pour annuler le rendez-vous. Après diverses démarches, je me suis résolu à louer un théâtre pour y donner une conférence intitulée : « Les criminels nazis, de Barbie en Bolivie à Brunner en Syrie ». Le lendemain matin, trois policiers m'ont signifié mon expulsion et m'ont conduit en bout de piste, où un avion s'apprêtait à décoller pour Vienne. C'est ainsi que j'ai été extradé vers l'Autriche à la place de Brunner, en quelque sorte.

En décembre 1991, ce fut au tour de mon épouse d'aller à Damas avec le passeport d'une militante de notre association. Beate s'était grimée pour que son visage ressemble autant que possible à la photo. Le subterfuge a marché, puisqu'elle a pu franchir le contrôle de la police des frontières. Le lendemain, elle a manifesté dans la rue, devant le ministère de l'Intérieur syrien, en brandissant un poster rédigé en arabe et en anglais : « Assad, libère les Juifs de Syrie et extrade le criminel nazi Brunner. » L'arrestation, puis l'expulsion, de Beate ont relancé l'affaire. Le ministre des Affaires étrangères, Roland Dumas, l'a reçue chaleureusement et a promis d'intervenir auprès du président Assad qu'il devait rencontrer quelques jours plus tard. Résultat : Assad a reporté de quelques mois la visite de Roland Dumas et, lors de leur rencontre, lui a assuré ne rien savoir de la présence de Brunner en Syrie…

Que faire en pareilles circonstances ? Rompre le dialogue et les relations diplomatiques ? C'eût été difficile à l'époque, étant donné la priorité alors accordée au Liban, la place de la France dans les négociations au Moyen-Orient et ses relations bilatérales avec la Syrie, ancien mandat français. Certes, les dirigeants français évoquaient le dossier Brunner, mais ils encaissaient sans broncher les mensonges de leurs interlocuteurs syriens.

Ensuite, nous avons fait le siège du Parlement européen avec documents et conférences à l'appui. Deux années de suite, nous avons obtenu que les députés européens votent contre l'attribution d'une aide financière de deux cents millions de dollars promise à la Syrie, coupable d'héberger et de protéger le criminel nazi Brunner.

Après le dernier passage de Beate en Syrie, en 1991, Brunner avait été contraint de déménager, laissant son appartement au chef de la garde personnelle d'Assad. Depuis ce moment-là, pas de nouvelles…

En 1998, quand Assad est venu en visite officielle à Paris, notre association a été la seule à manifester contre lui, ses mensonges et la protection qu'il n'a cessé d'accorder à Brunner. Peut-être en remerciement des services rendus au clan Assad quand il officiait dans la police politique dans les années 1960. Sûrement parce que la sympathie d'Assad allait vers celui qui avait envoyé à la mort tant de Juifs n'ayant pas pu trouver refuge dans un État juif. Si cet État juif avait existé, la Shoah n'aurait probablement pas eu lieu.

Je le dis, non seulement en tant que Juif citoyen français, mais également en tant que Juif à qui le gouvernement israélien a accordé la citoyenneté israélienne en récompense des services rendus au peuple juif. Israël, État refuge des survivants de la Shoah, est aussi le garant de la sécurité des Juifs partout où ils risquent d'être persécutés.

En Syrie, pays où les Juifs ont longtemps été persécutés sous Assad, avant que la plupart ne soient autorisés à émigrer, Brunner a pu continuer à assouvir quotidiennement sa haine antijuive. Caricature du criminel nazi, il n'a vraisemblablement jamais quitté la Syrie. Avec un seul œil, une main privée de doigts, son âge avancé et son accent autrichien prononcé, jamais il n'aurait pu passer inaperçu… Il est sûrement mort aujourd'hui, puisqu'il aurait 101 ans. Quand est-il décédé ? Où ? Dans quelles circonstances ? Impossible de le savoir puisque sa fille, Irena, s'est toujours refusée à révéler quoi que ce soit sur le sort de son père.

En 1998, le Quai d'Orsay a malencontreusement choisi les 16 et 17 juillet pour la visite officielle de Hafez el-Assad en France – les dates anniversaires de la rafle du Vél' d'Hiv. Les autorités françaises, aux petits soins pour le président syrien, ne se sont pas souciées de voir le protecteur de Brunner traverser Paris en ces jours où l'on commémorait le souvenir des Juifs arrêtés par la Gestapo. Le président de la République a fait savoir que, par deux fois en deux jours, il avait posé à Assad la question rituelle – et obtenu la réponse rituelle : « S'il était en Syrie, ne le saurais-je pas, moi qui suis le président ? ».

Nous avons la sérénité de ceux qui ont tout tenté pour faire juger Brunner et l'amertume de ceux qui n'acceptent pas que la place de l'accusé soit restée vide devant les assises de Paris en 2001. La justice française a accompli tous les actes en son pouvoir pour établir les crimes de Brunner et sa présence en Syrie. Mais la raison d'État a été la plus forte. Les gouvernements successifs ont préféré ne pas gêner les relations diplomatiques de la France avec la Syrie. C'est un choix que nous avons le droit de ne pas approuver, même si cela nous est facile à nous qui n'exerçons pas de responsabilités officielles…

J'observe toutefois que nos gouvernants ont décidé de demander des comptes au terroriste Ilich Ramirez Sanchez, alias Carlos, coupable de plusieurs dizaines de crimes, mais pas à l'officier SS Alois Brunner, responsable de plusieurs dizaines de milliers de morts.

Il a fallu qu'un procès par contumace ait lieu en 2001 pour que le souvenir des enfants du dernier convoi soit évoqué dans une enceinte solennelle, pour que l'on constate, une fois de plus, que la France n'oublie pas le crime nazi, pour que le comportement de la Syrie soit dénoncé publiquement et pour que l'on reconnaisse, enfin, le rôle clé joué par les parties civiles, simples citoyens, dans les procédures et les campagnes contre l'impunité des criminels nazis qui ont persécuté les Juifs de France.

L'esprit de Nuremberg

Il me semble que le message proclamé si clairement à Nuremberg contre les crimes nazis a été entendu dans le monde occidental. Diverses justices nationales ont continué, longtemps après la fin de la guerre, à diffuser ce message en poursuivant les criminels du IIIe Reich. Dans les années 1970, les États-Unis ont remis en question leur politique d'immigration qui, pendant la guerre froide, avait permis à des criminels nazis d'entrer sur le territoire américain. Le département de la Justice s'est doté en 1979 d'une nouvelle unité, l'Office of Special Investigations (Bureau des enquêtes spéciales), chargé de faire la chasse aux criminels nazis qui auraient trouvé refuge sur le sol américain. Au fil des ans, une centaine d'entre eux a été déchue de la nationalité américaine et, dans certains cas, extradée vers leur pays d'origine ou vers l'État qui souhaitait les juger. Ce fut le cas de l'ancien gardien du camp de Sobibor, John Demjanjuk, livré à l'Allemagne en 2009, et du « boucher des Balkans », le ministre de l'Intérieur croate Andrija Artukovic, extradé vers la Yougoslavie en 1986. Certains, comme l'évêque roumain de la Garde de fer, Valerian Trifa, ont préféré renoncer à leur passeport américain et quitter d'eux mêmes le pays. Le Canada et l'Australie ont procédé de la même manière que les États-Unis.

L'Italie a, elle aussi, repris les poursuites contre les criminels nazis coupables de l'assassinat de civils italiens. En 2007, soit sept décennies après les faits, les tribunaux transalpins ont condamné des Allemands pour les massacres auxquels ils avaient participé.

Quant aux sentinelles en poste dans les camps d'extermination, la justice allemande leur demande encore des comptes en 2013. Le postulat nouveau, c'est que ces hommes sont coupables – sauf à prouver qu'ils sont innocents. Or il n'y a pas de témoins. Pas de documents, non plus, les incriminant directement. Comment ces accusés peuvent-ils se disculper, si longtemps après la guerre ? La cour fédérale de justice de Karlsruhe aura à décider s'il est possible de juger sur de telles bases.

Nous sommes confrontés à un difficile dilemme. Les victimes veulent qu'on juge jusqu'au dernier moment, jusqu'au dernier souffle du dernier criminel nazi. Seulement voilà : une justice démocratique doit procéder de manière équitable.

Certes, un tribunal de Munich a condamné John Demjanjuk, ancien gardien du camp de Sobibor, à cinq ans de prison en 2011 pour complicité dans l'assassinat de 27 900 Juifs. Mais, dans son cas, il existait un document que j'avais fourni, il y a vingt ans, à la justice française : le procès verbal de l'interrogatoire, par un procureur soviétique, d'un autre gardien de camp ukrainien, Ignat Danilchenko, qui a témoigné avoir servi au côté de Demjanjuk à Sobibor, puis à Flossenburg. Grâce à ce document, l'accusation avait la certitude, au moins, que Demjanjuk faisait bien partie des gardiens qui poussaient les Juifs vers les chambres à gaz.

Pour autant, il ne faut pas oublier que ces hommes, à l'instar de Demjanjuk et de Danilchenko, ont été confrontés à un choix terrible : mourir de faim dans un camp de prisonniers soviétiques ou servir dans un camp de concentration allemand. Était-ce un véritable choix ? Ils n'étaient pas Allemands, ils ne faisaient pas partie des décideurs.

Vis-à-vis de ceux-là, les ordonnateurs de la Solution finale, la justice allemande s'est montrée docile. Elle a agi comme la société le lui demandait. Quand les grands criminels étaient encore de ce monde et qu'il existait des tonnes de documents les accablant, quand les témoins à charge étaient encore vivants, les tribunaux d'outre-Rhin ont préféré ne pas les juger. Et, aujourd'hui, la justice se montre tout aussi docile en envisageant de poursuivre quarante anciens gardes d'Auschwitz…

En ce qui nous concerne, nous avons pratiquement arrêté nos actions après le procès par contumace, à Paris, d'Alois Brunner, le chef du camp de Drancy, en 2001. Lors du procès de John Demjanjuk, qui a débuté en 2009, nous avons souhaité que le cas des victimes françaises soit évoqué, mais notre constitution de partie civile a été rejetée. L'acte d'accusation était déjà rédigé, nous a-t-on dit, et la présence de Demjanjuk à Sobibor, au moment de l'arrivée des deux convois partis de France, n'était pas prouvée. Au fond, je n'ai pas regretté de ne pas assister au procès de ce nonagénaire impotent contre lequel n'existaient pas de preuves convaincantes – hormis le témoignage d'Ignat Danilchenko. Il était bien difficile, aussi, de reconnaître le criminel d'autrefois dans ce vieillard mutique, allongé sur sa civière.

À la suite de la plainte que nous avions déposée à Paris contre Demjanjuk en 1992, la justice française avait ouvert une information judiciaire. Cette procédure a débouché sur un non-lieu à la mort de Demjanjuk, l'extinction de l'action publique a été prononcée.

Le grand procès de Nuremberg, premier acte de la justice pénale internationale, a conduit les Nations unies à envisager la création d'un Tribunal pénal international permanent. Mais le désaccord des grandes puissances n'a pas permis, pendant des décennies, de le mettre sur pied. Au fil des massacres commis pratiquement sous nos yeux de téléspectateurs, quatre tribunaux pénaux internationaux temporaires ont vu le jour : pour l'ex-Yougoslavie, le Rwanda, la Sierra Leone et le Liban.

En 2002, la Cour pénale internationale, installée à La Haye, aux Pays-Bas, a enfin été officiellement créée. Ce tribunal permanent est chargé de juger les personnes accusées de génocide, crime contre l'humanité, crime d'agression et crime de guerre. Mais les États-Unis, la Russie, la Chine et l'Inde ne reconnaissent pas sa juridiction. Et il manque encore à cette cour son complément indispensable : une force internationale permanente de police en mesure de faire obstacle à l'accomplissement des crimes contre l'humanité. Ce sera la prochaine étape vers la disparition des crimes qui déshonorent notre planète, au même titre que la faim et la misère.

Pour l'histoire

Notre association, les Fils et Filles des déportés juifs de France, s'est forgé une âme en accomplissant, tout au long de ces années, une tâche douloureuse, celle d'identifier toutes les victimes, d'en dresser la liste dans le Mémorial de la déportation des Juifs de France, convoi après convoi. Nous voulions que toutes, sans exception, retrouvent leur identité, afin qu'elles soient présentes au procès de leurs bourreaux à Cologne, afin que l'on comprenne que la Solution finale, ce n'était pas de froides statistiques, mais bien un Juif + un Juif + un Juif...

À la volonté hitlérienne d'effacer la trace des victimes en brûlant leurs papiers d'identité, les listes de déportation et les déportés eux-mêmes, nous voulions opposer la volonté de voir les victimes réapparaître à la lumière du jour, redevenir des sujets, et non des objets de l'histoire, condamnés à la mort et au brouillard de l'oubli.

Mon père m'a laissé en héritage l'exemple de son courage. Ce dont je suis le plus fier, après toutes ces années, c'est que le ressort de mon engagement ne s'est jamais détendu. Je suis fier, aussi, du travail accompli par mon épouse, Beate, et par mon fils, Arno, dans cette œuvre de justice, de mémoire et d'histoire.

Je n'ai pas de regret. Je déplore que nous n'ayons pas obtenu satisfaction dans le cas d'Alois Brunner, mais ce n'est pas faute d'avoir essayé par tous les moyens. Quand on échoue alors qu'on est allé au bout, ce n'est pas trop grave. Non, je n'ai pas de regret.

LA TRAQUE DES CRIMINELS NAZIS

d'après L'Express

PRÉSENTATION

Si *L'Express* m'a demandé de présenter les articles qu'il a consacrés, depuis sa création en 1953, à la traque des criminels nazis et de leurs complices, c'est probablement parce que Beate et moi avons fait de ce combat celui de notre vie.

Dès 1960, *L'Express* a entrepris la publication d'une série d'articles qui a relancé l'intérêt pour la chasse des criminels nazis, ainsi que pour le génocide perpétré contre les Juifs.

Cette décennie des **années soixante** a été consacrée par l'hebdomadaire aux investigations menées par Simon Wiesenthal qui eut le mérite, dans les « oublieuses » années cinquante, d'entretenir la flamme de la mémoire des crimes nazis. Plus tard, c'est lui qui parvint à retrouver et à faire juger Franz Stangl, le commandant du camp d'extermination de Sobibor, et Karl Silberbauer, l'officier autrichien qui arrêta Anne Frank.

Les **années soixante-dix** ont débuté avec notre action, en Allemagne, contre les organisateurs de la Solution finale en France, Kurt Lischka et Herbert Hagen, et contre leur défenseur au Bundestag, Ernst Achenbach. Cette décennie est aussi celle de nos campagnes en Bolivie, après que nous avons découvert Klaus Barbie sous le masque de Klaus Altmann. La révélation par Jacques Derogy, grand reporter à *L'Express*, de la présence du milicien Paul Touvier à Chambéry a lancé cette affaire qui a duré de 1972 à 1994, quand Touvier fut condamné par la cour d'assises de Versailles. Notre fils Arno avait six ans quand il nous a accompagnés à Chambéry, sur les traces de Touvier ; vingt-deux ans plus tard, il fut le principal avocat des parties civiles lors du procès.

Les **années quatre-vingts** ont été marquées par plusieurs événements : le retour forcé de Klaus Barbie à Lyon ; la révélation de la mort, au Brésil, du médecin maudit d'Auschwitz, Josef Mengele ; le réveil de la justice, aux États-Unis, où le laxisme des services d'immigration avait permis à de nombreux émigrants d'Europe de l'Est, complices des crimes nazis, de trouver refuge après la guerre ; notre action contre l'impunité d'Alois Brunner, ancien chef du camp de Drancy, refugié en Syrie.

Les années quatre-vingt-dix nous ont emmenés en Israël. Extradé des États-Unis, Ivan « John » Demjanjuk y fut jugé et condamné au terme d'un procès retentissant, avant d'être libéré et renvoyé chez lui. Cette ancienne sentinelle de Sobibor avait été confondue avec un autre Ivan, gardien de camp à Treblinka celui-là. Demjanjuk sera à nouveau extradé, vers l'Allemagne cette fois, où son procès s'ouvrira à l'automne 2009.

Dans ces années-là, l'attention s'est aussi portée vers le passé de l'Argentine qui aurait accueilli, outre Eichmann, des collaborateurs français et d'autres criminels allemands, tel le capitaine SS Erich Priebke, extradé vers l'Italie où il a été jugé.

En France, le procès Touvier s'est clos en 1994, trois ans avant l'ouverture de celui de Maurice Papon, l'un de ces hauts fonctionnaires qui ont exécuté la volonté du gouvernement de Vichy de prêter main forte aux obsessions hitlériennes. Ce procès, d'une durée exceptionnelle de six mois et d'une grande intensité dramatique, s'est achevé par la sentence que notre fils Arno avait été le seul à demander, entre l'acquittement réclamé par la défense et la perpétuité souhaitée par tous les autres avocats des parties civiles : dix ans de réclusion.

Dans les **années deux mille,** avec la disparition naturelle des derniers criminels nazis, la traque s'est effilochée. Efraïm Zuroff, le successeur de Simon Wiesenthal, a néanmoins continué à mener campagne pour que les bourreaux puissent être jugés jusqu'à leur dernier souffle. La justice allemande l'a soutenu, elle qui, par le passé, s'était abstenue de juger de grands criminels nazis qu'accablaient documents et témoins parce que l'opinion publique allemande y était hostile.

Maintenant que la société politique allemande souhaite voir traîner devant les tribunaux les criminels nazis, cette justice, toujours aussi complaisante, poursuit les anciens gardiens des camps d'extermination. Les **années deux mille dix** verront donc peut-être encore un ou deux procès de ce type. La mémoire vivante des crimes nazis et la longévité accrue des individus permettent encore d'engager des procédures, soixante-dix ans après les faits, et le crime contre l'humanité est imprescriptible. Désormais la chasse aux criminels nazis va prendre, dans les références historiques, la place qui fut celle de Mithridate poursuivi par Rome pendant plus de trente ans…

Profession : justiciers

Pour trouver un couple qui vouerait sa vie à la justice, le destin aura cherché une protestante berlinoise, fille d'un soldat de la Wehrmacht, et un étudiant juif, fils d'un déporté d'Auschwitz. Beate Künzel et Serge Klarsfeld.

Une figure va modeler leur existence, celle d'Arno Klarsfeld, le père de Serge, exécuté pour avoir rendu sa gifle à un Kapo. Beate, alors, comprend qu'elle a épousé un homme et une cause. Quand ils découvrent ensemble, au fil des conversations avec les rescapés du génocide, l'impunité des principaux responsables allemands et français de la déportation des Juifs de France, les Klarsfeld n'acceptent pas de s'en remettre à des États qui ne font pas leur métier. L'indifférence des autres les pousse à l'action. Sans mandat ni expérience, ils vont apprendre, à force de patience et de courage, leur tâche de justiciers. Car ils ne veulent pas rejoindre la phalange des intellectuels engagés, souvent fascinés par les manifestes et manifestations pour le principe. Les Klarsfeld ne se battent pas contre les moulins à vent.

En 1968, Beate gifle publiquement le chancelier ouest-allemand Kurt Goerg Kiesinger, ancien collaborateur de Goebbels. On la prend alors pour une folle ou une gauchiste manipulée par la RDA. On a tort. Les Klarsfeld inaugurent, par ce coup d'éclat, une campagne acharnée, qui aboutira, en 1969, à la mort politique du chancelier. Choisir sa cible, ne jamais s'en détourner avant d'avoir gagné, même si cela doit prendre des années, accepter tous les risques : voilà leur manière. Il leur a fallu douze ans pour déloger Klaus Barbie de son sanctuaire bolivien, mais leur obstination a payé.

Ils ont repéré, au sein de nos sociétés qui condamnent solennellement le nazisme, la présence de tranquilles bureaucrates du génocide. Les hommes qu'ils vont traquer n'habitent pas nécessairement La Paz ; la plupart vivaient heureux et honorés en Allemagne et en France. Peut-on les attaquer sans s'attirer l'hostilité générale ? L'enterrement du passé fonde la morale commune de part de d'autre du Rhin. En 1963 – l'année où les Klarsfeld se marient – Charles de Gaulle et Konrad Adenauer n'ont-ils pas signé le traité réconciliant les ennemis héréditaires ? Cette réconciliation, Serge et Beate Klarsfeld la souhaitent passionnément. Mais au nom d'une autre morale, qui n'oublierait pas le passé. La luthérienne entêtée veut rendre à son pays une part de l'honneur perdu et jeter un pont entre l'Allemagne fédérale et Israël. Comme son mari, elle ne tient pas à la revanche, mais à la définition du sens de la responsabilité. Celle des coupables. Celle des opinions. Et des magistratures qui s'esquivent. Les Klarsfeld luttent d'abord à contre-courant. Ils ont retrouvé, en RFA, la trace, puis l'adresse de trois hauts responsables : Kurt Lischka, Herbert Hagen, Ernst Heinrichsohn ; ils ont démasqué Barbie en Bolivie, Brunner, le bourreau de Drancy, en Syrie. Mais à quoi bon ? De Gaulle a fait libérer Karl Oberg et Helmut Knochen, criminels de guerre. S'il honore la mémoire de Jean Moulin, il ne se préoccupe guère de la présence de son tortionnaire quand il se rend à La Paz. La loi lie les mains à ces justiciers, que glace l'impuissance résignée des juges. Un criminel nazi ayant opéré en France ne peut être jugé en Allemagne fédérale, car une convention de 1954 réserve ce droit à notre pays ; il ne peut pas être extradé, en vertu de la loi fondamentale allemande. Il y a aussi la disparition des témoins, la dispersion des archives... D'autres renonceraient, les Klarsfeld s'entêtent.

Devenue, par nécessité, une habituée des scandales, Beate manifeste. À La Paz, où Barbie est au mieux avec le gouvernement ; à Varsovie, où elle témoigne contre l'antisémitisme d'un État cherchant des diversions ; à Prague, où l'on juge des trotskistes en rappelant qu'ils sont juifs. Ces trouble-fête se moquent bien de gêner l'Ouest et l'Est, ils attaquent l'antisémitisme partout où il sévit. En 1979, c'est à Téhéran, où vient d'être exécuté pour « complot sioniste » un Juif iranien. Serge Klarsfeld rapporte : « Les mollahs condamnaient les amiraux parce qu'ils étaient amiraux, et les Juifs parce qu'ils étaient juifs. » La gifle à Kiesinger, la tentative d'enlèvement de Lischka, les manifestations d'anciens déportés dans leur costume rayé – il y a, dans la violence calculée, de quoi heurter les gens bien élevés. Mais cet électrochoc réveille les opinions et contraint les appareils légaux à se mettre en marche. Serge et Beate Klarsfeld appartiennent à la génération provocatrice de 1968, la première qui ait tiré son pouvoir de la complicité avec les médias.

Encore faut-il être libre. Serge Klarsfeld a pris congé de la multinationale qui l'employait, pour s'inscrire – à 39 ans – au barreau de Paris. Ainsi pourra-t-il se constituer partie civile au nom des victimes de cette poignée de hauts responsables dont il étoffe les dossiers. Peine perdue ? Ce n'est pas sûr. Les Klarsfeld ne sont plus seuls. Willy Brandt, premier combattant antinazi à gouverner la République fédérale, a choisi de crever l'abcès en signant, en 1971, une loi qui enjoint aux tribunaux allemands de poursuivre les citoyens coupables des seuls crimes imprescriptibles, les crimes contre l'humanité. Les Klarsfeld prennent part à un siège de quatre ans contre la classe politique et, en 1975, le Bundestag ratifie enfin ce texte décisif. Entre deux manifestations, Serge force les secrets des archives administratives de Vichy et du IIIe Reich, faisant entrer dans son jeu une nouvelle génération de magistrats allemands. La loi change, et l'attitude de ceux qui la font appliquer. Quand le tribunal de Francfort condamne, en 1979, Lischka, Hagen et Heinrichsohn, Beate Klarsfeld peut s'estimer fière de son pays.

Serge l'est-il du sien ? Devenu un historien de la « Solution finale », il a d'abord fait le décompte des victimes. Minutieusement : 80 000 déportés. Un chiffre inférieur aux évaluations officielles, mais incontestable. Car les registres retrouvés apportent nom, prénom, lieu et date de naissance, jour de la mort. Et aussi les preuves incriminant les meurtriers : ordre de mission, télégrammes signés, enregistrements des mouvements de convois. Les Klarsfeld ont obtenu que des Allemands soient jugés et condamnés en Allemagne ; ils sont présents dans l'affaire Barbie, au nom des 52 enfants d'Izieu morts sur un ordre écrit de l'ex-bourreau de Lyon. Barbie ne se souvient de rien, les dossiers des Klarsfeld lui rafraîchiront la mémoire. Il leur importe, à présent, que les complices français des déportations raciales rendent, eux aussi, des comptes et qu'un nouveau procès de Vichy – il se profile à l'horizon de 1984 – permette de traiter au fond la question escamotée en 1945 : la participation efficace de l'Administration et de la police française. Contre deux responsables, Serge Klarsfeld a réuni des faits précis et il attend du groupement de ces affaires l'éclat nécessaire au réveil de la conscience française : « Trop de gens croient que Vichy a tout fait pour sauver les Juifs et que le mal commis fut l'œuvre de quelques fanatiques. Un Darquier de Pellepoix, par exemple. Mon devoir d'avocat est de démontrer que Vichy a pris une décision politique et a sacrifié les Juifs à l'espoir d'une restauration de sa souveraineté. »

Les Klarsfeld n'ont-ils pas peur de remuer trop de boue, de réveiller une vieille querelle française ? Ils estiment que, après l'Allemagne fédérale, la France peut supporter la vérité. Leur but ultime serait qu'un jour, face au même crime, un jury israélien, allemand ou français puisse rendre la même sentence.

Fred Kupferman
25 mars 1983

Enquête Simon Wiesenthal

L'homme qui a retrouvé Eichmann reste sur la trace de milliers de criminels de guerre

Il y a encore quelques semaines, Erico Raja était un homme d'affaires puissant et respecté à Milan. Cet homme distingué de cinquante-huit ans, Autrichien originaire de Trieste, avait créé en quelques années une importante entreprise se spécialisant dans le commerce avec les pays communistes. Il voyageait souvent en Europe orientale, y compris en Russie, avec les facilités d'un privilégié qui apporte des affaires intéressantes. On disait qu'il vendrait de l'acier à ses clients communistes. En tout cas, grâce à ses talents commerciaux, il était devenu rapidement prospère, acquérant même une villa sur les bords du lac de Lugano, en Suisse.

Aujourd'hui, Erico Raja n'est plus en mesure de satisfaire les commandes de ses acheteurs. Il se trouve dans une prison viennoise. Car cet exportateur doué, qui s'exprimait toujours avec les précautions d'un homme marqué par ses études de droit, a été démasqué comme étant en réalité le docteur Erich Rajakovic, officier supérieur de la SS et responsable de la déportation de 110 000 Juifs hollandais.

C'est encore une fois l'homme légendaire qui fut le premier à retrouver la trace d'Eichmann en Argentine qui a réussi à dépister Rajakovic dix-huit ans après la fin de la guerre.

Dans un bureau anonyme à Vienne, près du triste canal que les touristes non avertis prennent pour le Danube, j'ai rencontré Simon Wiesenthal, qui, depuis le jour où les Américains l'ont délivré de la baraque des moribonds au camp de concentration de Mauthausen a dédié sa vie à la recherche des criminels de guerre.

« C'est au cours de mes lectures nocturnes pendant le procès d'Eichmann que je suis tombé presque par hasard sur la trace de Rajakovic », me dit-il.

Une petite phrase

Wiesenthal sourit. Son regard chaleureux contraste avec son apparence et ses gestes un peu abrupts d'homme d'action.

« J'ai passé mes nuits à Jérusalem à étudier les quelque 3 600 pages de l'interrogatoire d'Eichmann. Une petite phrase m'a révélé que Rajakovic était toujours bien vivant. Car Eichmann rapportait une conversation qu'il avait eue avec lui en Argentine en 1956.

« Le reste a été relativement facile. Je savais qu'avant la guerre Rajakovic avait été un jeune avocat plein d'avenir à Vienne. Après l'entrée des Allemands, en 1938, il s'est porté volontaire pour les opérations antijuives conduites par Eichmann.

« C'est lui qui a créé le premier camp de concentration en Pologne, à Nisko, en 1939. Sur 6 000 Juifs autrichiens qui y étaient détenus, 6 seulement ont survécu. Plus tard, il fut promu à la direction des déportations en Hollande. »

Parmi ses milliers de victimes se trouvait la petite Anne Frank dont le journal pathétique a bouleversé le monde entier.

En revenant de Jérusalem, Wiesenthal a réussi à entrer en contact avec les anciens associés de Rajakovic au barreau de Vienne. Ils lui ont confié que l'ancien officier SS vivait tout tranquillement à Milan. En dépit de l'enquête ouverte contre lui après la guerre, il avait pu changer son nom légalement en « Raja » et quitter l'Autriche.

« J'ai jeté un coup d'œil dans l'annuaire de Milan, m'a raconté Wiesenthal, il s'y trouve dix-sept Raja. Une petite enquête auprès de la police milanaise m'a mené tout droit à l'homme que je recherchais. »

Immédiatement, Wiesenthal a soumis un dossier volumineux aux autorités italiennes. Mais devant leur hésitation à entrer en action contre un étranger accusé de crimes commis hors de l'Italie, Wiesenthal préféra révéler la véritable identité de ce florissant exportateur à un grand journal milanais. À la suite du scandale, Rajakovic disparut de son appartement du Corso Concordia. Pendant deux semaines il fut recherché en Allemagne et en Suisse. Finalement il s'est constitué prisonnier à Vienne.

Pour Wiesenthal, le cas Rajakovic s'ajoute aux centaines d'autres nazis qu'il a livrés à la justice. Rien ne l'avait préparé à ce rôle où l'agent secret opérant dans l'ombre se mêle au justicier traquant les assassins de son peuple.

Avant la guerre, Simon Wiesenthal était un jeune architecte jouissant déjà d'une certaine réputation, à Lvov, en Pologne. L'invasion allemande surgit comme un tremblement de terre. En quatre ans, Wiesenthal a connu treize camps de concentration. Mais il fut l'un des très rares qui, dans des conditions effroyables, s'insurgèrent contre une acceptation fataliste du destin décrété par les Allemands. À tout prix il cherchait à échapper à la condition de la victime qui se laisse emmener au massacre sans un dernier geste désespéré pour s'agripper à la vie.

Il réussit le tour de force de faire sortir sa femme du camp avec de faux papiers aryens. Lui-même s'évada et rejoignit un groupe armé de résistants polonais. Repris par les Allemands, il se taillada les poignets dans la voiture qui le conduisait à la Gestapo plutôt que de risquer une faiblesse aux mains des interrogateurs.

Les Allemands lui sauvèrent la vie dans l'espoir qu'ils pourraient lui arracher des secrets précieux. L'avance russe intervient avant qu'il soit soumis à la torture et Wiesenthal se retrouve évacué dans un autre camp plus à l'Ouest.

Même à Mauthausen, au milieu de 900 prisonniers, mourants comme lui, l'étincelle de résistance jaillit encore dans l'esprit de cet homme. Cloué sur sa planche, Wiesenthal prenait des notes sur les conditions dans le camp avec un bout de crayon qu'un médecin polonais lui avait donné.

Aussi lâches

Enfin la Libération arriva. Les Français et les prisonniers survivants de diverses nationalités furent rapatriés mais, pour Wiesenthal, son monde d'avant guerre s'était englouti. « La Pologne était devenue un cimetière pour moi », dit-il. Sur 150 000 Juifs qui habitaient à Lvov avant le cataclysme, il restait 500 survivants. En faisant plus tard le bien, Wiesenthal a établi que dans sa seule famille 89 personnes avaient péri. Parmi les morts, il comptait sa femme. On lui avait signalé qu'elle avait été tuée pendant l'insurrection de Varsovie. Ce n'est qu'une année plus tard qu'il l'a découverte à Solingen, dans la Ruhr ; elle aussi était persuadée que son mari était mort.

Tout à fait seul au monde à sa sortie du camp, Wiesenthal décida que son existence devait prendre un nouveau sens. « Il n'y avait plus de vivants à qui consacrer ma vie, dit Wiesenthal. J'ai décidé de vivre pour les morts. » Et il s'est joint, à Linz, aux services spéciaux américains qui recherchaient les criminels de guerre.

« À ce moment-là, après toutes mes expériences, raconte-t-il, je haïssais les Allemands. J'étais même devenu un sadique moi-même. Je voulais voir dans les yeux de mes prisonniers allemands la même panique que j'avais connue chez les Juifs conduits aux chambres à gaz. Les Allemands se sont révélés aussi lâches que les Juifs, ils étaient tout aussi paralysés par leur sort que les Juifs. »

Ce n'est qu'en juillet 1945 que Wiesenthal entend parler pour la première fois d'Eichmann. À cette époque-là, c'est un symbole du mal plus qu'une personne réelle. Son prénom manque sur la fiche établie par les autorités alliées, il n'existe aucune photo de lui et on pense que son lieu de naissance se situe en Palestine.

La même rue

Toutefois, grâce à ses informateurs, Wiesenthal peut rapidement établir que le père d'Eichmann et ses frères sont ses voisins à Linz. Ils habitent la même rue. Deux maisons seulement les séparent. La femme d'Eichmann, Veronika, et leurs trois enfants, se trouvent aussi tout près. Reprenant son nom de jeune fille, Mme Eichmann s'est établie à Altaussee, à 150 kilomètres environ au sud de Linz.

Encouragé par cette découverte, Wiesenthal se jure de rester à Linz jusqu'à l'arrestation d'Eichmann. Il passera quinze ans dans cette ville avec la ferme conviction que la famille le mènera tôt ou tard à l'homme qu'il recherche. Mais la famille d'Eichmann ne se révéla pas très bavarde. Veronika maintenait qu'elle avait perdu toute trace de son mari après avoir divorcé à Prague.

Péniblement, par approches successives, fragmentaires, Wiesenthal a commencé à cerner sa proie. D'ex-officiers SS repentis, des officiers antinazis, d'anciens agents de renseignements allemands, même des musulmans qui avaient combattu dans l'armée allemande figurent parmi ses principales sources d'information. Exaspéré par les lenteurs bureaucratiques des Américains, il crée sa propre organisation qu'il appelle « Documentation historique juive ».

Il parvient à savoir qu'Eichmann s'était trouvé à Altaussee quelques jours avant la fin de la guerre et que plus tard il s'est évadé d'un camp de prisonniers américain où il avait été détenu sous un faux nom. Wiesenthal réussit même à se procurer la première photo d'Eichmann, en retrouvant une de ses anciennes amies.

Une carte postale

Pour brouiller les pistes, Veronika a essayé de faire croire au décès de son ex-mari. Comme preuve, elle a apporté de Prague une lettre assermentée signée par un certain Karl Lukas qui prétend avoir été témoin de la mort d'Eichmann en Tchécoslovaquie le 30 avril 1945. Wiesenthal peut établir immédiatement que ce Lukas est le beau-père d'Eichmann.

L'instant le plus douloureux pour Wiesenthal reste la nuit de la Saint-Sylvestre, en 1949. Ce jour-là, Eichmann devait rendre visite à sa femme et à ses enfants, à Altaussee. Il est déjà à quelques centaines de mètres de la maison quand un inconnu l'avertit de la présence de Wiesenthal et des gendarmes autrichiens.

Profitant de l'obscurité de la nuit d'hiver, Eichmann disparaît sans laisser de trace.

Quelques mois plus tard, des informateurs allemands révèlent à Wiesenthal qu'Eichmann ne se trouve plus en Allemagne. Passant par Rome, où il a été hébergé dans un monastère de capucins, il se serait rendu en Espagne ou en Amérique du Sud.

À Pâques 1952, ce sont Frau Eichmann et ses enfants qui soudainement quittent Altaussee. Une année se passe avant que Wiesenthal retrouve une piste grâce à une carte postale envoyée par Frau Eichmann d'Argentine à une amie de Linz. Toutefois la carte ne donne aucune indication d'adresse.

Un baron autrichien apporte la confirmation que la famille Eichmann s'est installée en Argentine. Il montre à Wiesenthal une lettre d'un ex-officier allemand résidant à Buenos Aires signalant qu'il y a rencontré « ce salaud d'Eichmann » qui travaille maintenant dans une centrale hydraulique.

Immédiatement, Wiesenthal transmet cette information aux services israéliens, mais leur réaction est tiède. À cette époque, ils sont convaincus qu'Eichmann se trouve en Syrie.

Même s'il a été découragé, Wiesenthal n'a jamais abandonné la chasse. Par la mère de Frau Eichmann, il a pu obtenir le nom sous lequel la famille vivait en Argentine. Le 10 octobre, les agents spéciaux israéliens ont finalement retrouvé Eichmann. Sept mois plus tard, sa capture était annoncée.

Pour Wiesenthal, cette affaire était terminée et il quitta Linz pour s'installer à Vienne mais la mission de sa vie restait incomplète. Dans son bureau j'ai vu les dossiers qui contiennent les noms de 20 000 personnes impliquées dans l'extermination des Juifs.

« Il est plus facile de retrouver les criminels de guerre, m'a-t-il dit, que les témoins – quatre millions et demi de témoins sont morts. »

Une école pour jeunes filles

Tout près de Vienne, par exemple, un ancien adjudant du commandant d'Auschwitz est le propriétaire d'un grand magasin de confection pour dames. Évidemment, il nie avoir eu la moindre connaissance de ce qui se passait dans le camp. Jusqu'ici Wiesenthal n'a retrouvé aucun témoin et aucun document pour provoquer une action judiciaire. Un autre chef de la SS, qui dirigeait la Gestapo dans le Sud-Est européen et qui aurait préparé les listes des déportations, est devenu le directeur d'une école pour jeunes filles de la bonne société près de Salzbourg. Un des médecins nazis d'Auschwitz est employé par la sécurité sociale à Vienne.

« Nous connaissons à peu près mille personnes qui appartenaient aux équipes d'Auschwitz, m'a dit Wiesenthal, mais nous n'avons pas pu rassembler des preuves qui seraient acceptées par un tribunal que contre une cinquantaine. »

Wiesenthal est toujours à la recherche de neuf hommes qui étaient intimement liées aux activités d'Eichmann. Au moins deux sont toujours vivants. Alois Brunner, l'homme responsable de la déportation des Juifs grecs, qui se trouve en Syrie, et Anton Burger, le dernier commandant du camp de Theresienstadt, qui s'est évadé d'une prison viennoise en 1951.

Chez le coiffeur

Le chef d'Eichmann, le célèbre Heinrich Mueller qui, en fait, contrôlait la Gestapo dans toute l'Europe, pourrait lui aussi être encore vivant. Il a été vu la dernière fois en mai 1945 dans les Alpes autrichiennes où sous le nom de « Lieutenant Schmidt » il essayait de nouer contact avec les troupes alliées.

Quotidiennement, Wiesenthal reçoit encore une douzaine de lettres lui donnant des renseignements sur les anciens nazis. « Ce sont leurs propres collègues du temps de la guerre qui les dénoncent le plus souvent », dit-il.

« Mon travail n'est pas très romantique, ajoute-t-il, il se passe à mon bureau ou dans un café. Je rassemble les renseignements et les preuves et ensuite je les transmets au parquet allemand ou autrichien. » Tout dernièrement, il a informé les autorités allemandes que l'ancien général de SS Rauf se trouvait au Chili. C'est lui aussi qui a alerté l'opinion publique à propos du policier ouest-allemand chargé de l'enquête contre le *Spiegel* : cet homme avait dirigé les déportations en Italie et en Tunisie.

Quelquefois, les lettres sont pathétiques. Il m'en montre une écrite par une Allemande qui raconte que son mari a disparu au lendemain de l'arrestation d'Eichmann. Tout récemment, en regardant un journal illustré chez son coiffeur, elle est tombée sur une photo de son mari en uniforme d'officier SS, revolver en main, tuant un jeune Juif. « Pendant neuf ans, j'ai vécu avec un assassin, écrit-elle, qu'est-ce que je dois faire ? »

En dix-huit ans, l'état d'esprit de Wiesenthal a évolué. « Mes réactions ne sont pas émoussées, dit-il, je pleure encore quand je lis certains témoignages des camps, mais ma haine contre les Allemands s'est assouvie. »

Le frigidaire de l'Histoire

Quand la télévision allemande lui a demandé récemment s'il haïssait toujours les Allemands, il a répondu : « Je rejette la notion de culpabilité collective, mais je crois à une responsabilité collective et avant tout à la honte collective. »

Aujourd'hui, Wiesenthal reconnaît que les autorités allemandes font, en général, tout leur possible pour traduire les criminels de guerre devant la justice. « Même si les peines sont souvent dérisoires, dit-il, les procès ont eu une importance capitale. Ils rappellent les crimes aux Allemands et informent la jeunesse du passé. La transformation de l'esprit allemand est indispensable pour l'humanité. Je ne peux pas ressusciter les morts, mais le monde est devenu si petit que nos enfants seront bien obligés de vivre à côté des Allemands. La jeunesse allemande réagit bien. Venant de moi, elle ne peut avoir une meilleure référence. »

L'autre jour, à Milan, un groupe d'amis d'avant guerre s'apitoyait sur le sort de Wiesenthal. Ils avaient tous réussi à refaire leur vie et ils regrettaient que lui aussi n'ait pas repris sa carrière d'architecte.

« D'autres ont enquêté pour le frigidaire de l'Histoire, a répondu Wiesenthal, moi j'ai travaillé pour les morts. Je ne les oublierai jamais. C'est de ma propre volonté que je suis resté pendant dix-huit ans dans l'univers concentrationnaire. Qu'avez-vous fait pour vos parents massacrés ? Je serais un déserteur si je les abandonnais maintenant. »

Un grand silence se fit autour de la table et Wiesenthal remarqua que les yeux de ses amis se remplissaient de larmes.

Boris Kidel
20 juin 1963

L'affaire Klaus Barbie. Beate Klarsfeld raconte

Dès octobre 1971, *L'Express* Rhône-Alpes titrait : « Klaus Barbie est-il en Bolivie ? » Février 1972 : Barbie est démasqué devant les caméras de l'ORTF. Il se cachait bien en Bolivie : à La Paz, sous le nom d'Altmann. Le bourreau de la Résistance lyonnaise, le responsable de la mort de Jean Moulin, avait été traqué à son tour. Par une jeune femme, Beate Klarsfeld. En exclusivité, pour les lecteurs de *L'Express* Rhône-Alpes, Beate Klarsfeld raconte ses voyages en Bolivie et pourquoi, Allemande, elle a fait le serment de débusquer les tortionnaires du IIIe Reich.

L'affaire Barbie, c'est, pour le moment, l'épisode le plus retentissant de la vaste action qu'avec l'aide de mon mari, Serge, j'ai engagée contre les criminels nazis.

Depuis le 26 juillet 1971, Serge et moi avons consacré la majeure partie de notre temps à cette affaire. Quand j'y repense, je me demande où nous avons pu trouver l'opiniâtreté nécessaire pour faire rouvrir l'instruction contre Barbie à Munich, pour le repérer à Lima, pour faire bouger les autorités françaises, pour aller deux fois en Amérique du Sud.

Imaginez les dizaines de démarches, les multiples voyages à Lyon pour décider les mouvements de résistants et de déportés à se rendre à Munich, les recherches de Serge dans les archives pour y trouver les traces de nouveaux témoins susceptibles d'apporter des preuves que Barbie connaissait le sort des Juifs qu'il déportait, la constitution de dossiers, leur envoi aux journalistes, aux résistants, les innombrables et longues lettres à tous ceux qui avaient une chance de réagir en France et en Allemagne. Imaginez aussi les multiples séances avec le procureur général de Munich, le Dr Manfred Ludolph, les contacts avec les Allemands qui ont repéré Barbie sous les traits d'Altmann à Lima, le premier voyage à Lima, la fuite de Barbie à La Paz, ma course poursuite de Lima à La Paz, mes démêlés avec les autorités boliviennes après les interviews sur six colonnes de « la chasseresse des nazis ».

De mes deux voyages, le plus important a été le second.

Je suis repartie pour la Bolivie le 20 février dans un but bien précis. Mon premier voyage, du 27 janvier au 4 février, avait parfaitement atteint son objectif : prouver à l'opinion publique bolivienne qu'Altmann et Barbie ne faisaient qu'un seul personnage. Sachant que le système de défense de Barbie serait de prétendre qu'il n'avait jamais fait la guerre aux partisans, aux guérilleros (c'est en Bolivie, rappelez-vous, que Che Guevara a trouvé la mort), il fallait, dans un second voyage, montrer aux Boliviens ce que signifiait réellement la Gestapo.

En Bolivie, j'ai pu m'en rendre compte la première fois, la Seconde Guerre mondiale est lointaine, ignorée, et les nazis d'Amérique du Sud y apparaissent comme de simples réfugiés politiques. Il fallait donc frapper l'opinion, lui montrer autre chose que des documents écrits ou des photos. J'ai fait appel à une femme martyrisée par la mort de son mari et de trois de ses enfants, Mme Itta Rosa Halaunbrenner. En dépit de son état de santé, de ses 68 ans, de l'altitude de La Paz (3 800 mètres), de la tension morale d'une pareille mission, de la possibilité de se trouver face à face avec les responsables de l'extermination de sa famille, elle est partie avec moi.

Le consul bolivien à Lima a essayé de nous empêcher de quitter le Pérou pour La Paz. Si nous avons réussi, c'est essentiellement grâce au représentant du *Los Angeles Time* à Buenos Aires, qui se proposait de bavarder avec moi pendant le vol Lima-La Paz et qui en a été empêché par cette interdiction. Arrivé à La Paz où il devait interviewer le colonel Hugo Banzer, le chef de l'État bolivien, il lui a démontré qu'il n'était pas très habile de sa part de nous fermer l'accès à son pays, comme s'il craignait ce que nous avions à dire. Pareille attitude serait critiquée par l'opinion publique internationale. Aussitôt, Banzer a fait machine arrière, il a appelé le ministre des Affaires étrangères et des instructions ont été données pour qu'on nous laisse entrer.

C'est ainsi que, le 24 février, Mme Halaunbrenner et moi avons débarqué à La Paz. À l'aéroport, je me suis engagée auprès de la police à ne pas faire de déclaration à la presse. Mais c'était un cas de force majeure et j'étais bien décidée à m'adresser aux Boliviens dès que je le jugerais nécessaire.

M. Tapia, le sous-secrétaire d'État aux Affaires étrangères, a répondu à la demande de confrontation présentée par Mme Halaunbrenner, mais en précisant que la justice bolivienne n'était pas en mesure d'obliger Altmann à cette comparution. Peut-être, quand un tribunal de première instance aurait rendu un jugement ou quand le cas serait soumis ultérieurement à la Cour suprême de Sucre. Il faut comprendre qu'en Bolivie on ne dit jamais non. On renvoie à plus tard, on dilue, on freine, et d'autant plus s'il s'agit de répondre au président de la République française.

Il y a un proverbe bolivien qui déclare : « Méfie-toi des femmes chiliennes, des amis péruviens et de la justice bolivienne. » Comment ne pas se méfier de la justice d'un pays qui a de bonnes raisons de protéger Barbie ? En effet :

1° La colonie allemande détient entre ses mains 60 % de l'économie bolivienne. L'armée bolivienne a été formée à la fin des années 1920 par le sinistre Roehm, chef des SA, liquidé par Hitler au cours de la Nuit des longs couteaux. Dans l'émission de télévision ouest-allemande *Monitor*, récemment diffusée, l'un des frères Gasser, magnats boliviens de souche allemande, a publiquement déclaré : « C'est nous qui avons fait venir Banzer d'Argentine, qui l'avons hébergé, qui avons financé le putsch de l'été 1971, quand il a renversé le général Torres. Et les armes aussi, c'est nous qui les avons fournies. »

Or, Altmann est l'un de ces hommes d'affaires très spéciaux qui défendent les intérêts de la colonie allemande. Lorsque le consul général de Bolivie à Hambourg, Quintanilla, qui avait été mêlé à la mort du Che, a été abattu par des révolutionnaires boliviens en Allemagne, c'est le fils d'Altmann qui a rapporté ses cendres à La Paz. Altmann est aussi fortement soupçonné d'avoir joué un rôle direct dans le meurtre, le 31 décembre 1971, de l'homme le plus riche du Pérou, Banchero Rossiqui, qui habitait une villa proche de la sienne. C'est un des directeurs de Banchero Rossiqui, je le souligne, qui, le 28 décembre, m'a communiqué le nom et l'adresse sous lesquels se dissimulait Klaus Barbie à Lima. Il est fort possible qu'il y ait là une relation de cause à effet.

2° Par le même Allemand qui a reconnu Barbie en la personne d'Altmann, j'ai reçu un document, rédigé en 1968, selon lequel Altmann (qui était alors soupçonné d'être Dannecker) serait l'homme de confiance et l'un des hommes d'affaires de Martin Bormann, l'ancien secrétaire de Hitler. Bormann, selon ce document, vivrait la plupart du temps en Bolivie, ce qui est plausible. Altmann y est cité à plusieurs reprises, ce qui ne laisse pas d'être troublant.

3° Gérant de la Transmaritima boliviana, société chargée d'acheter des bateaux pour la Bolivie et qui a dilapidé ses fonds, produit d'une collecte nationale, Altmann est bien placé pour impliquer divers hauts fonctionnaires dans ce scandale financier.

4° Barbie, de 1945 à 1950, a été un agent des forces américaines d'occupation en Allemagne. L'est-il encore en Bolivie, de nouveau chasse gardée de la CIA ? C'est dans le domaine des choses possibles. Son excellent ami Fritz Schwend, autre criminel nazi notoire, est à Lima, de notoriété publique, un homme qui rend de nombreux services… aux services spéciaux américains.

Tout cela explique que Barbie, bien qu'escorté par deux gardes du corps, se promène librement à La Paz et qu'il n'ait aucune intention de quitter le pays. Seuls peuvent vraiment le menacer un changement de régime politique dans le pays et l'accession au pouvoir d'une nouvelle équipe déterminée à accorder quelque satisfaction à l'opinion publique internationale.

J'avais annoncé que je tiendrais une conférence de presse, le lundi 28 février, à 11 heures. À 10 heures, j'ai été convoquée au siège de la police. Le chef de la police, le major Dito de Vargas Nunez, m'a demandé d'annuler cette conférence de presse. Je n'ai rien promis et, à 11 heures, devant une foule de journalistes et de cinéastes, j'ai exposé le dossier d'identification, projeté l'émission réalisée par Ladislas de Hoyos sur Altmann pour l'ORTF, avec la réaction des témoins qui sont passés entre les mains de Barbie. Mme Halaunbrenner a très simplement et très dignement expliqué qu'elle ne cherchait en Bolivie « que la justice, et non la vengeance ». J'ai distribué dossiers et photos.

À 12 h 15, j'étais emmenée de nouveau devant le major de Vargas Nunez, qui me garda plus de trois heures, en me reprochant d'avoir enfreint les règles auxquelles je devais me soumettre. Mais, le lendemain, des pages entières de *Presencia*, de *Hoy*, d'*Ultima Hora*, etc., étaient pleines du récit des atrocités de la Gestapo : les Boliviens apprenaient enfin que Barbie n'était pas un simple ancien combattant, mais un criminel abominable. Ce même jour, furieux des résultats de cette campagne, plusieurs policiers faisaient irruption dans mon hôtel et m'emmenaient en fin de matinée. Je devais rester fort incommodément pendant plus de sept heures dans un bureau face à un policier qui connaissait lui le français et qui m'a dit textuellement : « Vous avez voulu nous emmerder, eh bien ! nous aussi nous vous emmerderons. »

Nous avons été reçues par M. Mandereau, ambassadeur de France. Mais j'ai été bien déçue. Quelle différence avec M. Chambon, ancien déporté, l'ambassadeur à Lima… Quelle différence aussi, m'a-t-on dit, avec ses prédécesseurs, MM. Lambroschini et Ponchardier… Timoré, M. Mandereau a eu l'inconscience de me dire : « À cause de vous, il a fallu que je dépassionne cette affaire. » Ce diplomate ne se rend-il pas compte encore que la mort de Jean Moulin a été la Passion de la Résistance française ? Et que dire des quasi-reproches qui me furent faits au sujet du travail donné par la nécessaire traduction en espagnol des documents fournis par mes soins ? Je peux ajouter aussi que la traduction par l'ambassade de la lettre de M. Pompidou à M. Banzer a été un régal pour les dirigeants boliviens… M. Mandereau me semble avoir pour souci essentiel une fin de carrière paisible, et je ne suis pas sûre qu'il y ait une parfaite harmonie de pensée entre M. Pompidou et son représentant à La Paz.

Je ne vous parlerai pas de mes innombrables entretiens avec divers représentants de l'opinion publique bolivienne, avec des avocats, avec la communauté juive de La Paz. C'est là tout un travail de fond dont les résultats se feront peut-être sentir un jour. En tout cas, il était indispensable.

Le lundi 6 mars, Mme Halaunbrenner et moi nous sommes toutes deux enchaînées devant l'immeuble où se trouve le bureau de Barbie, sur le Prado, la plus grande avenue de La Paz.

La nouvelle s'est très vite propagée, et les stations de radio ont interrompu leurs émissions pour annoncer que nous étions attachées à notre banc, brandissant des pancartes réclamant justice et l'extradition de Barbie au nom des millions de victimes du nazisme. Les voitures stationnaient, créaient des embouteillages, la police intervenant seulement pour déchirer les pancartes, que la foule bolivienne et les Juifs courageux de La Paz nous reconfectionnaient aussitôt. La colonie diplomatique a défilé devant nous et nous avons été constamment entourées par une foule importante.

Au bout de cinq heures sous un soleil de plomb, Mme Halaunbrenner se sentant très fatiguée, nous nous sommes détachées et, le soir même, nous repartions pour Lima, mission accomplie.

Il y aura sans doute encore d'autres développements dans cette affaire, mais pour l'instant il est difficile d'en dire plus. Je crois, cependant, que ceux qui veulent l'extradition de Barbie doivent accentuer leur pression afin que les autorités françaises la répercutent sur la Bolivie. Il y faut de la détermination et un profond engagement, pas seulement en paroles. Par le retentissement qu'a eu l'affaire Barbie nous avons, en tout cas, je crois, déclenché une prise de conscience qui était indispensable.

Reste une constatation, qui ne fait pas honneur aux hommes. Je ne suis pas une de ces féministes qui défilent dans les rues avec des banderoles : « Nous voulons des droits égaux », etc. Je préfère, ces « droits égaux », les prendre sans gaspiller mon énergie pour les revendiquer. Il a fallu agir illégalement et courageusement deux fois. Chaque fois, il n'y a eu que des femmes pour le faire : Mme Benguigui à Munich, avec sa grève de la faim sur les marches du palais de justice ; et Mme Halaunbrenner, qui a eu le courage de partir pour La Paz et de s'y enchaîner. Personne d'autre ne s'est dérangé. Personne n'y ira non plus revendiquer la justice par des voies extralégales si la Cour suprême bolivienne refuse l'extradition. C'est ainsi : le courage, le sens de l'honneur individuel ou collectif, le sentiment national (pas le nationalisme) sont des valeurs dépréciées. Mais grâce à ces valeurs que j'ai découvertes progressivement après mon arrivée en France comme fille au pair puis comme dactylo, j'ai la certitude d'agir positivement pour mon peuple et pour moi-même.

Je suis allemande. C'est en tant qu'Allemande que je conduis cette lutte contre les criminels nazis, avec l'aide de Serge, mon mari, qui mène ce combat, lui, en tant que Juif.

Il ne s'agit pas d'une chasse comme on se l'imagine trop souvent. Ou bien, si c'est une chasse, elle est paradoxale : une biche traquant une horde de loups. En fait, notre lutte n'est que défensive. Nous essayons désespérément d'empêcher la réhabilitation des criminels allemands condamnés par contumace en France après 1944. Parmi ce millier d'hommes, ceux qui ont férocement réprimé la Résistance française et, avec eux, la quasi-totalité de l'équipe qui a réussi à conduire à l'extermination de plus de 100 000 Juifs de France.

Du fait de la mauvaise volonté prise par les gouvernements allemands pour les extrader ou pour admettre qu'ils soient jugés en Allemagne, ces criminels vivent paisiblement à travers la République fédérale, sans même avoir changé de nom. Ils savent bien que personne ne viendra les inquiéter. Même le général SS Lammerding est mort dans son lit sans qu'un seul Français ait eu le courage de l'affronter, sinon par le truchement pusillanime du téléphone.

Pour nous Allemands, le contraste est frappant entre les déclarations passionnées faites par des Français devant leurs monuments aux morts, et leur répugnance à agir en Allemagne même, où se trouvent précisément ces criminels et le système qui pourrait les juger. Quand je pense que les survivants de la division SS Das Reich, responsable des massacres d'Oradour-sur-Glane, se sont regroupés l'automne dernier à Rosenheim, que j'ai supplié des Français d'y aller manifester, au moins à deux avec une banderole, ne serait-ce que pour montrer devant la télévision qu'il y avait aussi la France aux côtés des Allemands qui s'opposent aux nazis. Personne n'a eu la volonté d'y aller. En revanche, plus de trois cents jeunes Allemands se sont heurtés aux anciens SS et à la police bavaroise aux cris d'« Oradour, Oradour ».

Pour ces Allemands, pour moi, il est inadmissible que certains des plus grands criminels de l'Histoire allemande continuent à bénéficier d'une scandaleuse impunité, alors que le peuple allemand aura encore à souffrir longtemps de leurs actes. Chacun de nous porte en effet sur ses épaules le bien et le mal dont s'est chargé son peuple jusqu'à lui. Fille de Goethe, de Schiller, de Beethoven, je suis aussi fille de Hitler, de Himmler et d'Eichmann. Cela ne m'accable pas, loin de là ; je ne rougis pas de mon peuple, je n'ai pas de complexe de culpabilité. Je sais surtout qu'être allemande implique des responsabilités particulières. Pas seulement d'aller planter des arbres en Israël, mais de s'engager activement, énergiquement dans la lutte contre le nazisme, contre l'antisémitisme. Je l'ai dit souvent et cela a surpris beaucoup de gens : j'ai un profond sentiment national. Depuis 1945, le peuple allemand est divisé en deux États appartenant chacun à une idéologie différente, mais je crois à son unité fondamentale. Aucun grand peuple n'est resté divisé à jamais. Pour nous aussi, il y a un Mur des lamentations et l'espoir du retour à une nouvelle patrie indivisible. C'est ce sentiment national qui m'impose de ne pas accepter ce qui déshonore mon peuple.

Or la réhabilitation de ces criminels ne peut que salir l'Allemagne et pervertir l'Europe. Ce serait un pas de plus vers un ensemble où une attitude indulgente vis-à-vis du nazisme conditionnerait toutes les valeurs spirituelles et morales. Il n'y a pas de réconciliation possible avec l'univers concentrationnaire ; elle ne pourrait résulter que d'un accord profond avec les valeurs nazies. C'est pourquoi j'approuve entièrement le peuple hollandais qui, malgré le poids économique de l'Allemagne, refuse la libération de trois détenus de la Gestapo emprisonnés depuis vingt-sept ans. Le symbole est évident. De même que j'approuve les divers gouvernements français qui, depuis 1954, réclament que la justice allemande examine le cas des contumax.

Enfin, le 2 février 1971, Brandt a réussi à faire signer ce qu'Adenauer, Ehrardt et Kiesinger renvoyaient aux calendes : un nouvel accord modifiant les dispositions antérieures qui « n'avaient pas toujours permis à la justice de suivre son cours ».

J'avais personnellement parlé de cet accord avec le chancelier quelques semaines avant cette signature. J'essayais alors de voir quelles conditions devaient être réunies pour obtenir le jugement de ces criminels. Une étude attentive nous a permis de nous rendre compte que le processus engagé ne pouvait conduire qu'à deux issues : la condamnation de ces criminels par la justice et l'opinion publique allemande, ou leur blanchissement total. Plus de trente ans après les actes commis, il paraît difficile de condamner des hommes sur la foi de témoignages humains faillibles, affaiblis par les décennies écoulées et la désagrégation physique des uns et des autres.

Gustav Hempen, le bourreau du fort de Queuleu en Lorraine, seul contumax à avoir été rejugé à Oldenbourg, a été acquitté. Ses avocats ont « démoli » les témoins, plaidant comme s'il s'agissait d'un procès de droit commun devant un jury tout acquis à l'accusé. Hempen, comme la quasi-totalité des autres criminels, est en effet un Allemand qui, depuis vingt-cinq ans, n'a pas eu la moindre activité répréhensible et qui a participé à la reconstruction matérielle de la République fédérale et à son essor.

À mon sens, donc, les seuls procès efficaces pour la cause de la Justice sont ceux où l'accusé se retrouvera en face de sa propre signature au bas de documents de nature criminelle. C'est pourquoi Serge et moi avons entrepris dès février 1971 une action systématique qui vise trois objectifs :

1° Faire ratifier le nouvel accord par un Bundestag réticent grâce à une pression résultant d'incidents que nous provoquerions et dont la responsabilité retomberait sur les parlementaires se refusant à la ratification.

2° Attirer l'attention sur les principaux dirigeants de la Gestapo, l'appareil policier le plus odieux. Ces dirigeants ont signé de nombreux documents répressifs ou antijuifs.

3° Constituer les dossiers de ces dirigeants à partir des divers centres d'archives et, en particulier, du Centre de documentation juive contemporaine de Paris, où se trouvent les archives originales du service des affaires juives de la Gestapo. Au cours de l'année 1971, ce travail a représenté six mois de recherches au CDJC. Tâche indispensable, car, pour condamner par contumace, il suffisait aux juges militaires français d'un mince dossier. Mais un dossier plus épais est indispensable pour le cas où le contumax a à être jugé contradictoirement. Or ces dossiers n'ont jamais été constitués, car les contumax sont restés prudemment de l'autre côté de la frontière française.

Les épisodes de notre campagne ? Ils ont commencé à faire grand bruit outre-Rhin. Je les résume : le 22 mars 1971, tentative d'enlèvement de Kurt Lischka, le policier numéro 1 en France. Cette action, qui a eu lieu à Cologne, visait surtout à montrer que bien des Allemands respectables chez eux risquent de se voir passer les menottes sitôt entrés en territoire français.

Devant le retentissement de cette action, je suis retournée volontairement de Paris à Cologne pour placer le procureur devant ce dilemme : ou bien me laisser libre et démontrer que la situation réservée aux criminels nazis est si scandaleuse que la justice ne peut sévir contre ceux qui s'attaquent illégalement à ces criminels ; ou bien m'arrêter, ce qui ferait ressortir le caractère paradoxal de la situation, puisque les Lischka continueraient à bénéficier de la liberté, tandis qu'une militante antinazie serait emprisonnée.

Le procureur – choix cruel à faire devant toute la presse allemande – m'a fait arrêter. La mobilisation en ma faveur a été telle que j'ai été libérée seize jours plus tard. J'ai pu ainsi apprécier le confort des cellules de Klingelpütz, surtout après avoir passé quelques journées, deux mois plus tôt, dans une sinistre prison de Prague pour avoir distribué publiquement des tracts « contre l'antisémitisme, contre la répression, contre la restalinisation ». Un individu n'est pas toujours détruit par les systèmes qu'il affronte, à condition d'y mettre suffisamment d'énergie et d'astuce.

Après ma libération, j'ai été élue au Comité central de la Lica (Ligue contre le racisme et l'antisémitisme). J'ai reçu beaucoup de marques de sympathie, d'estime et même, pour la première fois, un appui collectif, celui du groupe des jeunes de la Lica. Le 7 mai, trois d'entre eux ont interrompu une séance au Bundestag, réclamant la ratification de la convention du 2 février. Le 24 juin, je les ai conduits à Essen, où ils ont occupé à sept le bureau d'Ernst Achenbach, porte-parole parlementaire des criminels nazis, qu'en 1970 j'avais réussi à faire écarter de Bruxelles, où il devait représenter Bonn à la Commission exécutive de la CEE.

Parmi les jeunes, trois ont été condamnés à une semaine de prison, mais ils avaient réussi l'opération : déconsidérer Achenbach en RFA, en montrant qu'il ne pouvait porter plainte pour diffamation, de peur de voir publié le dossier de ses activités antijuives à Paris, où il a dirigé, de 1940 à 1943, la section politique de l'ambassade allemande.

C'est ainsi qu'on abat les obstacles : par des épreuves de force au terme desquelles il y a un vainqueur et un vaincu, et non de majestueuses phrases démagogiques prononcées devant des auditeurs acquis à l'avance et dont la portée ne dépasse pas les murs de la salle.

En janvier 1972, ces mêmes jeunes de la Lica et moi-même avons manifesté à Warstein, dans le Sauerland, là où réside Herbert Hagen, le dirigeant de la politique SS en France de 1942 à 1944.

Il est bon de rappeler ici qui sont Lischka, celui que nous avons tenté d'enlever à Cologne, en mars 1971, et Hagen : deux des principaux responsables de l'appareil policier nazi en France sous l'Occupation, deux hommes qui étaient infiniment au-dessus de Klaus Barbie, mais qui ne se sont eux-mêmes jamais sali les mains au contact de leurs victimes, les Barbie étant là pour cette besogne. Deux véritables assassins de bureau.

Le SS Obersturmbannführer Kurt Lischka, 62 ans, est devenu en 1938 le chef du Service antijuif de la Gestapo du IIIe Reich. C'est lui qui a procédé à la première arrestation en masse des Juifs allemands le 13 juin 1938 ; c'est lui qui a organisé, en octobre 1938, la déportation brutale des Juifs polonais. Quelques jours plus tard, éclataient les pogroms de la Nuit de cristal, et Lischka envoyait des milliers de Juifs aux KZ.

Après avoir précédé Eichmann en 1939 comme chef du service antijuif de la Gestapo au sein du RSHA et avoir dirigé la Gestapo de Cologne, Lischka a été nommé par Heydrich, en novembre 1940, chef adjoint des services de sécurité et de la police de sécurité en France. Suppléant permanent, donc, de Helmuth Knochen, Lischka est chargé tout particulièrement de coiffer l'ensemble Gestapo-Kripo, car c'est un policier de carrière, Knochen étant un homme de renseignements issu du SD.

En outre, Lischka dirige toute la police nazie du Grand Paris. Il est le « Kommandeur » de la Sipo-SD, à Paris, le chef de service rue des Saussaies. Ce n'est pas tout : Lischka dirige en personne le département II à l'échelle nationale de la Sipo-SD, chargé de mettre au point la collaboration des polices allemande et française, et de l'exécution des otages. Enfin, Lischka met en œuvre et dirige l'action antijuive de la Gestapo en France, comme il l'a fait déjà à Berlin : Dannecker peut compter sur son entier soutien et sur ses initiatives en la matière. Presque tous les documents aux conséquences si tragiques pour 100 000 Juifs de France portent la signature ou le paraphe de Lischka. J'ajoute que, revenu à Berlin en novembre 1943, Lischka y a poursuivi son œuvre sinistre comme chef du département IV de la Gestapo du Reich et suppléant de Müller, le chef de la Gestapo.

Croyez-vous que cet homme se cache ? Pas du tout. Nous l'avons repéré très facilement. Nous nous sommes dit qu'en bonne logique, il était normal qu'il élise résidence à Cologne, dont il avait dirigé la police et où il retrouverait des visages familiers. J'ai appelé le 10, puis le 01 : « Renseignements

Allemagne ». J'ai demandé : « Y a-t-il un Kurt Lischka à Cologne ? » Cinq minutes plus tard, la standardiste me rappelait et me donnait son adresse et son numéro de téléphone.

Pour Herbert Hagen, le repérage n'a pas été beaucoup plus difficile. Il est âgé de 59 ans et en pleine forme aussi, paraissant bien cinq ans de moins. Ce n'est pas la mauvaise conscience qui le torturerait. Il vit encore sur un plus grand pied que Lischka, lequel est pourtant le fondé de pouvoir numéro 1 de la firme céréalière Krücken, qui entretient des relations d'affaires avec certaines firmes dont les propriétaires juifs, tel M. Michel Fribourg, de la Continental Grains, n'honorent guère ainsi le souvenir des victimes de Lischka. Hagen, lui, est directeur commercial d'une importante usine d'appareillage électrique.

De 1937 à 1940, il a été le chef du service de renseignements antijuifs du SD de Heydrich. Oui, Hagen a été le supérieur d'Eichmann, celui qui l'a formé, ainsi que la future équipe exterminatrice : Dannecker, Brünner, etc., celui qui a constitué des fiches, si utiles plus tard, sur tout ce qu'il y avait de juif dans les territoires à conquérir par le Reich. C'est avec Hagen et sous ses ordres qu'Eichmann s'est rendu en Palestine et en Égypte en octobre 1937.

Hagen est d'ailleurs constant dans ses centres d'intérêt : il est revenu très souvent en France après 1950, bien qu'y étant, comme Lischka, condamné à la réclusion perpétuelle par contumace. Pourquoi se priver ? Qui est venu lui chercher noise ? Hagen est même allé, dit-on, visiter Israël. Ce même Hagen qui, chef de la Gestapo de toute la côte atlantique, à Bordeaux, en 1941, arrêtait massivement les Juifs de la région et y créait des camps d'internement. Le même qui, intelligent et cultivé, fut, à partir de mars 1942, le seul collaborateur du général Karl Oberg, chef supérieur des SS et de la police allemande en France, son éminence grise ;

l'homme qui a su faire de Darnand un exécutant docile des ordres de l'envahisseur.

Quand je pense aux enfants juifs qui s'en allaient mourir étouffés dans un wagon ou brûlés vivants dans les crématoires d'Auschwitz, je ne peux admettre que la Justice ne passe pas sur ces hommes-là, d'une façon ou d'une autre. Je me souviens toujours de la lettre d'un petit garçon à Drancy, écrivant, après avoir été séparé de ses parents, partis pour Auschwitz où lui-même devait les rejoindre : « Mon Dieu, vous qui récompensez les bons et punissez les méchants, faites que je revoie mon cher papa et ma chère maman. » Mais les bons n'ont pas été récompensés, les méchants n'ont pas été punis, et l'enfant juif a été tué sans avoir revu quiconque, si ce n'est les SS.

Alors, faut-il se résigner ? Je ne me résignerai pas. Mon mari non plus, qui, à 8 ans, caché toute une nuit dans le double fond d'un placard, a entendu la Gestapo arrêter son père et torturer d'autres enfants juifs moins chanceux que lui. Chaque fois que nous nous décourageons, car cela nous arrive, nous regardons notre garçon de 7 ans, Arno-David. Pour lui, pour tous les autres enfants qui avaient le droit de vivre, je ne renoncerai pas.

Et pourtant, cette tâche, si elle m'apporte beaucoup sur le plan personnel et moral, exige bien des sacrifices sur le plan familial et matériel, tellement rares sont ceux qui apportent une aide efficace. Mais des mots comme ceux qu'à su trouver la sœur de Jean Moulin, Laure Moulin, me réconfortent : « Je ne saurais trop vous dire mon admiration pour le courage indéfectible avec lequel vous luttez pour que votre pays prenne conscience des erreurs et des crimes des nazis, et qu'il les condamne à tout jamais. »

Le bruit qui est fait autour de moi m'aide d'ailleurs à me sortir de situations délicates, des prisons les mieux gardées de Moabit (Berlin), de Klingelpütz (Cologne), de Prague ou de Varsovie. Il m'aide aussi à refuser les compromissions et à n'être l'esclave d'aucun système et à savoir me battre, même isolée, même sans moyens matériels.

Nous vivons à quatre dans un minuscule deux-pièces, ma belle-mère, mon mari, mon fils et moi. Avec notre chat. Nos énormes dossiers sont rangés sur le haut de l'armoire. Mais je sais dire non aux récupérations faciles. Je sais dire oui – et par des actes – à de justes causes qui trouvent plus facilement des langues à leur secours que des bras. Et je sais porter, un bout de chemin, sur mes épaules solitaires, des tâches qui devraient être collectives. Parfois, je suis lasse et je les secoue, ces épaules. Je voudrais aussi vivre paisiblement, m'éveiller dans un lit douillet, et non si souvent dans les matins blêmes des trains qui filent vers le Rhin ou la Spree.

Et puis je reprends courage : ne suis-je pas à certaines minutes cette Allemagne qui sait aller à la rencontre du peuple juif, par-dessus l'immense fosse commune de six millions de victimes ? Ne suis-je pas l'Allemande ni d'Est ni d'Ouest, emprisonnée en RFA et interdite de séjour en RDA, mais qu'en même temps Brandt félicite, à qui Honecker adresse son salut et son respect et qui, dans un même élan, en 1970, accrochait à la barbe des policiers les drapeaux des deux Républiques allemandes sur la façade des Nations unies à Genève ? Aujourd'hui encore, en dépit de ma campagne contre l'antisémitisme à l'Est et pour les Juifs d'URSS, la *Pravda* (1er mars 1972) rappelle mon voyage en Bolivie et me qualifie d'« antifasciste ».

Un récent « billet » du *Monde* définit mon rôle dans l'affaire Barbie en quelques phrases qui me sont allées droit au cœur : « Dans un monde où règne l'efficacité, où la torture est toujours un moyen que justifie la fin, y a-t-il de la place encore pour la conscience ?.... Mme Beate Klarsfeld n'est pas une Érinye qu'anime la haine, mais cette conscience que l'on croyait perdue. Elle vient rappeler qu'aucune fin ne justifie le crime, que celui-ci ne peut-être ni oublié ni effacé. »

Je n'obtiendrai peut-être pas justice, mais ma quête n'aura pas été inutile.

Beate Klarsfeld
mai 1972

Crimes.
Le secret de Barbie

« Qu'en pensez-vous, monsieur Barbie ?

– Allons, vous savez bien que je m'appelle Altmann ! » répond l'homme d'une voix douce.

La scène se passe en 1970 dans un restaurant de La Paz. Et les yeux rieurs de l'homme d'affaires bolivien, qui parle très bien le français – « Je n'ai pas de "pognon" sur moi », dit-il, au moment de l'addition – semblent signifier : « Vous n'allez quand même pas être assez bête pour me croire. »

Un témoignage parmi d'autres... Car il ne fait plus de doute aujourd'hui que l'honorable señor Altmann, directeur de la Trans-Maritima Boliviana, prospère société de navigation d'un pays qui n'a aucune façade sur la mer, personnage considéré et considérable, n'est que la résurrection latino-américaine du capitaine SS Klaus Barbie, matricule 272284, et dont les crimes en tant qu'adjoint du chef de la Gestapo à Lyon, pendant l'Occupation allemande, ne se comptent plus.

Altmann = Barbie... Il s'est trouvé, à Munich, un procureur allemand pour établir cette identité et rouvrir le dossier que son prédécesseur avait clos. Le président Georges Pompidou a personnellement demandé aux autorités boliviennes l'extradition du tortionnaire... Plus de vingt-cinq ans après, des résistants demandent des comptes...

Et pourtant personne ne croit vraiment que puisse un jour s'ouvrir l'« impossible » procès de Barbie-Altmann.

Pourquoi ? Tout simplement parce qu'il en sait trop !

Par un truand. Lyon 1943... Bien qu'il ne soit pas officiellement le chef, Barbie est l'homme fort de la Gestapo (c'est-à-dire officiellement le Bureau 4 du RSHA, le service de la « sécurité » SS). Il a sous ses ordres des Allemands, mais surtout des gestapistes « français » : plus de deux cents... À côté d'un réseau d'indicateurs et de collaborateurs intermittents, dont les membres constituent un condensé de la société lyonnaise[1] – et parfois de la « meilleure » – il a mis sur pied un réseau de « renseignements » qu'anime, en partie, sa maîtresse, Antoinette Murot, dite Mimiche, une grande blonde à la poitrine intéressante qui fut recrutée dans un bistrot de Villeurbanne, Le Lapin blanc. (On la signalera en 1950 dans un salon de coiffure à Genève.) Elle était flanquée de deux autres égéries, Huguette Ferrié, modéliste de 25 ans, et Armande Théron, abattues en 1944 par les FTP.

En outre, un « réseau Action » regroupe quatre-vingts Français dirigés par un ancien truand marseillais, André F., surnommé « Gueule tordue ». Parmi eux, des gens comme Max Payot et Marcel Moyne (un résistant retourné par Barbie après son arrestation), qui torturèrent jusqu'à la mort le fils de l'actuel député communiste de Nice Virgile Barel.

Un exemple parmi d'autres : un bureau de renseignements autonome fort de dix agents travaillant pour Barbie comprenait deux étudiants en lettres, fascinés par la guerre secrète, un pharmacien, un marchand de bois et de charbon, un tenancier de maison close, une femme du monde, nazie par

1. Ce n'est pas propre à Lyon, comme le démontre Philippe Azziz dans son nouveau livre : *Au service de l'ennemi* (Fayard), consacré à la Gestapo française en province.

snobisme, plus quatre gangsters classiques… À l'heure de la défaite, le chef du « bureau » fait exécuter les premiers par les seconds : c'est ainsi que la femme du monde fut vitriolée et le tenancier égorgé au milieu de ses femmes. Cette hécatombe permet d'en parler aujourd'hui… Mais tel autre personnage qui eut, à la Gestapo de Lyon, le matricule 42720, vit aujourd'hui, dans la bonne société, des jours heureux, de même que tel propriétaire terrien qui tâta du syndicalisme.

Par des menottes. Et c'est là que l'affaire Barbie commence à prendre tout son sens. D'ailleurs, en juin 1943, cette remarquable organisation va donner la preuve de son efficacité. Le 21, neuf hommes sont réunis à Caluire, près de Lyon, dans le salon du Dr Dugoujon. Tous, à l'exception d'un seul, qui, en fait, n'aurait pas dû être là, sont des responsables du Conseil national de la Résistance, organisme qui vient de regrouper sous son égide la Résistance intérieure. Tout à coup, la Gestapo surgit… Barbie est à la tête du commando.

« Mains dans les poches, c'est lui qui commandait les opérations, nous dit M. Raymond Aubrac, à l'époque membre de Libération Sud, et qui était l'un des huit. Il était sarcastique, vif, mais calme… sûr de lui. » Ordres hurlés, coups, puis les hommes sont attachés deux à deux par des menottes, sauf un… M. X, responsable de second rang d'une organisation de Résistance, et qui, tout d'un coup, réussit à s'enfuir. Sur le moment, Barbie n'a guère prêté attention à un certain « Martel », décorateur, qui se tient silencieusement dans la salle d'attente du médecin, sous un tableau représentant des « Chevaux revenant du labour »…

Pourtant, l'homme de la Gestapo sait qu'un des grands « patrons » de la Résistance se trouve là… Il semble d'ailleurs savoir beaucoup de choses, puisque, à l'un des huit qu'il a fait transférer à son PC, il dit : « Hier, vous étiez sur un banc à Lyon, et j'étais à côté de vous ! » Pourtant, il faudra quatre jours de tortures horribles, ininterrompues, menées par Barbie lui-même, pour que « Martel » finisse par reconnaître qu'il est Jean Moulin.

Avec des sondes. De la froide cruauté de Barbie, voulant coûte que coûte faire parler ces résistants qu'il a sous la main, M. Aubrac nous a donné un témoignage saisissant ; sur sa table trônaient des instruments de travail : matraques, gourdins, cravaches… « Barbie s'en servait souvent et beaucoup. Lorsque je me réveillais après un évanouissement, je trouvais une femme assise sur ses genoux, et sa présence le déchaînait encore plus. »

Un autre témoin, M. Maurice Boudet, qui fut, lui, torturé un mois plus tard (il avait été vendu pour de l'argent), nous précise : « Il s'acharnait sur ses victimes longtemps après avoir perdu l'espoir de les faire parler. Il m'a même fait injecter de l'acide dans la vessie avec des sondes. » Ce fut aussi le supplice de la baignoire. « Mais, précise M. Boudet, professeur de philosophie en retraite, il y avait presque autant de Français parmi les officiants que parmi les patients. »

Quant à Jean Moulin, il fut transporté à Neuilly, dans la villa du chef de la Gestapo parisienne, Boemelburg. On l'embarqua ensuite dans un train pour l'Allemagne. Il mourut en route.

Sans doute Barbie a-t-il d'autres exploits à son actif : fusillades d'otages, exécutions de suspects et, surtout, déportation en 1944 de 42 enfants juifs, dont le plus jeune avait 3 ans… « Il ne savait pas ce que cela signifiait », avait prétendu le procureur de Munich qui tenta, en juin 1971, de clore le dossier. Or M. Raymond Geissmann, qui fut un des responsables, à Lyon, du Bureau de l'Union générale des israélites en France, nous a confirmé avoir entendu Barbie déclarer : « Tous les youpins, il faut les fusiller… Fusillés ou déportés, c'est la même chose. »

En trois exemplaires. Comment cet homme a-t-il pu alors, si facilement, en 1945, échapper au châtiment ? Pourquoi les services secrets américains l'ont-ils rapidement récupéré, au point de faire savoir aux enquêteurs français qu'il était « utile à leur Défense nationale » ? En 1945, le colonel Faure, procureur de la République, confie d'ailleurs à M. Barel : « On est en train de chercher à libérer l'un des tortionnaires de votre fils. » Le colonel B., qui était à l'époque un agent de l'OSS, ancêtre de la CIA, nous a affirmé que Barbie avait pris, dès avril 1944, contact avec les services américains. Ce n'est pas tellement absurde, quand on sait qu'à cette époque le représentant de l'OSS en Suisse, Allan Dulles, le futur chef de la CIA, avait commencé à prendre des contacts avec des hommes réputés pour la valeur de leurs « archives », et que Lyon n'est pas si loin de Genève.

On sait qu'un des maîtres de l'espionnage hitlérien, Reinhard Gehlen, avait, dès juin 1944, commencé à rassembler ses dossiers et ses rapports sur les pays de l'Est, à les faire photocopier en trois exemplaires et à les cacher en divers endroits des Alpes bavaroises. Il n'eut plus alors, en 1944, qu'à négocier directement avec les Américains – donnant, donnant. Et quand, cette même année, Gehlen rencontra, à Washington, le maître de l'espionnage américain, William Donovan, ce dernier fut ébloui par la précision et le sérieux des « documents » que détenait l'Allemand. Heinrich Müller n'avait-il pas, d'ailleurs, donné l'ordre aux SS de se préparer à disparaître, de dissimuler leurs archives, de garder le contact avec leurs « sympathisants », et d'attendre la « troisième guerre mondiale » qui ne tarderait pas à éclater entre les Alliés ?

Un adjoint de Goebbels, le général von Lers, avait, par exemple, négocié d'avance avec l'Argentine un achat de six mille passeports en blanc ! Allan Dulles n'était pas loin de penser, lui aussi, que la Seconde Guerre mondiale à peine finie, la guerre froide allait commencer. Le général Patton faisait tout pour l'en convaincre…

Dans la figure. Barbie n'est donc pas le seul à être récupéré par les services secrets américains. Curieusement, Boemelburg, celui qui réceptionna Jean Moulin à Neuilly, fut signalé en 1950 à Berlin, en tant que responsable des réseaux ouest-allemands « Gehlen », lesquels travaillaient alors à l'ombre de la CIA. Le SS Alois Brumer, qui fut chargé du camp de Drancy, où Barbie envoya les enfants juifs de Lyon, était, lui, en poste à Damas, jusqu'au jour où un colis piégé – sans doute israélien – lui explosa dans la figure. Hans Sommer, de la Gestapo de Paris, qui organisa, en 1941, les attentats contre les synagogues, retrouva également du service…

Et c'est encore un ancien SS, Franz Six, qui, en 1962, pour le compte des services secrets allemands, prit contact avec l'OAS.

Barbie, officiellement, n'existait plus. Cependant, à trois reprises, en mai et en juillet 1948 (bien qu'ayant été condamné à mort en 1947), il fut interrogé dans les locaux de l'armée américaine en Allemagne par le commissaire Bibes, de la DST, en présence du lieutenant Whiteway, officier français chargé des relations de l'armée française avec les autorités américaines. Et c'est le 16 juillet, à Munich, qu'il « lâche » le morceau au sujet de l'arrestation de Jean Moulin.

« C'est X, reconnaît-il, qui l'a donné. X avait été dénoncé par un de mes agents, Multon, dit Lumel, et il fut cueilli à la gare de Chalon ; je l'ai emmené à Lyon dans ma voiture, et c'est là que tout s'est passé sans que j'aie eu à lui donner une seule gifle. On avait trouvé sur lui une lettre de sa fiancée, et cela sembla beaucoup l'affecter. Il avait peur qu'on lui fasse du mal. En outre, il tenait beaucoup à se présenter comme un grand chef… Alors, je lui ai dit : “La meilleure façon de devenir réellement un chef, c'est de nous aider à nous débarrasser des autres, c'est l'occasion ou jamais." Vingt-quatre heures plus tard, il acceptait. Il nous a même indiqué le plan de la maison de Caluire avec des flèches, et, quand nous avons surgi, comme il manquait deux personnes qui étaient restées dans la salle d'attente, il les a alors désignées. Ensuite, on l'a laissé filer, mais un de nos chauffeurs, non averti, a tiré quand il a vu un homme s'enfuir… »

Une vie paisible. Et Barbie de conclure : « Ensuite, d'ailleurs, il a rompu tout contact avec nous. » Il s'agit là, bien sûr, d'un témoignage d'un homme qui peut avoir intérêt à mentir. Aussi ne peut-on le donner comme un élément de preuve.

Barbie n'avait plus, lui, qu'à mener une vie de paisible commerçant dans la région d'Augsbourg, là où, justement, fut fondée, en 1947, l'organisation clandestine Odessa, destinée à aider les anciens SS. C'est cette organisation qui fit évader Eichmann…

À une demande d'extradition faite en 1951, les autorités américaines répondirent qu'il fallait l'assortir d'un certificat de résidence… Or seules les autorités militaires américaines étaient habilitées à fournir un tel certificat, ce qu'elles refusèrent évidemment de faire… Mais la démarche suffit à inquiéter les « protecteurs » de Barbie, qui le prièrent de changer d'air. Comme, à l'époque, il fut bizarrement accusé d'un vol de bijoux, on peut se demander si ce n'était pas là une bonne façon de le faire déguerpir. L'évacuation se fit d'ailleurs sans difficultés, par le Comité international de la Croix-Rouge, qui donna un titre de voyage à un mécanicien originaire de Cronstadt. C'était Barbie. Où se réfugia-t-il alors ?

On le signale en Égypte, auprès d'un de ses collègues de la Gestapo de Düsseldorf, Joachim Doemling, qui collabora un temps aux services secrets locaux. Un jour, un ancien agent de l'OSS, Herbert Mowly, affirme l'avoir reconnu à Bagdad sous l'uniforme du service de sécurité irakien. Mais c'est en Amérique latine, au Pérou et en Bolivie, qu'il prospère vraiment. Ce qui ne doit pas surprendre quand on sait que les trésors de guerre des SS, regroupés grâce aux organisations du type Odessa, ont permis de créer, après la guerre, des centaines d'entreprises ou de sociétés d'investissements, telle la Capri, en Argentine, que dirigeait un certain Karl Fuldner.

Trop de péripéties. Barbie sert-il encore aujourd'hui ? Est-ce un hasard si son « manager » à Lima, Frederico Schwendt, ancien SS condamné à vingt ans de prison en Italie, est également une antenne locale de la CIA ? Est-ce un hasard si Altmann se trouvait à Hambourg quand fut assassiné le consul bolivien dans cette ville – un des hommes qui participèrent à la chasse de Che Guevara ? Est-ce lui qui s'occupa du rapatriement du corps ? Est-ce par inadvertance qu'il a été dénoncé par deux Allemands résidant en Amérique latine ? On sait que les services soviétiques et est-allemands ne dédaignent pas non plus l'utilisation d'anciens nazis, quitte à les infiltrer dans les services rivaux…

Trop de péripéties… Décidément, il serait surprenant qu'il y eût un jour un procès Barbie !

Jean-François Kahn et Jacques Derogy
21 février 1972

Justice.
La « confession » d'Altmann-Barbie

Pourquoi Klaus Altmann-Barbie s'est-il soudain décidé à passer aux aveux ? Traqué depuis la réouverture de son dossier par le procureur Ludolph, de Munich, en octobre, débusqué le 19 janvier au Pérou par l'Allemande Beate Klarsfeld, qui, mariée à un Français, se consacre à la chasse aux criminels nazis, identifié grâce à diverses expertises, l'ancien chef du commando SS de Lyon mué en homme d'affaires bolivien assume ses responsabilités. C'est bien lui qui a arrêté Jean Moulin à Lyon en 1943. Sans doute ne revient-il qu'en partie sur ses dénégations antérieures, et il ment encore et toujours dans la confession-fleuve qu'il a livrée à un journaliste brésilien et qui est publiée simultanément cette semaine au Brésil et en France.

Pourquoi cette volte-face ? Depuis la mi-février, le tortionnaire de Jean Moulin et de tant de martyrs de l'Occupation se sait sous le coup d'une demande d'extradition soumise à la Cour suprême de Sucre (Bolivie). Le mois dernier, il monnaye ses confidences à un envoyé spécial du quotidien de São Paulo, *O Estado*, Evaldo Dantas Ferreira.

Il ne s'agit pas à proprement parler de « mémoires », mais d'une longue interview de 152 pages, dont chacune porte son paraphe au nom d'Altmann. En tête de l'original, le signataire a même mentionné de sa main : « Je suis d'accord avec le texte de ces 152 pages qui ont été dictées par moi. » Son récit porte essentiellement sur les circonstances de la capture du chef de la Résistance Jean Moulin et de ses compagnons.

Une identité. Quand, le 6 mai, le journal brésilien a annoncé la prochaine parution de ce document, le correspondant de l'agence Associated Press à La Paz a cherché une confirmation à la source. Après une semaine de négociations, il a obtenu une déclaration de l'ancien SS naturalisé bolivien. Déclaration évasive qui est parfaitement dans la manière de ce rusé fugitif, car il se garde bien de démentir l'authenticité même de l'interview.

Il se contente de jouer sur les mots : il n'est pas, dit-il, le criminel de guerre Klaus Barbie, ancien chef de la Gestapo de Lyon. À ses yeux, l'arrestation de Jean Moulin n'est pas un crime, mais une prouesse. De surcroît, il n'était pas commandant de la Gestapo mais capitaine de SS. Si Barbie soutient aujourd'hui que ce nom n'était pas le sien, c'est qu'il a été naturalisé bolivien en octobre 1957 sous l'identité d'Altmann, utilisée pour obtenir un sauf-conduit de la Croix-Rouge de Genève en mars 1951 : y renoncer serait fournir une base légale au procès d'extradition ouvert à Sucre contre Klaus Barbie.

Or la Cour suprême, saisie des 400 pages de dossier et des 37 kilos de documents qui sont venus étayer la demande française du 1er février, ne doit plus tarder à rendre son verdict. Mardi, le sous-secrétaire à la Justice, M. Wallace Morales, a même réaffirmé la décision de son gouvernement de « ne pas protéger Altmann s'il est établi qu'il est bien le criminel de guerre réclamé par la France ».

Une menace. D'où les précautions oratoires prises par Altmann-Barbie et l'éloge qu'il a fait à son confident brésilien du régime nationaliste qui, en Bolivie, s'appuie sur une

Phalange anticommuniste « avec un uniforme semblable au nôtre, le brassard et le salut fasciste ».

Altmann-Barbie espère ainsi éviter les retombées de ses « révélations » sur sa situation juridique en Bolivie, tout en montrant qu'il n'hésitera pas à mettre à exécution une menace, proférée le 2 février en réponse à une question de la TV française sur l'éventualité d'une « extradition » à la Eichmann : « Ce serait une mauvaise chose pour la France. » Cette fois, il a laissé entendre à son interlocuteur brésilien que la publication de ses souvenirs « mettrait dans le bain des personnalités françaises très connues ».

Il n'en est rien. L'efficace policier SS n'avait pas, apparemment, une connaissance très exhaustive des milieux politiques français. Et, seul à détenir le secret de la trahison qui fit tomber Jean Moulin et les chefs de l'Armée secrète, il semble n'avoir rien à apporter qui ne fût connu pour l'essentiel. Son récit fourmille d'erreurs et d'invraisemblances, et les détails qu'il donne, échos déformés de ses déclarations consignées en 1948 par deux policiers de la DST, ne trahissent que lui-même. Spécialiste du retournement d'agents, professionnel du double jeu, passé au service des Américains avant même la fin de la guerre, le nazi Altmann-Barbie s'est pris à sa propre cautèle.

Un rendez-vous. Car Barbie l'introuvable a bel et bien été entendu par le commissaire Louis Bibes et l'inspecteur Charles Lehrmann dans les locaux de l'armée américaine, les 14 et 18 mai 1948, à Francfort, et, le 16 juillet, à Munich. Cet interrogatoire concernait uniquement les poursuites intentées à M. René Hardy, accusé par ses camarades de la Résistance, puis par la Justice française, d'avoir « donné » Jean Moulin. Or c'est encore M. Hardy qui est au centre de la confession de Barbie au journal brésilien.

Ingénieur des chemins de fer, M. Hardy était, dans la Résistance, chargé, à l'état-major de l'Armée secrète, du sabotage des voies ferrées. Dans la nuit du 7 au 8 juin 1943, il se rendait de Lyon à Paris en wagon-lit pour un rendez-vous avec son chef, le général Delestraint, quand, repéré par un transfuge passé à la Gestapo, il fut arrêté en gare de Chalon-sur-Saône. Le lendemain, le transfuge prit sa place au rendez-vous et livra Delestraint. Pris en charge par Barbie, M. Hardy, lui, recouvra vite sa liberté, mais cacha son arrestation à ses camarades, qui le conduisirent le 21 juin, chez un médecin de Caluire (Rhône), à une réunion des mouvements de la Résistance présidée par Jean Moulin et à laquelle il n'avait pas été invité. Barbie et ses agents surgirent au début de la réunion. Sept des participants et le docteur furent attachés mains au dos et emmenés deux par deux.

Seul à ne pas être menotté – et à porter un pistolet en dépit des consignes –, M. Hardy bouscula son gardien, qui te tenait par une simple cordelette, et put s'enfuir. Blessé d'une balle dans le bras, il fut arrêté le lendemain par la police française, remis à l'hôpital allemand de la Croix-Rouge, d'où il s'évada un mois plus tard, bras dans le plâtre, pour rejoindre Alger. Traître aux yeux des rescapés du coup de filet de Barbie, qui tentèrent de l'empoisonner au cours de son séjour à l'hôpital, M. Hardy fut blanchi par ses pairs à la Libération, arrêté après la guerre, traduit en Cour de justice en janvier 1947. L'accusé protesta qu'il s'était évadé du train – et en fit même un livre.

Acquitté, il est à nouveau inquiété quand la police retrouve le contrôleur du train qui avait noté son arrestation. M. Hardy reconnaît alors avoir été interrogé par Barbie et avoir feint de se prêter à une « collaboration de caractère politique ». Il a menti par peur de se voir imputer injustement l'arrestation de Delestraint, qu'il avait apprise par la bouche de Barbie.

La déposition recueillie par la DST en Allemagne est écartée par le tribunal militaire, qui, en mai 1950, rejuge M. Hardy. Parce que Barbie, qui jouit de la protection américaine, peut avoir intérêt à brouiller les cartes.

Le scénario. Que disait Barbie en 1948 ? En substance, ceci : « Quand je suis allé chercher Hardy à Chalon, j'ai pris ses lunettes, qui avaient des verres neutres, et j'ai dit : « Bonjour, monsieur Hardy ! » Il s'est montré compréhensif, pendant le trajet en voiture, quand je lui ai parlé de sa fiancée, à laquelle il tenait par-dessus tout. Je l'ai gardé chez moi en attendant l'autorisation de Berlin de l'employer sous ma responsabilité. Je l'ai laissé aller voir sa fiancée, mais il est revenu coucher presque chaque soir. Le 20 juin, assis sur un banc, j'ai assisté avec mon adjoint Henry Stengritt à son entrevue avec son chef de réseau, au pont Morand, en vue de la réunion de Caluire. Ensemble, nous avons mis sur pied la filature, et je lui ai donné une craie jaune pour marquer l'immeuble, l'escalier, la porte où aurait lieu cette réunion. À sa demande, je lui ai donné un 6,35.

« Nous avons également mis au point le scénario de son évasion. Mon chauffeur Barthel a tiré dans sa direction. Mais Hardy s'est blessé lui-même au bras, et il a fallu encore simuler son évasion de l'hôpital allemand. Deux jours après, je lui ai remis des papiers et de l'argent. Je n'ai jamais compris pourquoi, après avoir accepté de nous servir, il avait ensuite renoncé. Très ambitieux, il a dû vouloir jouer un grand rôle, n'hésitant pas à livrer les chefs de la Résistance, ses camarades. »

Une expérience. Acquitté à la minorité de faveur, M. Hardy s'est reconverti dans la littérature et le cinéma. « Tout le monde a été ou ira en prison dans ce pays. C'est une expérience intéressante ; on y rencontre des gens très bien », fait-il dire au héros de son dernier roman, paru à la fin de février : « Ce n'était pas le moment d'avoir 20 ans. »

Si les décisions de justice n'ont convaincu ni les victimes du piège de Caluire ni la sœur de Jean Moulin, la version romancée que donne aujourd'hui Barbie de l'affaire Hardy achève de discréditer – en enjolivant les détails – son témoignage déjà suspect de 1948.

Son problème n'est plus d'accabler ou d'innocenter Hardy, mais de se sauver lui-même : « Le clown se réjouit de voir le cirque brûler », dit un proverbe brésilien.

Jacques Derogy
22 mai 1972

Affaire Barbie.
Crimes contre l'humanité

Klaus Barbie fut, sans aucun doute, un des plus cruels des officiers supérieurs de la Gestapo en France pendant l'Occupation. Il fut aussi un des nazis les plus fidèles à ses convictions depuis l'écrasement du IIIe Reich, un des plus résolus des « criminels de guerre » à se soustraire à la justice de son pays ou à celle de son ennemi. Il a défié, nargué, moqué les polices qui le pourchassaient. Parce qu'il n'avait pas prévu l'arrivée au pouvoir, en Bolivie, d'un président démocrate, le voilà pris enfin, ramené sur les lieux de ses forfaits, seul dans une cellule de la prison vers laquelle il expédia tant de ses victimes.

Toutes les législations stipulent un délai de prescription, de vingt ou trente ans. Pour que Barbie fût légalement traduit en justice, il fallut promulguer une loi, appliquée rétroactivement : l'imprescriptibilité des crimes contre l'humanité. Le juge d'instruction ne cherchera pas les preuves des crimes de guerre – ceux-là sont couverts par la prescription – il devra s'en tenir aux crimes contre l'humanité, les crimes qui ne furent pas accomplis dans l'exercice de son métier, dans la lutte contre les résistants. Ces crimes, ni le droit pénal ni le droit des gens ne les avaient définis, parce qu'ils paraissaient à l'avance inconcevables. Le tribunal de Nuremberg créa le concept et le Parlement français mit ces crimes contre l'humanité à part de tous les autres, puisque ceux-ci, et eux seuls, sont imprescriptibles. Le temps ne les efface pas, ils ne doivent être ni oubliés ni pardonnés.

De tous les chefs d'accusation retenus à Nuremberg contre les dirigeants du IIIe Reich, seul celui des crimes contre l'humanité échappait à la contestation. « Complot contre la paix » : oui, bien sûr, Hitler avait préparé la guerre et il en avait pris l'initiative. Mais, en dépit du pacte Briand-Kellogg, bannissant la guerre en tant qu'instrument de la diplomatie, ni les gouvernants ni les peuples ne tenaient la guerre pour criminelle en elle-même. À supposer qu'il y eût complot contre la paix – et il était malaisé de le nier –, Hitler avait trouvé des concours, recruté un cocriminel. La Pologne avait été envahie de l'est quelques jours après l'invasion venant de l'ouest. Hitler n'avait pas conspiré tout seul contre la paix.

Crimes de guerre, à savoir des violations du droit des gens, des conventions de Genève signées en temps de paix qui interdisent certains moyens de combat, précisent les conditions dans lesquelles les prisonniers militaires et les populations civiles doivent être traités. Oui, bien sûr, les Allemands ont commis de tels crimes, mais ont-ils été les seuls à en commettre ? L'assassinat de plus de dix mille officiers polonais à Katyn par les Soviétiques, la destruction de Dresde, rempli de réfugiés, par l'aviation britannique, un tribunal n'aurait-il pas qualifié de crimes de guerre ces deux épisodes, le premier sans aucun doute, le second très probablement ? Le tribunal, instauré par le vainqueur, au terme d'une guerre impitoyable, condamne *des* coupables, non pas *tous*, justice à sens unique qui ne s'accorde pas avec la justice tout court.

Il s'était passé, entre 1939 et 1945, des crimes qui n'entraient pas dans la catégorie des crimes de guerre ; les juges les ont estimés différents en nature des exécutions d'otages et même des camps de concentration ; il s'agit de l'extermination systématique d'hommes, de femmes et d'enfants pour des motifs de race, de religion ou de nationalité. Pour le génocide dont les Juifs et les tsiganes furent l'objet, il fallait forger un nom nouveau pour désigner une novation dans l'ordre de l'horreur. Contre ces déportations de peuples entiers, contre les chambres à gaz, contre la mise à mort délibérée d'êtres humains coupables seulement d'adorer leur dieu et de vivre à leur manière, l'humanité tout entière s'instaura partie civile.

Quarante ans se sont écoulés. Combien, parmi ceux qui lisent ces lignes, ont vécu, en toute conscience, les épreuves de l'Occupation ?

Combien, parmi ceux qui ne les ont pas vécues, comprennent l'émotion de leur père ou de leur grand-père ? Hélas ! la Gestapo a cessé d'apparaître exceptionnelle. On ne compte plus le nombre des polices qui recourent à la torture ; on compte le nombre de celles qui ne l'utilisent pas. Quand l'armée et la police françaises ont combattu en Algérie, des « résistants », des Français et des Algériens ont disparu ou bien sont morts sous la torture, pendant que les fellaghas, de leur côté, massacraient ceux de leurs frères qui n'épousaient pas leur cause. Déjà, pour les jeunes Français, la guerre d'Algérie appartient à l'Histoire, celle que l'on apprend dans les livres et non pas celle que l'on intègre à sa conscience et qui fait encore partie du présent. Klaus Barbie est un vieil homme ; que signifie pour lui, pour nous, le procès qui, d'ici à quelques mois ou à quelques années, se déroulera en plein jour, devant la presse et l'opinion du monde ?

Procès dérisoire, disent les uns ; chargé d'explosifs, pensent les autres. Ni l'affaire de Caluire ni la mort de Jean Moulin ne figurent dans les chefs d'accusation. Mais il ne dépend pas du juge d'instruction ou du procureur que l'affaire de Caluire soit ou non évoquée. Un passé lourd de souffrances, d'ignominie et d'héroïsme va revenir à la conscience des

Français qui, si nombreux, veulent passionnément l'oublier ou ne pas le connaître. Les journaux, les chaînes de télévision ont déjà cherché et rencontré des témoins ; et ceux-ci, que Barbie combattit avec toutes les ressources de la cruauté, tantôt sadique, tantôt « professionnelle », évoquent leurs compagnons disparus et mettent en accusation leur bourreau, sans tenir compte de la distinction entre les crimes prescrits et les crimes imprescriptibles. Distinction indispensable à la régularité du procès, difficilement acceptable ou compréhensible pour les Français, aussi bien pour ceux qui entretiennent la flamme que pour ceux qui n'étaient pas encore nés quand Barbie sévissait à Lyon.

Et pourtant, c'est à cette distinction que nous devons nous accrocher si le procès Barbie doit servir de leçon et non pas offrir une occasion de remuer la boue. Oui, Barbie détient plus d'un secret. Des Français avaient accepté un emploi dans ses bureaux. Il y eut des résistants et il y eut des délateurs. Les premiers n'ont pas été tous honorés, les seconds n'ont pas été tous châtiés. Pour le châtiment, c'est trop tard – aussi bien pour les délateurs que pour Barbie. Les plus sages parmi nous l'ont dit immédiatement : le procès dépasse de loin la personnalité d'un homme vieilli qui ne se repent pas, il met en accusation non un peuple, mais une idéologie, qui aboutissait logiquement à des crimes contre l'humanité parce qu'elle en excluait des groupes ethniques tout entiers. Depuis lors, nous savons que des idéologies, à partir de postulats tout autres, aboutissent à des pratiques aussi révoltantes. De la « doctrine la plus humaine du monde » est sorti le goulag ; l'utopie communiste coûta aux Cambodgiens des millions de morts, et Pol Pot est encore reconnu comme le gouvernant légitime par nombre d'États.

Frappant une idéologie qui justifiait et ordonnait le massacre des innocents, le procès porte aussi sur d'autres idéologies, parentes dans leurs conséquences. S'il est mené et interprété dans cet esprit, il ranimera les fidélités nécessaires sans rallumer les haines, il aidera la France à assumer une période tragique de son Histoire.

Raymond Aron
11 février 1983

La longue traque

Après la guerre, Klaus Barbie avait trouvé un refuge doré en Amérique latine. En 1971, il est démasqué. Mais il faudra encore douze ans d'obstination pour le ramener dans la prison dont il avait été le bourreau.

« À l'époque, Montluc était la forteresse où nous incarcérions les terroristes de la Résistance et où je devrais, selon les Français, me trouver aujourd'hui. »

Quand il monnaie cette confidence, en mai 1972, au journaliste brésilien Ewaldo Dantos Ferreira, l'ex-capitaine SS Klaus Barbie, matricule 22.22.84, membre du Parti national-socialiste depuis le 1er mai 1937, devenu depuis plus de vingt ans l'homme d'affaires Klaus Altmann, prospérant à l'ombre des dictatures boliviennes, est loin de se douter qu'un jour la boucle serait à ce point bouclée. Il aura fallu douze ans de longue traque et une sorte de séisme politique pour que le « boucher de Lyon » se retrouve effectivement prisonnier au même fort de Montluc, quarante ans après le supplice de Jean Moulin et de quelque dix mille martyrs de l'Occupation.

Le chef de l'Einsatzkommando de la Sipo-SD, adjoint au « Kommandeur » régional de la Gestapo, avait, en fuyant Lyon devant l'avance alliée de septembre 1944, laissé derrière lui une plaie qui ne s'est jamais refermée.

Il a perdu la guerre. Il va tout faire pour gagner sa paix. Abandonnant son dernier commandement à Dortmund, en Rhénanie, il offre ses services aux Américains, qui l'internent deux cents jours au camp de dénazification d'Oberursell. On ignore les termes du marchandage et les missions qui lui sont confiées à l'orée de la guerre froide entre alliés de la veille. Ils lui permettent, en tout cas, d'échapper aux recherches de la police allemande de Kassel pour un vol de bijoux peu avant la naissance de son fils, Klaus Georg, le 11 décembre 1946. Ces bijoux seront restitués quatre ans plus tard, par des MP du Counter Intelligence Corps, qui a réquisitionné en 1948, pour l'agent « M 15 », une maison près d'Augsbourg, où Barbie s'inscrit sous les noms successifs de Martens et de Holzer. Selon un ancien officier du contre-espionnage américain, Erhard Dabringhaus, il était alors payé 1 700 dollars par mois pour fournir des renseignements sur la Roumanie sur un gisement d'uranium en Tchécoslovaquie.

Les protecteurs de Barbie autorisent toutefois la police française à venir interroger, dans les locaux de l'armée américaine, celui qu'un premier tribunal militaire français a, le 16 mai 1947, condamné à mort par contumace. Les 14 et 18 mai 1948 à Francfort et le 16 juillet à Munich, le commissaire Louis Bibes et l'inspecteur Charles Lehrmann, de la DST, l'entendent, en présence de l'officier de liaison Whiteway, comme témoin à charge dans les poursuites intentées en France contre le résistant René Hardy.

Un titre de voyage fourni par la Croix-Rouge

Accusé d'avoir livré Jean Moulin, Hardy sera finalement acquitté au bénéfice du doute et à la minorité de faveur, la déposition de Barbie étant écartée. Mais elle a attiré l'attention du juge d'instruction chargé des dossiers de la Gestapo lyonnaise, qui avait vainement délivré, en août et en septembre 1945, deux mandats d'arrêt contre le fugitif. Le magistrat s'adresse donc, le 25 novembre 1948, à l'organisme judiciaire interallié de Baden-Baden, Barbie figurant au 239e rang de la première liste des criminels de guerre établie en commun. Pas de réponse. Du coup, l'ambassadeur auprès du commandement en chef se tourne vers son homologue américain, qui invoque « des raisons intéressant la défense nationale des États-Unis ».

Sur une nouvelle intervention française relative, cette fois, au procès Hardy, les autorités américaines posent leurs conditions : elles ne laisseront Barbie venir témoigner que si sa sécurité et son retour sont assurés. Paris refuse le marché et envoie son ambassadeur Henri Bonnet demander, le 31 mai 1950, à Washington l'extradition du contumax. Le Département d'État fait savoir qu'on n'arrive pas à le localiser. Et pour cause ! La RFA est devenue souveraine en 1949. Le parquet de Munich a lancé, le 26 juin 1950, un mandat d'arrêt pour le vol de bijoux : Barbie et sa famille ont déjà gagné l'Italie par une filière d'évasion de réfugiés croates. Ils passent deux années cachés à Gênes, le temps de se faire délivrer par la Croix-Rouge internationale un titre de voyage au nom de Klaus Altmann, mécanicien originaire de Cronstadt, de sa femme Regina, née Wilhelms (au lieu de Willms), de sa fille Ute et de son fils Klaus Georg. Avec des visas pour la Bolivie.

En mars 1951, la famille embarque à bord du cargo mixte *Corrientes*, qui appareille pour Buenos Aires. Après quelques contacts en Argentine, les Altmann s'installent, le 23 avril, en Bolivie, où la colonie d'origine allemande contrôle 60 % de l'économie, où l'armée a été instruite par les SA hitlériens et où paradent de bruyantes phalanges en tenue fasciste.

Barbie trouve une place de contremaître dans une scierie tenue par un Juif de Cologne, Ludwig Capanauer, qui en fait bientôt son représentant à La Paz, où, en 1953, le nouvel immigrant se met à son compte. Peu à peu, il lâche l'industrie du bois pour exporter vers l'Allemagne des écorces de quinquina, tout en faisant bénéficier le mouvement national révolutionnaire de son expérience et de ses relations : celle, notamment, de l'ex-colonel SS Fritz Schwend, recherché pour crimes de guerre en Italie et réfugié au Pérou depuis 1947 dans une ferme fortifiée, où, sous couvert d'élevage de poulets, il anime les filières du réseau d'entraide Odessa.

Le 7 octobre 1957, Altmann obtient la nationalité bolivienne pour lui et les siens. Dix ans plus tard, il fonde la première compagnie de navigation d'un pays sans accès à la mer – la Transmaritima est une société d'économie mixte dont l'État détient 51 % du capital – pour aider au commerce extérieur. Mais les fonds collectés dans le public serviront à financer des opérations moins avouables. Les navires seront surtout affrétés pour décharger des armes de contrebande à Valparaiso et pour écouler les stocks de cocaïne saisis et conservés dans les coffres de la Banque centrale de La Paz. Dès 1968, la compagnie accuse un déficit de trois millions de pesos et, en 1970, le passif représente huit fois le montant du capital.

Qu'importent les saisies de Panama et à Hambourg ! Altmann s'est introduit dans les cercles militaires les plus fermés et recrute, avec l'argent des trafics, les mercenaires qui vont aider le colonel Hugo Banzer à renverser, le 19 août 1971, le régime modéré du général Juan Torres, qui a gracié le révolutionnaire français Régis Debray. Ce coup d'État a été financé par la colonie nazie de Santa Cruz de la Sierra.

Fructueux trafic de devises

Le nouveau général-président dote aussitôt Altmann d'un passeport diplomatique, qui lui permet de fuir ses créanciers, le 16 septembre, en gagnant la forteresse péruvienne de Schwend. Les deux acolytes se livrent à un fructueux trafic de devises, mais laissent huit cadavres mystérieux dans leur sillage.

Altmann en a trop fait pour ne pas se faire remarquer. Déjà, en 1966, il a été expulsé du club allemand de La Paz pour avoir crié « Heil Hitler ! » au chargé d'affaires de la RFA. Sa demi-clandestinité dans sa lointaine retraite de Cochabamba a fini par être percée à jour presque simultanément par les ambassades de France et d'Allemagne.

Le 5 juin 1968, en effet, son fils a épousé une Française à La Paz. En lisant l'acte de mariage, le vice-consul français Colombani relève les prénoms du père et de la mère de Klaus Georg Altmann et compare les dates de naissance avec celles de Klaus et de Regina Barbie. Le diplomate en avise son ambassadeur, Jean-Louis Mandereau, un ancien déporté, qui communique ce rapprochement au Sdece.

Quelques mois plus tard, la fille d'Altmann, Ute, dépose au consulat allemand une demande de permis de séjour pour représenter la firme de son père en RFA. Son passeport bolivien indique qu'elle est née le 30 juin 1941 à Kassel. Or le lieu de naissance se révèle faux. Cette vérification permet, en revanche, de constater qu'une Ute Barbie, fille de Klaus et de Regina Barbie, est née à la même date à Trèves.

Le 20 septembre 1969, le ministère des Affaires étrangères de Bonn adresse au ministère fédéral de la Justice un rapport secret de son ambassade en Bolivie au sujet de cette découverte : « Nous recommandons une enquête très prudente, car Klaus Altmann a de bonnes relations dans les milieux gouvernementaux boliviens et avec d'anciens nazis, tel Fritz Schwend à Lima. Ci-joint, une photo d'Altmann au milieu d'un groupe, parue dans un journal bolivien. »

Le cliché représente un conseil d'administration réuni à La Paz en 1968.

Le parquet de Munich, dont deux procureurs centralisent les recherches de criminels de guerre impunis, est entré en possession de ces éléments au moment où il se trouve saisi d'une vieille plainte d'une association antinazie allemande contre les crimes de Barbie, plainte dont l'instruction traîne du parquet de Kassel au parquet d'Augsbourg depuis le 23 juin 1960…

Le 22 juin 1971, le plus jeune des deux procureurs, Ralb, décide de clore discrètement le dossier. Faute de preuve. Un exemple : le 6 avril 1944, Barbie a arrêté les 41 enfants âgés de 3 à 13 ans d'un foyer juif d'Izieu (Ain), pour les expédier, avec le personnel d'encadrement (« dix têtes », dont cinq femmes), au camp de transit de Drancy. Il a signé cette action par un télégramme à ses supérieurs de Paris. Selon les attendus du procureur Ralb, « on ne peut, de ce fait, conclure qu'il connaissait le destin de ces enfants ».

Par hasard, Beate Klarsfeld apprend cette décision, qui équivaut à un non-lieu et risque de faire jurisprudence, alors que l'accord récemment intervenu entre Paris et Bonn pour une convention judiciaire devrait permettre la poursuite des contumax. Depuis 1968, cette Allemande mariée à un Juif français, Serge Klarsfeld, dont le père a été gazé à Auschwitz, s'est juré de traquer les responsables et les complices du génocide « partout où ils seront ». Les preuves manquantes, elle se charge de les réunir en mobilisant, pendant tout l'été de 1971, anciens résistants, familles des victimes et survivants des camps.

Une rescapée des expériences du Dr Mengele

Le 13 septembre, elle investit le palais de justice de Munich, à la tête d'une émouvante délégation, et force la porte du procureur général adjoint Manfried Ludolph. Avec elle, une rescapée des terribles expériences de vivisection du Dr Mengele, Fortunée Benguigui, dont trois jeunes enfants, pensionnaires de la colonie d'Izieu, firent partie du convoi du 13 avril 1944 pour les crématoires d'Auschwitz. Le Dr Ludolph promet de rouvrir le dossier de son collègue si l'on retrouve le témoin à qui Barbie aurait dit : « Pour les youpins, déporter ou fusiller, c'est la même chose. » Ce témoignage décisif est recueilli, le 25 septembre, par Me Serge Klarsfeld auprès de Me Raymond Geissmann, qui fut l'un des responsables à Lyon du bureau de l'Union générale des israélites de France imposée par Vichy.

Le 1er octobre, le magistrat munichois reprend donc le dossier Barbie pour « assistance à meurtre ». Il fournit à Beate Klarsfeld les photos du « boucher de Lyon » en 1943 et la photo d'Altmann en 1968. Une double expertise anthropométrique, officieuse à paris, officielle à Munich, permet de les identifier comme étant le même personnage.

Le procureur fait un pas de plus en mettant la jeune femme en rapport avec un éditeur allemand de Lima, Herbert John, dont le patron est le roi du guano péruvien, Luis Banchero Rossi, un voisin de la ferme fortifiée de Schwend, où Altmann vient justement de trouver refuge après les déboires de la Transmaritima. John prenait ce dernier, d'après les photos, pour un autre criminel de guerre, délégué d'Eichmann en France. Dès lors, tout se précipite. Le 28 décembre, l'éditeur donne les deux adresses d'Altmann-Barbie. Trois jours plus tard, le milliardaire Banchero Rossi est mystérieusement assassiné.

Le 25 janvier 1972, le procureur Rudolph communique aux Klarsfeld les preuves d'état civil qui confondent définitivement Barbie. Beate prend aussitôt l'avion pour Lima et remet le dossier à l'ambassadeur Chambon, qui, le 28, demande au ministre de l'Intérieur péruvien de prendre une mesure conservatoire en arrêtant l'hôte de Schwend. Prévenu, Altmann-Barbie vient juste de repasser la frontière. Beate Klarsfeld le suit à la trace et fait scandale en alertant la presse bolivienne et les correspondants étrangers.

L'ancien tortionnaire de la Gestapo de Lyon a trouvé une planque idéale : la prison San Pedro à La Paz, où il se fait écrouer pour ses malversations. Le 3 février 1972 arrive la demande d'extradition française, fondée sur la dernière condamnation à mort prononcée le 26 novembre 1954 et donc pas encore couverte par la prescription de vingt ans. Une course contre la montre s'engage. Elle durera encore onze ans !

Pour appuyer cette démarche diplomatico-judiciaire, le président Georges Pompidou écrit, le 11 février 1972, au président Hugo Banzer. Réponse le 24 : la justice bolivienne se conformera à sa législation. Entre-temps, Altmann-Barbie a recouvré la liberté. Pourtant, la Croix-Rouge a remis, ce jour-là, une preuve irréfutable : le titre de transport de 1951 avec les empreintes digitales.

Beate Klarsfeld revient à La Paz, accompagnée, cette fois, d'une autre victime, Ita Halaunbrenner, dont le mari a été fusillé à la Gestapo de Lyon, le fils aîné déporté en 1943 et les deux autres enfants raflés à Izieu et expédiés à Auschwitz le 30 juin 1944. Elle ne parvient pas à obtenir la confrontation souhaitée. Mais la requête française est soumise à la Cour suprême, qui siège à Sucre, la capitale administrative, à neuf cents kilomètres de là.

À Paris en 1966 pour fleurir la tombe de Jean Moulin

Alors, Altmann-Barbie passe à la contre-attaque. En mai 1972, il accorde sa longue interview au journaliste brésilien, extravagant tissu de demi-vérités et d'affabulations.

« Je suis un vieux national-socialiste. Et je n'ai pas changé d'idée… Barbie était mon nom de guerre… Le rendez-vous de Caluire a été trahi par Hardy pour des raisons politiques : la lutte d'influence entre gaullistes et communistes dans la Résistance… Je n'ai pas torturé Jean Moulin, qui a dû succomber à une tentative de suicide et dont je n'ai appris la mort que lors du transfert de ses cendres au Panthéon, en décembre 1964. »

Telle est la substance des 152 pages de la pseudo-confession de Klaus Barbie, dont le récit n'a qu'un but : se disculper de cette mort, se débarrasser du poids terrible de cette grande ombre qui ne cesse de le poursuivre.

Désormais, chaque fois qu'il va se sentir menacé, il se servira de l'énigme Jean Moulin comme d'une arme de chantage, ajoutant qu'il pourrait « mettre dans le bain bien des personnalités ».

Cependant, l'équivoque maintenue autour de son nom réel conduit le procureur de La Paz, Gaston Ledemza Rojas, à interroger le 2 mars 1973 et à l'emprisonner à San Pedro pour usurpation d'identité. Dans sa confortable cellule, Barbie reçoit, très à l'aise, un journaliste argentin. Il exalte son passé de SS, ne renie rien de ses convictions et de son action, « qui n'a rien à voir avec les chambres à gaz ». Il lui confie s'être rendu à Paris en 1966 fleurir la tombe de son ennemi

Jean Moulin, qui a emporté dans sa mort les lourds secrets de la Résistance française...

Le 5 juillet, la Cour suprême ordonne sa libération. Celle-ci n'est retardée que par l'examen d'une demande d'extradition formulée par le Pérou pour extorsion de fonds et fraudes au préjudice de l'État. Demande rejetée le 25 octobre. Libéré, quatre jours plus tard, de ses huit mois de protection forcée contre un éventuel rapt à la Eichmann, Barbie part se reposer, sur les conseils de son ami le président Banzer, dans son hacienda de Cochabamba, puis à Santa Cruz, qui est le fief des phalangistes, des mercenaires et des trafiquants de cocaïne.

Au début de 1974, il se rend à Asunción, au Paraguay. Après son retour, le procureur général soumet, le 20 mars, à la Cour suprême, la question de sa naturalisation fondée sur une fausse identité. Le 11 décembre, la haute juridiction, menacée de dissolution par le dictateur, se hâte de déclarer irrecevable en tout état de cause la demande d'extradition française, prétextant l'absence de traité bilatéral et la prescription de la dernière contumace.

Le 7 janvier 1975, Barbie vient donc reprendre tranquillement ses activités à La Paz. Il est conseiller en renseignement du ministre de l'Intérieur.

À Pâques, le fils d'un des 86 Juifs raflés à Lyon le 9 février 1943, Michel Goldberg-Cojot, se présente à l'entrée du restaurant Daïquiri, où Barbie a aussi repris ses habitudes. Il a une arme dissimulée sous le poncho. Pour le tuer après avoir vainement tenté de lui faire exprimer un remords. Il renonce au dernier moment à son projet, dont il fera le récit dans un livre intitulé *L'Écorché juif*.

En 1978-1979, pendant la tentative de démocratisation du gouvernement civil intérimaire chargé de renflouer les caisses du plus déshérité et du plus endetté des États andins, mettant fin à dix-huit ans de dictature militaire, Barbie complote dans l'ombre avec les Fiancés de la mort, une milice d'extrême droite, pour interrompre ce processus. Le 17 juillet 1980, au lendemain d'élections remportées par la gauche démocrate, le général Garcia Meza s'empare de la présidence : c'est le 189e putsch en un siècle et demi d'indépendance.

Barbie, qui a rencontré ostensiblement une délégation de l'OLP invitée par le Parlement, reprend du service auprès du nouvel homme fort, le colonel Arce Gomez, ministre de l'Intérieur, accusé par le Narcotic Bureau américain de complicité avec les trafiquants de drogue. Mais, devant la banqueroute menaçant, le nouveau dictateur cède la place, en août 1981, à un de ses collègues de l'état-major, le général Celsio Torrelio, qui, en juillet 1982, doit à son tour remettre le pouvoir au général Guido Vildosa.

Ce dernier provoque un tollé en recevant Barbie au palais Quemado dès le lendemain de son investiture, le 22 juillet. C'est que son interlocuteur voudrait bien régler son problème administratif. En effet, le tribunal d'Augsbourg demande, depuis mai, son extradition pour le meurtre d'un maquisard jurassien, Georges Joseph Kemmler, dont sont venus témoigner trois anciens soldats de la Wehrmacht. Demande appuyée par la France, en vertu du traité ratifié entre Bonn et Paris en 1975 sur la poursuite des criminels de guerre impunis.

Un vieux dossier de 1975 est exhumé

De son côté, le juge lyonnais Christian Riss – né après la guerre – instruit depuis février une nouvelle information ouverte contre Barbie pour des crimes contre l'humanité qui n'avaient pas été jugés par contumace en 1947 et en 1954.

Le 10 octobre, la dictature militaire, au bord de la faillite, restitue le pouvoir des civils élus en juin 1980. Siles Zuazo, de retour d'exil, est investi à la présidence et forme un gouvernement de front populaire. Les généraux putschistes se réfugient en Argentine. Klaus Barbie, dont le fils s'est tué en aile delta et dont la femme va mourir d'un cancer le 8 décembre, s'est retiré dans l'hacienda de sa bru, à Santa Cruz, où il se croit encore intouchable. La majorité de la nouvelle Cour suprême de Sucre, désignée par la Sénat, reste aux mains de l'opposition de droite. Elle se trouve saisie d'un mandat international lancé le 3 novembre par le jeune magistrat lyonnais.

Alors, le gouvernement fait exhumer par le tribunal de La Paz un vieux dossier étouffé en 1975, sous Banzer : une dette de dix mille dollars que feu la Transmaritima de Barbie devait à la Corporation minière bolivienne pour l'escamotage d'une cargaison d'étain. Le 25 janvier dernier, l'ex-P-DG indélicat est écroué pour la troisième fois à San Pedro. Mais ce n'est plus pour le protéger. Au contraire. Dès que son avocat vient s'acquitter du montant de la dette, des intérêts et des frais de justice, montant réuni en huit jours par la colonie allemande, le piège se referme. Libéré le 4 février à 19 heures, Barbie est conduit, à 20 heures, sous bonne escorte, à l'aéroport El Alto pour avoir, en 1951, violé les lois sur l'immigration en présentant la fausse identité d'un mécanicien originaire de Cronstadt, nommé Altmann.

Jacques Derogy
11 février 1983

Élysée : opération Barbie

À partir du 22 janvier, un homme, à l'Élysée, a minutieusement coordonné les négociations qui devaient conduire à l'expulsion de Klaus Barbie par les Boliviens.

« C'est lui qui, sous l'œil attentif du Président, a piloté l'affaire de jour en jour, d'heure en heure, jusque dans les détails », reconnaît-on, dans les couloirs de l'Élysée. Lui, c'est Jean-Louis Bianco, le secrétaire général de la présidence. Mais cet énarque le plus puissant de France, qui vient de fêter ses 40 ans, n'est pas du genre à se mettre en avant. Depuis sa nomination, en juillet dernier, Bianco s'est taillé une solide réputation d'efficacité et de discrétion.

C'est le 22 janvier que s'ouvre la phase finale de l'affaire Barbie : ce jour-là, le président bolivien, Hernan Siles Zuazo, que le Parti socialiste français s'apprête à accueillir à Paris – en compagnie du « gratin » des chefs de gouvernement socialistes d'Europe – se fait excuser. Du même coup, il annule la visite officielle qu'il devait entreprendre en France, au lendemain de cette « fête de famille ». À l'Élysée, on connaît les raisons cachées du président bolivien : l'affaire Barbie est entrée, à La Paz, dans une phase décisive. L'ancien SS est arrêté le 25.

Bianco devient le coordonateur d'une action menée simultanément, dans le plus grand secret, par trois ministres passionnément intéressés, à titre personnel, par cette affaire : Claude Cheysson, aux Relations extérieures, qui négocie avec le gouvernement de La Paz par l'intermédiaire de l'ambassadeur de France en Bolivie, Raymond Césaire ; Robert Badinter, le garde des Sceaux, qui tient absolument à ce que l'opération se déroule sans violence et avec le plus grand respect possible des règles juridiques ; enfin, Charles Hernu, le ministre de la Défense, qui assure discrètement l'intendance de l'affaire : l'acheminement à Cayenne d'un DC 8 du Cotam (le Commandement du transport aérien militaire) et d'un groupe d'agents du service Action du contre-espionnage français. Au cas où les choses, malgré tout, ne marcheraient pas exactement comme prévu…

Deux autres personnalités, qui avaient joué dès l'avènement du président Zuazo, en décembre dernier, un rôle important dans l'établissement de relations cordiales entre La Paz et Paris, continuent de suivre l'affaire de près : Régis Debray, chargé de mission à la présidence de la République, et Antoine Blanca, ami et collaborateur du Premier ministre Pierre Mauroy et, depuis novembre dernier, ambassadeur itinérant pour les pays d'Amérique centrale et d'Amérique du Sud.

Il faut encore mentionner un « outsider » dont le rôle demeure quelque peu obscur : le député socialiste des Vosges Serge Beltrame, qui, « très lié avec Mme Jean Moulin » et possédant « de bons contacts en Bolivie et en Allemagne », a rempli depuis plus d'un an des missions « très secrètes » au profit du gouvernement. Dans les milieux officiels, on déclare tout ignorer de cet aspect de l'affaire.

À l'Élysée, Bianco ne joue pas seulement les « chefs d'orchestre ». Sa fonction et plus encore sa parfaite connaissance de la langue allemande ont fait de lui, depuis quelques mois, l'un des hommes indispensables de la coopération entre Paris et Bonn. Les excellentes relations qu'il a nouées dans l'entourage du chancelier Helmut Kohl vont grandement faciliter la solution de l'un des problèmes les plus épineux de l'affaire Barbie : quelle sera la destination finale du bourreau de Lyon, à partir du moment où le président Zuazo aura décidé de se débarrasser de cet hôte encombrant ?

Au début de la première semaine de février, le ministre de l'Intérieur bolivien, Mario Roncal, fait savoir à l'ambassadeur de la République fédérale d'Allemagne à La Paz que son gouvernement est disposé à extrader Barbie. Il attend de Bonn une confirmation expresse de la demande d'extradition ouest-allemande. Mais il apparaît, au terme d'une analyse conjointe des services de la Chancellerie et de ceux du ministère de la Justice, que le retour en Allemagne fédérale de Barbie serait « une grave source de difficultés » :

– On peut, en effet, prévoir que le verdict d'un tribunal ouest-allemand sera moins sévère que celui d'un tribunal français. D'où le risque d'un réveil des tensions et des ressentiments de part et d'autre du Rhin.

– En cas de contestation d'un tel verdict par l'opinion, voire par les autorités françaises, il ne sera pas possible d'extrader Barbie. La Constitution de Bonn l'interdit.

– Plus grave encore, le procès pourrait, s'il avait lieu en Allemagne, provoquer des manifestations de solidarité « malsaines et navrantes », celles de la « vieille confrérie » nazie. On pourrait revivre, comme lors du procès des responsables du camp de concentration de Maidanek, en 1975, des scènes insupportables : des témoins avaient alors été malmenés et traités de menteurs ou de malades par des avocats de la défense.

Pour toutes ces raisons et quelques autres – la RFA est en pleine campagne électorale – la Chancellerie décide de temporiser. On espère, à Bonn, que, pressés de se séparer de Barbie, les Boliviens l'expulseront dans un autre pays d'Amérique latine. À toutes fins utiles et pour être en mesure de faire face à une sommation bolivienne, un Boeing de la Luftwaffe généralement affecté aux voyages officiels est prêt à décoller sur l'aéroport militaire de Cologne.

Hésitations de Bonn bienvenues

À Paris, où l'on tient à tout prix à récupérer Barbie, les hésitations de Bonn sont en réalité les bienvenues. Au milieu de la semaine, Bianco téléphone au secrétaire général de la Chancellerie, Waldemar Schreckenberger, afin de faire le point sur l'affaire. La conversation – tout comme celle qu'aura le garde des Sceaux avec le ministre de la Justice de Bonn – confirme le « manque d'intérêt » allemand pour l'extradition de Barbie vers la RFA. On se promet de tout faire pour que cette « affaire délicate » ne rouvre pas de « vieilles plaies ». Cependant, le gouvernement allemand refuse d'intercéder auprès du gouvernement de La Paz, comme le lui demande Paris, pour accélérer la livraison de Barbie à la France.

Déjà empêtré dans la procédure juridique d'une extradition vers la République fédérale, le ministre de l'Intérieur bolivien hésite encore sur les modalités d'un transfert de Barbie en France. Mais, selon la formule même de Roncal : « personne d'autre que la France ne voulait de Barbie ». La solution mise au point par Badinter, les pressions conjuguées de l'« équipe ministérielle » coordonnée de l'Élysée par Bianco, enfin la volonté constante de François Mitterrand auront raison des dernières hésitations du président Zuazo, très soucieux d'améliorer, auprès des démocraties occidentales, l'image de la Bolivie.

D'autant plus que son pays est dans une situation économique dramatique. Certains observateurs prétendent que le dénouement, somme toute rapide, de l'affaire Barbie serait lié à l'octroi par Paris d'une aide financière. À l'Élysée, on dément avec vigueur tout marchandage de ce genre. Mais on souligne que « la France et la RFA pourraient faire quelque chose pour la Bolivie, dont les besoins sont criants ».

Claude Cheysson n'a-t-il pas rendu, devant la presse diplomatique, un solennel hommage « au grand courage du gouvernement bolivien » ? Une manière élégante, à la réflexion, d'avouer que, jusqu'à la dernière minute, Paris a redouté un « ratage » de l'opération Barbie. À Matignon, on reconnaît que le Premier ministre, très « visible » dans la phase finale du scénario – qui coïncide à quelques heures près avec son séjour en Guyane – a reçu la consigne de monter en première ligne, afin d'« amortir les coups » en cas de difficultés.

Le samedi 5 février, au petit matin, un Hercules des forces boliviennes se pose sur l'aéroport de Cayenne. À son bord, Barbie, des fonctionnaires de La Paz et des agents du contre-espionnage français. Le commissaire de la République en Guyane, Claude Silberzahn, accompagné d'un haut magistrat, révèle à Barbie qu'il est en territoire français et lui signifie le mandat d'arrêt lancé contre lui. Les gendarmes procèdent alors officiellement à son interpellation. Le bourreau de Lyon embarque à bord du DC 8 du Cotam. Direction : le lieu même de ses forfaits.

Jérôme Dumoulin
11 février 1983

L'Express a retrouvé le bourreau de Lyon

« Barbie, au moins, c'était un Allemand. Touvier, lui, est français. » Un ancien résistant de Lyon dit son indignation. Il vient d'apprendre que le chef milicien Paul Touvier, condamné à mort par contumace après la Libération, a été autorisé, par grâce présidentielle, à retourner sur les lieux de ses crimes et à recouvrer ses biens – produit des rapines qui alimentèrent le trésor de la Milice.

Le gouvernement français demande « avec une extrême énergie » – selon les termes de M. Georges Pompidou – l'extradition de Bolivie de Klaus Barbie, le bourreau de Lyon. « Il ne s'agit pas de vengeance, mais de justice », a déclaré, devant l'Assemblée nationale, M. Jean de Lipkowski, secrétaire d'État aux Affaires étrangères.

La justice n'aura jamais passé pour Touvier, aide-bourreau de l'occupant nazi à Lyon. Le président de la République a signé, le 23 novembre 1971, le décret de grâce annulant l'interdiction de séjour et la confiscation des biens, mesures qui subsistaient après la prescription de la peine. Les dirigeants de la communauté juive et des Amitiés judéo-chrétiennes de Lyon n'en ont été informés que l'autre semaine. En même temps que le procureur général, M. Fernand Davenas, et le préfet, M. Max Moulins.

C'est à la requête pressante de Mgr Charles Duquaire, prélat du Saint-Père au Vatican, que Touvier a bénéficié de cette ultime clémence. Protégé et hébergé jusqu'alors par des congrégations religieuses, il a pu regagner officiellement la maison familiale, chemin des Charmettes, à Chambéry. Il y vit aujourd'hui, à l'abri du besoin, sous le nom de sa femme.

Expéditions punitives. Touvier avait commencé là sa carrière dans la collaboration en quittant, au printemps 1942, son emploi d'expéditionnaire à la gare de Chambéry pour devenir le secrétaire permanent et appointé de la section locale du Service d'ordre légionnaire, créé par Vichy en mai 1941. Le Sol, c'était la « troupe de choc de réserve » du nouveau régime.

Paul Touvier, qui a alors 27 ans, se met en ménage avec une certaine Marie-Louise C., et réunit une équipe d'hommes de main pour se livrer à des expéditions punitives contre les établissements de Chambéry dont les propriétaires sont soupçonnés de sympathies gaullistes. Arrêté par la police locale, il est aussitôt relâché sur ordre supérieur. Dès la création de la Milice, le 30 janvier 1943, il revêt la chemise kaki, la cravate noire, le blouson bleu foncé et le béret marqué du gamma grec. Le voici promu chef pour la Savoie du 2e Service de la Milice (renseignements et action), qui servira surtout d'auxiliaire à la Gestapo. En septembre 1943, nouvelles promotions : il est nommé chef départemental, puis chef régional à Lyon, sous les ordres de l'impitoyable Joseph Lécussan, avec, pour adjoint, un tortionnaire nommé Gonnet. En six mois, l'effectif de son service, qui occupe l'annexe du lycée Ampère, passe de six à trente. Touvier commence par s'approprier l'appartement d'un industriel en textiles, M. Lehmann, Juif lorrain replié à Lyon. Il installe sa maîtresse dans l'appartement d'un Juif de Chambéry, M. Zavelick. Après avoir vendu le mobilier de M. Lehmann et gardé sa voiture, il pille l'appartement d'un autre Israélite, M. Franck, en février 1944, puis emménage chez un autre commerçant d'origine juive, M. Cerf. Ses exactions vont jusqu'à provoquer des règlements de comptes entre miliciens.

Accusations mutuelles. Auteur d'une *Histoire de la Milice*, Jacques Delperrie de Bayac raconte : « Lécussan accuse Touvier et son équipe de pillages. L'affaire va jusqu'au grand manitou du 2e Service, Jean Degans. Degans soutient Touvier. Lécussan crée alors sa propre équipe de renseignements avec le Russe blanc Pauverine, ancien de la Cagoule, qui travaille ouvertement avec le SD (Sécurité allemande). Ils s'accusent mutuellement de gangstérisme... Toutes ces équipes pratiquent systématiquement le vol et l'extorsion de fonds... Toute la région lyonnaise est écumée. Le milicien Gérard, de l'équipe Pauverine, est tué par des miliciens de l'équipe Touvier à la suite d'un partage de butin qui a mal tourné. »

Entre-temps, Touvier lui-même est passé du vol à l'assassinat. Au début de janvier 1944, son service a repéré la cachette du président de la Ligue des droits de l'homme, Victor Basch, 80 ans, recherché par Vichy comme Juif et franc-maçon. Le vieux professeur, avec sa femme, âgée de 79 ans, a trouvé refuge à Caluire (Rhône). Le soir du 10 janvier, opérant sous les ordres de Lécussan, de concert avec le lieutenant Moritz, de la Gestapo, Touvier participe à l'arrestation du couple, car Mme Basch refuse d'être séparée de son mari. Lécussan raconte : « Moritz jugea Victor Basch trop âgé pour pouvoir l'arrêter, et nous décidâmes de l'exécuter. » L'Allemand leur ayant abandonné le sort des deux vieillards, les miliciens les conduisent en voiture sur une petite route de campagne, près de Neyron, et les abattent de plusieurs coups de feu. Les corps criblés de balles seront découverts le lendemain.

Appui matériel. Au cours d'opérations contre le maquis, Touvier se distingue encore en commandant personnellement un peloton d'exécution. Le 29 juin, pour venger la mort de Philippe Henriot, ministre de la Propagande, exécuté par la Résistance, il fait fusiller sept commerçants juifs, raflés la veille par son équipe, contre le mur du cimetière de Rillieux, dans la banlieue lyonnaise. Leurs magasins sont mis à sac dans la journée. En juillet, il garde 70 suspects et résistants en otages dans deux salles de classe de l'annexe Ampère. Parmi eux, M. Henri Jeanblanc, officier de carrière démobilisé de l'armée d'armistice, en novembre 1942 et commandant l'armée secrète à Saint-Étienne sous le nom de capitaine Navarre.

Aujourd'hui inspecteur d'Académie, directeur du Centre de documentation pédagogique de Lyon, il se souvient : « Arrêté le 7 juillet, j'ai été détenu par le service de "Monsieur Paul" avec ma femme Ginette, jusqu'à notre évasion fin août, facilitée par l'aumônier de la Milice. Gonnet dirigeait les séances de torture à l'étage supérieur, sous les ordres de Touvier. Il a ainsi torturé à mort un petit coiffeur. Un soir, ils sont venus chercher un gars de Grenoble qu'on surnommait Bijou. Son corps a été identifié plus tard, dans un bois des environs, grâce à son dentier. Les "corvées de bois" de ce genre étaient fréquentes. Ma femme et moi avons été utilisés pour d'autres corvées : déménagement d'appartements et de commerces ayant appartenu à des Juifs livrés à la Gestapo, stockage du butin à répartir entre les chefs, gardiennage des collections, etc. »

Tout ce butin disparaît peu avant la Libération. Introuvable, Touvier est condamné à mort par contumace, le 10 septembre 1945, par la Cour de justice de Lyon, et, le 4 mars 1947, par celle de Chambéry. Le 3 juillet 1947, il est arrêté par hasard sous une fausse identité. Démasqué, il s'évade des locaux de Sûreté nationale et trouve refuge auprès d'un aumônier de la Justice qui acceptera de le marier religieusement avec la mère de ses deux enfants, installée dans la maison des Charmettes. Il recevra ainsi, pendant vingt ans, l'appui moral et matériel d'au moins une dizaine de prêtres, dont l'un attaché au couvent de l'Immaculée Conception, qui jouxte cette maison.

Attestations favorables. En 1962-1963, le chanoine Duquaire, alors secrétaire du cardinal Gerlier, entreprend une quête d'attestations favorables à Touvier en vue d'une révision de la procédure ou d'une grâce présidentielle. Il vient au chevet de M. Jeanblanc, qui relève d'une grave opération à la clinique Sainte-Anne : « Cet homme, lui dit-il, est prêt à se constituer prisonnier. Il risque la peine capitale, alors que son père vient de mourir en laissant un héritage dont ne pourront même pas bénéficier ses deux enfants. Il vous a épargné. À votre tour, vous pouvez sauver ce malheureux. »

« De mon lit, j'ai refusé de céder aux sollicitations pressantes du prélat, raconte M. Jeanblanc. Mais ma femme et quelques amis se sont laissé circonvenir. »

Le persévérant chanoine fait également le siège du colonel Stéphane Pialat, juge d'instruction au tribunal militaire et du cabinet préfectoral, en attendant 1967, date de la prescription, vingt ans après la dernière condamnation. Devenu secrétaire du nouvel archevêque, Mgr Jean-Marie Villot, il ressort alors le dossier établi par ses soins quatre ans plus tôt, pour obtenir, cette fois, une remise des mesures accusatoires attachées à la peine principale : confiscation des biens et interdiction de séjour « dans le département où demeureraient, soit celui sur lequel ou contre la propriété duquel le crime a été commis, soit ses héritiers directs ».

À la fin de 1967, il fait délivrer par la préfecture du Rhône à son protégé une carte d'identité au nom de Paul Touvier, domicilié place Fourvière à l'adresse de l'Archevêché ! « Aussi a-t-il été difficile de notifier à Touvier son interdiction de séjour », commente M. Robert Lamy, directeur de cabinet du préfet.

Crimes imprescriptibles. En décembre 1970, Touvier se présente au domicile du philosophe Gabriel Marcel, de l'Institut, de la part de Mme Marie-Madeleine Davy, chargée de recherches au CNRS, avec une recommandation de Mgr Duquaire, qui, entre-temps, a suivi le cardinal Villot au secrétariat d'État du Saint-Siège, à Rome.

« Il m'a présenté une version plus qu'édulcorée de ce qu'avait été son activité sous l'Occupation, raconte le philosophe. J'ai eu la faiblesse de le croire et d'écrire au président de la République pour plaider sa cause. »

À son interlocuteur, Touvier laisse entendre que seule une grâce pourrait lui permettre de régulariser sa situation familiale. Gabriel Marcel apprendra par la suite qu'il a été trompé et exigera la restitution de sa lettre : « Il y a des crimes imprescriptibles pour lesquels le pardon n'appartient qu'à Dieu », nous dit-il.

En dépit des avis défavorables de l'Intérieur et de la Chancellerie, M. Pompidou a signé ce pardon. Après deux voyages de Mgr Duquaire de Rome à Paris.

Jacques Derogy
5 juin 1972

Touvier : un profond malaise

Condamnation sans surprise de l'ancien milicien. Ni pour la justice ni pour l'Histoire ce procès de cinq semaines n'aura été exemplaire. Déjà, on parle de celui de Maurice Papon…

À l'issue de cinq semaines de débats, la cour d'assises de Versailles a mis fin à la cavale errante de Paul Touvier par la réclusion criminelle à perpétuité. Cinquante ans après les faits, la justice a donc condamné, pour la première fois, un Français pour crime contre l'humanité. Mais à quel prix ?

Quel sentiment auront ceux qui visionneront dans quelques années les images de ce procès, filmé dans son intégralité ? Ils découvriront que, après plus de vingt ans de procédures et de polémiques judiciaires, la justice s'est retrouvée, à Versailles, dans la pire des postures. Face à un accusé de troisième zone, milicien à moitié truand, sans courage et sans honneur. Et non face à un René Bousquet, personnage de premier plan de la collaboration d'État, prêt à s'expliquer devant la justice, mais escamoté par le geste mystérieux d'un illuminé. À ce milicien devenu vieillard pitoyable on ne reprochait qu'une seule affaire, au terme de dix arrêts de cour d'appel, de sept décisions de la Cour de cassation et d'une grâce présidentielle : l'exécution de sept Juifs à Rillieux-la-Pape (Rhône), en 1944, épisode connu grâce à Paul Touvier, qui l'avait révélé lui-même à l'appui de son dossier de recours en grâce. Enfin, la cour d'assises avait à sa disposition un outil juridique – la notion de « crime contre l'humanité » telle qu'elle a été définie par la Cour de cassation – permettant difficilement de le condamner pour cette affaire.

Voilà pourquoi ce procès, dont le verdict semblait entendu dès le premier jour (alors qu'un acquittement, scandaleux moralement, était tout à fait envisageable en droit), prit parfois des allures de procès politique. D'où ce malaise permanent engendré par l'attitude du parquet et de nombreux témoins et avocats des parties civiles, venus dire à Versailles le contraire de ce qu'ils disaient il y a seulement deux ans, pour mieux s'adapter au changement récent de la définition du crime contre l'humanité, limitée depuis 1992 par la Cour de cassation aux seuls actes commis pour le compte des pays de l'Axe… Si le verdict a fait œuvre de justice pour les victimes, son moyen – l'œuvre judiciaire – apparaît donc plus ambigu.

La faiblesse de la démonstration judiciaire n'aura même pas été compensée par la « leçon d'Histoire » maintes fois annoncée. Ce procès n'a pas mis au jour des documents de la Milice et n'a rien apporté sur le fonctionnement du service régional de renseignement que dirigeait Paul Touvier. La quasi-totalité des pièces du dossier dataient de l'après-guerre ou des déclarations de l'accusé. Comme l'a remarqué Henry Rousso, auteur du *Syndrome de Vichy* (Points-Seuil), « l'historien ne peut que rester perplexe devant la débauche d'énergie d'un tel procès pour enfoncer des portes ouvertes ». Non seulement les audiences n'ont rien appris, mais l'obsession de la plupart des intervenants de présenter Paul Touvier comme un complice permanent des Allemands a parfois travesti une réalité historique devenue finalement confuse. Quant aux témoins de l'époque, la longue liste des décédés et des excusés pour raisons médicales inclinerait à valider les fameux propos que François Mitterrand a tenus à l'historien Olivier Wieviorka : « Rejuger après un demi-siècle, c'est un peu difficile. [...] Quarante-cinq ans après, ce sont des vieillards. Il ne reste plus beaucoup de témoins, et cela n'a guère de signification. »

Enfin, la méconnaissance, voire le mépris de l'Histoire qu'ont manifestés beaucoup des trop nombreuses plaidoiries des avocats des parties civiles incitent à déconseiller fortement la diffusion du film du procès dans les écoles ! Heureusement, trois d'entre eux au moins ont su, sans démagogie et sans pathos, avec justesse et rigueur, se montrer à la hauteur de leur tâche : Mes Michel Zaoui, Arno Klarsfeld et Henri Leclerc. Rares moments où l'on put s'évader du script imposé par la Cour de cassation pour se rapprocher, avec pudeur et mesure, de la vérité historique. Car, pour le reste, les débats, conditionnés par l'impératif improbable de prouver la soumission de Paul Touvier aux Allemands dans l'affaire de Rillieux, se sont finalement retrouvés dans la logique des procès de la Libération. Non plus celle de la collaboration avec l'ennemi, mais celle de la collaboration avec un État ayant conçu le plan concerté de l'extermination des Juifs. Alors que, depuis vingt ans, ceux qui réclamaient le procès d'un Français avaient pour motivation première de sortir de cette logique en évoquant la question de la responsabilité propre et autonome de la Milice ou de Vichy. C'est précisément ce qu'ont exclu les débats de Versailles, qui ne pouvaient condamner Paul Touvier, au forceps, qu'en tant que complice des Allemands.

Le bilan est apparu tellement peu satisfaisant que les parties civiles réclamaient dès le lendemain du verdict le procès de Maurice Papon, ancien secrétaire général de la préfecture de la Gironde de 1942 à 1944. Comme si le malaise ressenti à Versailles pouvait être exorcisé par un autre procès.

Éric Conan
28 avril 1994

Un nazi bien tranquille

Face à Beate Klarsfeld, Ernst Achenbach prêche le pardon aux nazis.

Au nom de la charité. Mais lui, qui est-il ?

L'Express *publie deux documents accablants.*

À l'heure où deux mille manifestants, rassemblés devant l'ambassade de la RFA à Paris, venaient d'acclamer l'Allemande Beate Klarsfeld, la « pasionaria » non juive de la chasse aux nazis, de retour du tribunal de Cologne, les téléspectateurs français découvraient, mercredi, un autre Allemand, M. Ernst Achenbach.

Visage souriant, regard froid, portant allégrement ses 65 ans, s'exprimant dans un français parfaitement correct, M. Achenbach, député du parti libéral FDP dont il est le porte-parole parlementaire, tenait apparemment un langage de bon sens. « Il faut en finir une fois pour toutes avec le passé. Sinon, nous risquons de ne jamais sortir du cercle infernal de la vengeance. Pour l'Europe nouvelle que nous voulons tous construire d'un commun accord, il serait temps de donner la priorité au pardon et d'abandonner l'idée de poursuites sans fin. D'ailleurs, trente ans après, les verdicts ne seraient plus équitables… »

M. Achenbach est rapporteur, à la commission des Affaires étrangères du Bundestag, du projet de convention judiciaire franco-allemande qui permettrait de traduire devant la justice allemande les criminels de guerre nazis condamnés en France par contumace. La ratification de cette convention a été promise à M. Valéry Giscard d'Estaing par le chancelier Helmut Schmidt.

M. Achenbach n'a jamais fait mystère de son hostilité au projet de ratification, à la fois par une obstruction systématique et par des propos publics. Il se flatte de faire traîner en longueur l'examen du texte signé le 2 février 1971 à Bonn par les deux gouvernements, et il lui oppose un contre-projet d'amnistie générale. Pour des raisons, dit-il, « humanitaires et chrétiennes ».

Un curieux rictus. Annonçant, à la télévision française, le prochain dépôt de cette proposition d'amnistie totale pour les quelque 250 contumax des tribunaux militaires français visés par la convention de 1971, il est revenu sur les raisons de son attitude. À une question sur la condamnation de Mme Klarsfeld (*voir l'article de Roger-Gérard Schwartzenberg*), il a répondu, avec un curieux rictus : « Certaines gens ont la manie de la persécution. En tant que protestant, j'estime que la charité chrétienne devrait tirer un trait sur ce passé. »

Sur cette charité, on le suivrait, à vrai dire, volontiers. Plus aisément, en tout cas, si elle ne devait essentiellement le servir. C'est, en effet, sur son propre passé que M. Achenbach voudrait surtout tirer un trait. Et on le comprend. C'est son passé d'ancien nazi non épuré qui l'a empêché, de justesse, en avril 1970, de siéger à la commission de la Communauté européenne de Bruxelles.

Avocat au procès international de Nuremberg et leader du groupe de pression en faveur de la prescription des crimes de guerre, qui est donc M. Achenbach ?

Premier conseiller de l'ambassadeur du Reich à Paris, Otto Abetz, de 1940 à 1943, il a joué son rôle dans la politique hitlérienne d'occupation, se chargeant notamment de la mise en œuvre des opérations de représailles et de liquidation de la « Question juive ».

Membre du parti nazi depuis 1937, M. Achenbach est, à l'époque, plus qu'un simple rouage diplomatique, puisqu'il dirige la section politique de l'ambassade, qu'Abetz qualifiera, lors de l'instruction de son procès, de « section la plus importante ». Toutes les directives sont en effet traitées entre les deux hommes, en liaison avec les services de sécurité et la Gestapo.

Le 13 août 1940, M. Achenbach organise le contrôle de la presse, de la radio, de l'édition et des spectacles. Le 24 octobre, il assiste, au premier rang, à l'entrevue Hitler-Pétain à Montoire, dont il est l'un des organisateurs. Un mémorialiste de Vichy, Henri du Moulin de La Barthète, le décrit raccompagnant Laval après la rencontre : « Le type du nazi d'exportation que l'hitlérisme a révélé à son propre destin. Un moniteur, sans doute, de la Cinquième Colonne. » Il le revoit deux mois plus tard quand M. Achenbach vient à Vichy avec Abetz « libérer » Laval, momentanément écarté par Pétain.

C'est aussi en présence de M. Achenbach que Laval rédigera l'allocution fatale du 21 juin 1942 : « Je souhaite la victoire de l'Allemagne. » Dès le 28 février 1941, il prend part à la première réunion importante de l'ambassade pour la préparation des mesures antijuives. Il charge son subordonné, le commandant SS Theo Zeitschel, de faire la liaison entre l'Obersturmbannführer SS Kurt Lischka, chef de la Gestapo de Paris, et le délégué de Vichy Fernand de Brinon.

Les annales de son action peuvent être ainsi reconstituées :

14 juin 1941 : selon un rapport d'Abetz, « la section politique de l'ambassade a donné l'impulsion en vue d'une nouvelle législation antijuive confié à Xavier Vallat ».

28 février 1942 : M. Achenbach donne des instructions à Zeitschel pour demander à Brinon le remplacement de Vallat par Darquier de Pellepoix.

18 mars 1942 : la section politique de l'ambassade exprime sa satisfaction de la nomination d'un SS de haut rang : Karl Oberg, à la tête de la police allemande en France, « ce qui aura des conséquences favorables pour la solution finale du problème juif ».

26 août 1942 : l'adjoint d'Oberg, le Sturmbannführer SS Herbert Hagen, ancien supérieur d'Adolf Eichmann, signale un appel téléphonique de M. Achenbach, qui veut être tenu au courant de l'état exact de la déportation des Juifs apatrides.

4 février 1943 : Hagen rapporte qu'il a informé M. Achenbach des difficultés créées par les Italiens à la déportation des Juifs de la zone sud, pour lui demander d'intervenir afin qu'ils cessent de protéger les Juifs.

C'est alors que M. Achenbach signe de sa main une note « secrète » au chef de la section antijuive de la Gestapo en France, Heinz Röthke, lui transmettant « par ordre » le feu vert de son département – document capital que nous publions.

L'Express est également en mesure de reproduire le facsimilé du télégramme adressé par M. Achenbach au ministre des Affaires étrangères à Berlin, pour annoncer la déportation de deux mille Juifs en « premières représailles » d'un attentat commis à Paris contre deux officiers de la Luftwaffe.

Les anciens amis. Une patiente enquête de l'archiviste du Centre de documentation juive, M. Joseph Billig, et de M.

et Mme Klarsfeld a permis d'établir le déroulement de ces représailles. Deux mille Juifs de 16 à 65 ans, arrêtés le lendemain de ce télégramme, dans les deux zones, sur ordre de Kurt Lischka, ont été rassemblés au camp de Gurs et transférés, le 26 février et le 2 mars 1943, à Drancy. Déportés les 4 et 6 mars en direction de Cholm, gare du camp de Maidanek, ils ont tous été gazés à leur arrivée.

Après la guerre, M. Achenbach pourra plaider à Nuremberg sans être lui-même inquiété. Élu député d'Essen en 1957, il sera défenseur de Hagen, condamné par contumace le 13 mars 1955. Soupçonné d'avoir mis ses anciens amis aux postes clés du FDP, parti charnière indispensable aux successives coalitions gouvernementales, et dont il contrôle l'appareil en Rhénanie-Westphalie, il n'en a pas été exclu pour autant, malgré l'avis du comité directeur du parti. Mieux, il deviendra le porte-parole de son groupe en politique étrangère, siégera à la commission des Affaires étrangères du Bundestag et sera candidat à la Commission de Bruxelles en échange du soutien de son parti au chancelier Willy Brandt. Récusé par ses partenaires, à la suite des premières démarches de Mme Klarsfeld, il devra se contenter, pour un temps, de la sous-commission monétaire du Parlement européen de Strasbourg.

Mais le procès de Cologne et l'intervention du Président français auprès du nouveau chancelier allemand vont l'obliger à se démasquer. C'est lui qui, depuis quatre ans, bloque la ratification de la convention sur les crimes de guerre et empêche la liquidation du dernier contentieux entre les deux pays.

Du coup, les Jeunes Démocrates (moins de 35 ans) de son parti se révoltent. Jeudi, au lendemain de sa prestation télévisée, ils ont demandé sa démission immédiate de son mandat parlementaire. Le comité directeur du FDP s'est prononcé pour la ratification rapide de la convention. Et le secrétaire d'État à l'Intérieur, également membre de la direction du FDP, a déclaré que M. Achenbach devait renoncer à ses fonctions de rapporteur, étant donné « ses prises de position ».

Avocat d'affaires, M. Achenbach représente les intérêts industriels de la Ruhr, attirés aujourd'hui par le marché arabe. Président des Amitiés parlementaires germano-arabes, il est venu à Paris, le 18 mai dernier, participer à la première réunion du comité exécutif de l'Association parlementaire pour la coopération euro-arabe, fondée par M. Raymond Offroy, député UDR de la Seine-Maritime.

Il s'y est exprimé dans un français impeccable.

Jacques Derogy
15 juillet 1974

Achenbach : fin de partie

Après les révélations de *L'Express*, c'est au sein même du parti de M. Achenbach qu'on demande sa démission.

Comme si le sol d'Europe lui brûlait soudain les pieds, Me Ernst Achenbach, le nazi bien tranquille démasqué par l'affaire Beate Klarsfeld, s'est envolé pour Bogota (Colombie), le soir du 14 juillet. En prenant la place, au dernier moment, d'un de ses collègues, M. Martin Bangemann, dans la délégation du Parlement européen à la conférence interparlementaire CEE-Amérique latine. Compagnon de voyage encombrant pour le président de l'Assemblée consultative de Strasbourg, M. Kees Berkhouwer, député libéral néerlandais qui venait de souscrire à une déclaration des délégués français en faveur de l'imprescriptibilité des crimes de guerre et de la poursuite de leurs auteurs en justice.

Avec les documents accablants publiés ce jour-là par *L'Express*, le cercle du désaveu s'est refermé en effet sur le député de la Ruhr, porte-parole du parti charnière FDP, rapporteur de la commission des Affaires étrangères du Bundestag et président de la commission de la Coopération du Parlement européen, qui avait su faire oublier son passé de diplomate national-socialiste en poste à Paris sous l'Occupation.

Le ton a brusquement monté quand, au cours du weekend, le président des Jeunes Libéraux du FDP, M. Theo

Schiller, s'est fait communiquer par télex la teneur de nos révélations sur le rôle de M. Achenbach dans la mise en œuvre des mesures de déportation des Juifs. Et remettre par Mme Klarsfeld vingt-cinq pièces du dossier établi pour son livre *Partout où ils seront* » (Édition spéciale). Il a déclaré aussitôt que « ce saboteur du projet de ratification de la convention judiciaire franco-allemande sur la poursuite des contumax pourrait faire l'objet d'une procédure d'exclusion du parti et être ainsi contraint de rendre son mandat s'il ne démissionnait pas de lui-même ».

Sans complaisance. En compagnie de son adjoint, M. Junger Runge, M. Schiller a demandé à la direction du FDP de démettre M. Achenbach, toutes affaires cessantes, de son poste de rapporteur au Bundestag.

Contesté au sein de son propre parti, critiqué même par le journal des milieux d'affaires dont il est l'avocat, la *Frankfurter Allgemeine Zeitung*, qui, dans son numéro de mardi, a reproduit nos documents, M. Achenbach a fait les frais d'une émission de quatre-vingt-dix minutes que la 2e chaîne télévisée allemande a consacrée sans complaisance à son passé. En donnant notamment la parole au Pr Ralf Dahrendorf, membre du comité directeur du FDP et représentant de la République fédérale allemande à la commission du Marché commun : « Je n'aime pas me poser en juge, mais je suis sûr, d'après mes conversations de Bruxelles et de Strasbourg, que M. Achenbach rendrait service à l'Europe et aux libéraux en épargnant à l'Assemblée parlementaire l'embarras de sa présence. »

Un autre commissaire allemand, M. Wilhelm Haferkamp, a, de son côté, révélé qu'il s'était opposé, le 11 avril 1970, à la désignation de M. Achenbach au poste de M. Dahrendorf et qu'il approuvait la pétition – en cours de signature – des fonctionnaires des institutions communautaires des Neuf demandant son exclusion du Parlement européen, où il est vice-président du groupe des libéraux et apparentés. Le député républicain indépendant du Nord, M. Jean Durieux, qui préside ce groupe, a lui-même signé la déclaration sur la nécessité de rechercher et de juger les criminels de guerre. Partout où ils seront.

Pour la fin de carrière de M. Achenbach, le compte à rebours a commencé.

Jacques Derogy
22 juillet 1974

Beate et les robots

Elle s'appelle Beate. Beate Klarsfeld. Elle a 35 ans. Elle est allemande. Et elle se bat. Contre l'injustice. Contre le nazisme. À Cologne, en République fédérale, en 1974.

On vient de l'y condamner à deux mois de prison ferme. Pour avoir tenté d'enlever Kurt Lischka et de le livrer à la justice française. Lischka, qui est-ce ? Aujourd'hui, un citoyen au-dessus de tout soupçon : 64 ans, fondé de pouvoir d'une société d'import-export, estimé de la bonne société de Cologne. Hier, pourtant, il était Obersturmbannführer SS, chef adjoint de la police de sécurité en France et chef de la Gestapo de Paris de 1940 à 1943. Au temps de l'affiche rouge et de la rafle du Vél'd'Hiv. C'est le responsable numéro 1 de la déportation de cent mille Français juifs, des représailles et des exécutions d'otages.

En 1950, un tribunal français condamne Lischka à la détention perpétuelle par contumace. Mais, au lieu de purger sa peine, il coule des jours paisibles outre-Rhin. Grâce à une anomalie juridique, résultat des accords germano-alliés de 1954. Car l'Allemagne ne peut rejuger les nazis réinstallés chez elle et déjà condamnés en France par contumace. Et comme elle n'extrade pas ses propres nationaux, ceux-ci jouissent d'une totale impunité.

Certes, en 1971, la France et la RFA ont bien signé une convention pour remédier à cela. Pour habiliter les tribunaux allemands à rejuger les quelque trois cents criminels de guerre placés dans cette situation. Mais le Parlement de Bonn n'a toujours pas autorisé la ratification de cet accord. La procédure reste bloquée au Bundestag, surtout par l'obstruction de son rapporteur. Ce député prompt à temporiser, qui est-ce ? Ernst Achenbach, directeur du service politique de l'ambassade d'Allemagne à Paris de 1940 à 1943. Aujourd'hui, l'honorable parlementaire déclare sans détour : « En tant que rapporteur, j'examinerai le projet de ratification avec soin, et cela durera longtemps, très longtemps. »

Alors, pour dénoncer cette non-ratification, pour rompre le silence et cette chaîne des complicités, Beate Klarsfeld organise cette action spectaculaire contre Lischka.

Résultat : un procès lunaire, où tout marche à l'envers. Voici donc l'ex-chef de la Gestapo en témoin à charge. Voici donc, au banc des accusés, celle qui réclame justice pour des millions de morts. Incroyable inversion des rôles, à l'abri des codes, des lois et des procédures. Incroyable instance : Kafka multiplié par Ubu. Un président de tribunal, hautain et agacé, complaisant pour un criminel de guerre, mais refusant d'entendre une partie des témoins français cités par la défense pour représenter les victimes du IIIe Reich. Un garde qui jette à terre un ancien déporté. Et ce verdict – stupide, indécent – qui frappe la jeune femme le jour même où MM. Schmidt et Giscard d'Estaing reconnaissent la légitimité de sa lutte.

De nouveau, des Allemands se transforment en robots pour appliquer la loi mécaniquement. Comme d'autres, de 1933 à 1945, exécutaient mécaniquement les ordres reçus. Sans se poser de questions, sans cas de conscience. Dévoués et diligents. En fonctionnaires de la mort, en intendants de l'absurde. Simples rouages de la machine d'État.

Car qui étaient-ils, à l'origine, ces Eichmann, ces Lischka ? Des monstres échappés de Lautréamont ? Non. Des ronds-de-cuir du génocide sortis d'un Courteline sanglant. Des bureaucrates besogneux, d'une rare médiocrité, d'une rare humilité envers leurs supérieurs hiérarchiques. Pour eux, les ordres étaient les ordres. Ce qui comptait par-dessus tout, c'était l'obéissance à l'État et à ses lois, quelles qu'elles fussent. Le fascisme, c'est d'abord cela : l'extrême banalité du crime. Avec des hommes réduits à l'état d'automates, qui s'épargnent la peine de penser, le risque de douter.

C'est pourquoi le fascisme est universel. Comme la bêtise. C'est pourquoi il reparaît. Partout où des hommes préfèrent idolâtrer un chef ou un système, plutôt que de réfléchir par eux-mêmes, en citoyens libres et responsables. Alors, les nouveaux Lischka sont légion. Au Chili du général Pinochet, où l'on tue, où l'on torture. En Bolivie, où Klaus Barbie, le tortionnaire de Jean Moulin, prospère dans l'ombre du général Banzer. En Syrie, où 4 500 Juifs persécutés servent d'otages. Dans l'Ouganda d'Idi Amin. Dans tous les camps de détention du monde. À l'Est comme à l'Ouest.

Ce qui frappe, devant ce fascisme rampant, c'est la formidable régression de la morale publique. Jadis, on se soulevait pour *une* injustice, pour *un* innocent : pour Calas, pour Dreyfus. Aujourd'hui, où est Voltaire, où est Zola ? Ici et là, les victimes se comptent par milliers, et le monde se tait. L'opinion verse dans l'indifférence ou dans la complaisance. C'est la mode politique rétro : les bourreaux dédouanés – de *Lacombe Lucien* à *Portier de nuit* –, l'apologie de la collaboration, la nostalgie des années 40. Milice de roman, SS de Cinecittà, Luna-Park funèbre : jusqu'où descendra-t-on cette pente ?

Ceux qui oublient le passé se destinent à le revivre. C'est le sens du cri lancé, avec tant de courage, par Beate Klarsfeld. Pour réveiller l'opinion publique qui dort, en Allemagne et ailleurs. Cette voix témoigne. Et rien ne la fera taire. Car c'est la voix de la vérité et de la morale. Aussi, à l'heure où la justice allemande se condamne en vous condamnant, puissiez-vous, Madame, accepter nos hommages.

Roger-Gérard Schwartzenberg
15 juillet 1974

« À Auschwitz, on n'a gazé que les poux »

Une interview de Darquier de Pellepoix, ex-commissaire aux Questions juives du gouvernement de Vichy.

Un petit commerçant de Cahors, portant monocle et particule usurpée, est un des grands responsables de la déportation de 75 000 Juifs de France. Aujourd'hui encore, il ne regrette rien.

Car Louis Darquier de Pellepoix, commissaire général aux Questions juives de mai 1942 à février 1944, n'est pas un fantôme du passé.

Il vit dans un village des confins de l'Estrémadure et de l'Andalousie. Alors que va s'ouvrir à Francfort le procès de Kurt Lischka, l'un des patrons de la Gestapo en France, Darquier, organisateur minutieux de la Grande Rafle du Vél' d'Hiv, en 1942, s'explique dans un entretien avec Philippe Ganier-Raymond.

Il faut le lire plutôt deux fois qu'une.

L'Express : Monsieur, il y a tout juste trente-six ans, vous avez livré aux Allemands 75 000 hommes, femmes et enfants. Vous êtes l'Eichmann français.

Louis Darquier de Pellepoix : Qu'est-ce que c'est que ces chiffres ?

L'Express : Tout le monde les connaît. Ils sont officiels. On les trouve aussi dans ce document. (*Je lui montre, ouvert à la bonne page, le* Mémorial de la déportation des Juifs de France*, de Serge Klarsfeld.*)

L. Darquier : J'en étais sûr : un document juif. Et re-voilà la propagande juive ! Bien entendu, vous n'avez rien d'autre à me montrer que des documents juifs. Et pour cause : il n'en existe pas d'autres.

L'Express : Oh, que si ! Des centaines, des milliers d'autres, qui n'ont pas été inspirés par les organisations juives. Cela dit, vous pouvez peut-être admettre que les Juifs se soient intéressés à la disparition de 6 millions d'entre eux.

L. Darquier : Ce chiffre est une invention pure et simple. Une invention juive, bien sûr. Les Juifs sont comme ça : ils sont prêts à n'importe quoi pour se faire de la publicité.

L'Express : Vous pensez vraiment ce que vous venez de dire ? Vous pourriez le répéter ?

L. Darquier : Ah, je vois ! Vous aussi, vous êtes intoxiqué. Mais vous êtes donc tous aveugles… Vous ne voulez pas comprendre que les Juifs n'ont qu'une idée en tête : mettre la pagaille partout. Et dans quel but ? Vous le savez bien : faire de Jérusalem la capitale du monde. Il suffit d'ouvrir les journaux, aujourd'hui même, pour s'en rendre compte. Vous êtes venu ici m'accuser, mais…

L'Express : Non. Je ne suis pas un procureur. Je ne suis pas non plus un chasseur de nazis. Je suis venu vous voir pour essayer de comprendre ce qui se passait dans une tête comme la vôtre il y a trente-six ans. Un point, c'est tout.

L. Darquier : Vous êtes un agent de Tel-Aviv.

L'Express : Un agent de Tel-Aviv, pour autant que vous l'intéressiez, ne perdrait pas son temps à vous poser des questions.

L. Darquier : En tout cas, vous, vous perdez votre temps. Je n'ai rien à vous apprendre.

L'Express : Vous vous trompez encore. Vous m'avez déjà appris quelque chose d'essentiel : vous êtes un cas à peu près unique. Vous ne dites pas : « J'avais des ordres. Je les ai exécutés. » Votre position ne semble pas avoir changé d'un iota depuis 1942.

L. Darquier : Vous croyez donc que la question juive date de 1942 ! Mais la question juive est un problème millénaire... Déjà, au Moyen Âge, l'Occident, la chrétienté luttaient contre la progression tentaculaire des Juifs. L'étoile jaune, ce n'est pas nous qui l'avons inventée. Si, au XIIe siècle, déjà, on a éprouvé le besoin de faire porter la rouelle aux Juifs, c'est qu'il y avait une raison. Quant à notre histoire récente, elle est entièrement conditionnée par la recherche de solutions au problème juif.

Tenez, une question : est-ce que vous vous êtes jamais demandé pour quelle raison il a fallu attendre si longtemps pour que soit appliquée la déclaration Balfour ? Est-ce que vous avez compté les guerres, compté les morts pour en arriver là où nous en sommes, aujourd'hui : l'établissement des Juifs sur un territoire litigieux ? Moi, lorsque le Maréchal m'a placé à la tête du commissariat aux Affaires juives, je me suis fixé un premier but. Un but humanitaire, notez-le bien : rendre la situation des Juifs français aussi confortable que possible.

L'Express : Vous n'êtes pas sérieux. À qui espérez-vous faire croire ça ?

L. Darquier : J'oubliais que vous êtes une malheureuse victime de la propagande juive. Et la propagande juive a toujours été fondée sur le mensonge. Toujours... Toujours... Je disais donc ceci : pendant les mois où j'ai été commissaire, j'ai passé le plus clair de mon temps à essayer d'éviter des ennuis à des Juifs. Il s'agissait de Juifs français, cela s'entend. Je prends un exemple. Entre nous, est-ce que vous croyez qu'il était nécessaire de déporter la famille Debré ?

L'Express : Non. Absolument pas. Ni les Debré ni personne…

L. Darquier : Le père Debré est demi-Juif, c'est une affaire entendue. Mais enfin, ces gens-là ont des états de service. Ce sont des Juifs qui ont choisi la France. Les déporter aurait été profondément injuste. Je vous ai cité ce cas-là, mais il y en a bien d'autres. D'une manière générale, je voulais que les Juifs français fassent bande à part.

L'Express : C'est tellement vrai que, au mois de février 1943, vous avez proposé au gouvernement de Vichy un certain nombre de mesures auxquelles les Allemands eux-mêmes n'avaient pas songé.

Déclaration de Louis Darquier de Pellepoix au Petit Parisien, *le 1er février 1943.*

« Je propose au gouvernement :

« 1. D'instituer le port obligatoire de l'étoile jaune en zone non occupée.

« 2. D'interdire aux Juifs, sans aucune dérogation, l'accès et l'exercice des fonctions publiques. Quels que soient, en effet, la valeur intellectuelle et les services rendus par un individu juif, il n'en reste pas moins qu'il est juif et que, par cela même, il introduit dans les organismes où il occupe une fonction, non seulement une résistance naturelle aux opérations d'aryanisation, mais encore un esprit qui modifie, à la longue, d'une façon profonde, la valeur de toute l'Administration française.

« 3. Le retrait de la nationalité française à tous les Juifs qui l'ont acquise depuis 1927… »

L. Darquier : Cette histoire d'étoile jaune en zone libre, je ne m'en souviens pas. Il doit s'agir encore de votre propagande juive...

L'Express : Absolument pas. C'est là, noir sur blanc, dans *Le Petit Parisien* du 1er février 1943.

L. Darquier : Peut-être... Peut-être... En tout cas, ç'aurait été une erreur. Parce que, vous savez, contrairement à ce qui a été beaucoup dit, l'étoile jaune n'était pas populaire.

L'Express : Et la dénaturalisation des Juifs, c'était une erreur ?

L. Darquier : Ah ça, non ! C'est bien de moi, ça...

L'Express : Votre prédécesseur au commissariat, Xavier Vallat, d'ailleurs jugé trop mou par les autorités allemandes, avait fixé à 1932 la date limite de naturalisation avant laquelle nul – en principe – ne tombait sous le coup des lois raciales[1]. Vous l'avez repoussée à 1927.

L. Darquier : Mais bien entendu ! Il fallait qu'il y en ait plus !

L'Express : Plus de Juifs déportés, c'est ça ?

L. Darquier : Évidemment. Il fallait à tout prix se débarrasser de ces étrangers, de ces métèques, de ces milliers d'apatrides qui étaient à l'origine de tous nos maux. Ils avaient voulu la guerre. Ils nous l'avaient amenée. Il fallait qu'ils s'en aillent. Le plus vite possible, le plus loin possible. C'est là le deuxième but que je m'étais fixé en prenant mes fonctions : envoyer tous ces gens faire chez eux ce qu'ils essayaient de faire chez nous !

L'Express : Comment ça, chez eux ? En 1942, le peuple juif n'avait pas de patrie !

1. Il s'agissait d'un décret purement formel : dès le mois de mars 1941, la police française arrêtait les Juifs français depuis 1897, pour les livrer aux Allemands.

L. Darquier : Je veux dire : là-bas, je ne sais où, en Pologne. Le projet était de leur donner un territoire quelque part par là. Ainsi, ils auraient cessé d'être des apatrides ! C'est ce que je voulais, moi : la fin du Juif errant. Qu'enfin, après deux mille ans, ces gens-là ne soient plus des étrangers partout ou ils se trouvaient.

L'Express : C'est stupéfiant. Pour un peu, vous m'expliqueriez qu'Auschwitz se situe dans le droit-fil de la Déclaration Balfour !

L. Darquier : Auschwitz... Auschwitz... Vous savez, on en a beaucoup raconté sur Auschwitz ! Il faudrait commencer par savoir ce qui s'est réellement passé à Auschwitz.

L'Express : Un million de morts. Parmi eux, d'innombrables enfants. Tous gazés.

L. Darquier : Non, non, non... Ça, vous ne me le ferez jamais croire. C'est encore cette satanée propagande juive qui a répandu et entretenu cette légende. Je vous répète que les Juifs sont toujours prêts à tout pour qu'on parle d'eux, pour se rendre intéressants, pour se faire plaindre. Je vais vous dire, moi, ce qui s'est exactement passé à Auschwitz. On a gazé. Oui, c'est vrai. Mais on a gazé les poux.

L'Express : Qu'est-ce que vous voulez dire ?

L. Darquier : Je veux dire que lorsque les Juifs sont arrivés au camp, on les a fait déshabiller, comme il est normal, avant de les conduire à la douche. Pendant ce temps-là, on désinfectait leurs vêtements. Après la guerre, les Juifs ont fait circuler partout des photographies montrant du linge entassé ou pendu à des fils. Et ils gémissaient... « Regardez, disaient-ils, c'est le linge de nos frères que l'ont a exterminés ! » C'était faux, bien sûr. Mais, que voulez-vous, ils sont comme ça, les Juifs. Il faut toujours qu'ils mentent.

L'Express : C'est bien ce que je disais : vous êtes unique dans votre genre. Eichmann lui-même ne niait pas l'existence de la Solution finale. Vous, si. Vous étiez pourtant au courant.

Note de service de l'Office central de sûreté du Reich IV B 4, 11 juin 1942.

Une conférence a eu lieu à laquelle assistaient, outre le soussigné SS Hauptsturmführer Dannecker, le responsables des sections juives de Bruxelles et de La Haye.

Objet. Des raisons militaires s'opposent, cet été, au départ des Juifs d'Allemagne vers la zone d'opération de l'Est. Aussi le Reichsführer SS a-t-il ordonné de transférer au camp de concentration d'Auschwitz une plus grande quantité de Juifs en provenance de l'Europe du Sud-Est ou des régions occupées de l'Ouest. La condition essentielle est que les Juifs, des deux sexes, soient âgés de 16 à 40 ans. 10 % des Juifs inaptes au travail pourront être compris dans ces convois.

Décision. Il a été convenu que 15 000 Juifs seraient déportés des Pays-Bas, 10 000 de Belgique et 100 000 de France, y compris la zone non occupée.

L'Express : Vous ne trouvez pas que ce simple texte, qui a nécessairement atterri sur votre bureau, implique, de manière à peine voilée, la Solution finale ?

L. Darquier : Non. Je vous répète que la Solution finale est une invention pure et simple. Est-ce que vous connaissez quelqu'un qui ait jamais vu, ce qui s'appelle vu, une chambre à gaz ?

L'Express : Des milliers de survivants d'Auschwitz. Sans compter les commissions d'enquête des Alliés après la guerre, et tous les visiteurs du musée d'Auschwitz. Moi, entre autres.

L. Darquier : Elle a été fabriquée après coup, votre chambre à gaz. Vous ne m'en ferez pas démordre.

L'Express : C'est probable, en effet. Vous n'en démordrez pas. Maintenant, ces photos, vous les avez déjà vues ? *(Je tente de lui faire voir des photographies montrant des corps de femmes et d'enfants que l'ont vient de sortir de la chambre à gaz. Il se détourne.)*

L. Darquier : Je ne veux même pas les voir. Ce sont des photos truquées. Vous savez, je suis très bien renseigné. Je sais qu'après la guerre les Juifs ont fabriqué des faux par milliers et, comme je vous le disais tout à l'heure, ils ont intoxiqué la terre entière avec ces faux. Vous êtes une de leurs victimes parmi des millions.

L'Express : Bon. Maintenant, pourriez-vous me dire ce que sont devenus ces gens-là ? *(Je feuillette devant lui le livre de Klarsfeld, une sorte d'annuaire de la déportation.)* Que sont devenus les milles déportés du 33e convoi – je prends cet exemple parmi d'autres – qui a quitté la gare de Drancy le 11 septembre 1942 ? Que sont devenus Daniel Belchatowski, 10 ans, Solange Grinsztein, 2 ans, Raymonde Hubermann, 7 ans ?

L. Darquier : Comment voulez-vous que je le sache ? Ce n'était pas mon boulot de savoir ce que devenaient les Juifs *après*. Mon travail était exclusivement administratif. J'étais un haut fonctionnaire français. J'ai toujours veillé à ce que le problème des Juifs en France soit résolu par les Français. Et, croyez-moi, ce n'était pas facile. Il fallait toujours louvoyer entre Pierre Laval et ce fou furieux de Dannecker. Entre ces deux-là, il était presque impossible de faire du bon boulot. Si c'était à refaire, je vous le dis tout de suite, je refuserais.

L'Express : Votre réponse appelle plusieurs questions. Voici la première : qu'entendez-vous exactement par faire du bon boulot ?

L. Darquier : Trier le bon grain de l'ivraie. Protéger les Juifs français, je vous l'ai déjà dit. D'ailleurs, je vais vous surprendre. Savez-vous que j'avais beaucoup d'amis juifs ? Par la suite, en raison des événements, ils ont cru bon de me battre froid. C'est la vie. Je ne leur en veux pas. D'autant plus que certains d'entre eux m'ont aidé, je vous raconterai cela plus tard. Pour revenir à votre question, faire du bon boulot, cela consistait à empêcher les Allemands de prendre en main les affaires juives. S'ils l'avaient fait, ç'aurait été la catastrophe.

C'est une bien heureuse décision que viennent de prendre le Maréchal et le président Laval en confiant à M. Darquier de Pellepoix le commissariat aux Questions juives… D'aucuns prétendent parfois que la lutte antijuive chez nous n'est qu'une pâle copie du racisme allemand.

Les niais ! Ne savent-il pas que de purs Français de France, et Darquier en est en, n'avaient rien à apprendre de quiconque à cet égard ?

André Chaumet, vice-président
de l'Association des journalistes antijuifs.

L'Express : Deuxième question. Pierre Laval. Quelles étaient vos relations avec lui ?

L. Darquier : Tout à fait cordiales.

L'Express : Il vous a quand même fait arrêter, le 26 février 1944, pour « irrégularités dans la gestion des biens séquestrés ».

L. Darquier : Mais non, voyons ! Où avez-vous encore été pêcher ça ? Laval ne m'a jamais fait arrêter. Nous avons eu des mots, parfois, c'est vrai, mais Laval était un brave type, il faisait très bien son boulot, lui. On a raconté beaucoup de choses sur Laval. On a été jusqu'à dire qu'il était juif portugais. Quelle blague ! Il était laid, ça c'est vrai. Bon Dieu, qu'il était laid, cet homme ! Mais il n'était pas juif pour un sou.

Il avait une sale tête d'Auvergnat, voilà la vérité. D'ailleurs, je l'appelais souvent « sale tête d'Auvergnat », et il ne s'en offusquait pas. C'est comme Pétain. On a raconté partout que Pétain combattait mon action, qu'il me haïssait. Mais, et d'une, c'est lui qui m'a nommé au commissariat, et de deux, il ne m'a jamais désapprouvé. Chaque fois que j'allais le voir, du plus loin qu'il m'apercevait, il s'écriait : « Tiens, voilà mon tortionnaire ! » Mais c'était pour rire. D'ailleurs, il riait. Et ça ne l'empêchait pas de me serrer la main. Pour ce qui est de Laval, c'était un brave garçon, très travailleurs, très compétent. Malheureusement, il faut bien le dire, il ne comprenait rien à la question juive.

L'Express : On entrera dans les détails tout à l'heure. Dannecker…

L. Darquier : C'était un malade mental. Je n'arrêtais pas d'avoir des ennuis avec lui.

L'Express : Quel genre d'ennuis ?

L. Darquier : Eh bien, c'était plus fort que lui : chaque fois qu'il voyait un Juif allemand sur une liste, il faisait tout ce qu'il pouvait pour lui épargner la déportation ! Jamais les Juifs apatrides n'ont eu de meilleur allié.

6 juillet 1942. Télégramme de Dannecker à Berlin, résumant son entretien du 1er juillet avec Eichmann au sujet des rafles futures.

« Il n'est question d'arrêter pour l'instant que les Juifs apatrides et étrangers. Dans une seconde phase, on s'attaquera aux Juifs naturalisés en France depuis 1919 ou 1927. »

L'Express : Il me semble, au contraire, que vous vous entendiez fort bien avec Dannecker. Tous les documents le prouvent.

L. Darquier : Absolument pas. Les Allemands n'arrêtaient pas de me mettre des bâtons dans les roues.

L'Express : Ah bon ! Alors, que signifie cette note du 29 mai 1943, adressée par Roethke, le successeur de Dannecker, à Knochen : « À plusieurs reprises, Darquier nous a demandé d'appuyer ses projets de loi, car, depuis longtemps, il a perdu tout espoir que le gouvernement français accepte un seul de ses projets » ?

L. Darquier : C'est encore un faux ! Un faux fabriqué après coup par les Juifs ! Ah, ces Juifs, ils sont impayables ! Ils sont capables de n'importe quoi pour fabriquer un bouc émissaire. Ils ont fait de moi un personnage de roman. Ils voulaient absolument tout me mettre sur le dos. Moi, qui les ai tant aidés ! Mais ils ne m'ont pas eu. Du reste, il était très difficile de m'avoir, puisque je suis mort deux fois…

L'Express : Comment ça ?

L. Darquier : Je vous vous raconter… En 1944, quand tout a commencé à craquer, je me suis mis à penser à ma propre santé. Un camarade m'a conduit à Toulouse, un autre m'a conduit à Bordeaux, et une troisième personne m'a fait passer en Espagne. Et puis la Libération est arrivée. Un beau jour, *ils* sont tombés sur quelqu'un qui me ressemblait de manière étonnante. C'était une période complètement hystérique, vous savez. On arrêtait n'importe qui, on fusillait au hasard. Alors, *ils* ont pris ce pauvre bougre, et la foule criait : « C'est Darquier ! C'est Darquier ! Fusillez-le ! » Tout à fait entre nous, j'ai toujours pensé qu'il y avait quelques amis à moi dans cette foule. Passons… Bref ! Ils ont fusillé ce pauvre malheureux à ma place. Et puis, quelques années ont passé. Ils ont découvert que j'étais bel et bien vivant. Alors, ils m'ont condamné à mort. Par contumace. Le 10 décembre 1947. Ils ne pouvaient pas faire autrement (*il rit un peu*).

Mais, depuis, laissez-moi vous dire qu'*ils* m'ont foutu une paix royale !

L'Express : On n'a jamais demandé votre extradition ?

L. Darquier : Jamais. Qu'allez-vous imaginer ? Au fond, je peux bien vous le dire : jusqu'à un passé récent, j'ai toujours entretenu les meilleures relations avec l'ambassade de France à Madrid. Nous nous voyions souvent. J'allais parfois à leurs réceptions.

Le 27 août 1978, le porte-parole du ministère de la Justice me déclare : « Louis Darquier de Pellepoix a été effectivement condamné à mort par contumace, le 10 décembre 1947, pour intelligence avec l'ennemi. Sa peine est prescrite depuis 1968. Seule, l'interdiction de séjour est maintenue à vie. »

L'Express : Si j'ai bien compris, l'auteur de la grande rafle de juillet 1942 ne s'est pas rendu coupable de crime contre l'humanité…

L. Darquier : D'abord, la grande rafle, comme vous dites, je n'y suis pour rien. Elle avait été décidée bien avant. Moi, j'étais au commissariat depuis quelques semaines. Je n'étais au courant de rien.

L'Express : Ce qu'il y a de terrible avec vous, c'est que, comme vous n'arrêtez pas de raconter des histoires effarantes, quiconque vient vous demander de simples informations est obligé de se transformer en accusateur. Vous n'étiez pas au commissariat depuis quelques semaines. Vous étiez à la tête de la répression antijuive depuis le mois de mai. Plus de deux mois ! Et vous aviez déjà pris des décisions qui étonnaient même les Allemands.

L. Darquier : La grande rafle, c'est drôle que vous veniez m'en parler. La grande rafle, c'est Bousquet qui l'a organisée. De A à Z. Bousquet était le chef de la police. C'est lui qui a tout fait. Maintenant, vous savez comment il a terminé, Bousquet ? Il a écopé de cinq ans d'indignité nationale. Il aurait aidé la Résistance ! Quelle farce ! Et il a terminé directeur de la Banque d'Indochine. Ah, il s'est bien débrouillé, Bousquet ! Pourtant, c'est lui qui organisait tout.

L'Express : Désolé de vous parler comme un flic, mais comment avez-vous passé les journées du 16 et du 17 juillet 1942 ?

L. Darquier : Qu'est-ce qui s'est passé de si extraordinaire, le 16 et le 17 juillet 1942 ?

L'Express : La grande rafle. Des milliers d'hommes, de femmes, et d'enfants entassés au Vélodrome d'Hiver avant d'être envoyés à Auschwitz.

L. Darquier : Vous comprendrez aisément que je ne me souvienne pas avec précision de ce que j'ai bien pu faire ce jour-là. Mais, selon toute probabilité, je me suis rendu à mon bureau, pour expédier les affaires courantes. Toujours, toujours, ces besognes administratives.

L'Express : Vous n'êtes pas allé au Vél' d'Hiv', voir ce qui s'y passait ?

L. Darquier : Bien sûr que non ! Pourquoi y serais-je allé ? Je vous répète que c'est Bousquet qui s'occupait de tout.

Compte rendu de la conférence de l'avenue Foch, le 4 juillet 1942. Étaient présents : Standartenführer Dr Knochen, SS Hauptsturmführer Dannecker, SS Obersturmführer Schmidt. Du côté français : Bousquet, secrétaire d'État pour la Police, Darquier de Pellepoix, commissaire français aux Questions juives.

« [...] *Une commission doit être constituée par les Français comprenant, à côté d'un représentant aux Questions juives, un représentant du secrétaire d'État à la Police... Bousquet a déclaré aussitôt que la direction de la Commission devra se trouver entre les mains du commissariat aux Questions juives... Il faut remarquer à ce sujet que Darquier de Pellepoix donnait presque l'impression d'être atterré par l'acceptation d'une telle responsabilité. »*

L. Darquier : Hé oui ! Il fallait bien que quelqu'un fasse ce travail. Si cela n'avait pas été moi, ç'aurait été quelqu'un d'autre. Un Allemand, peut-être.

L'Express : Vous étiez l'homme des Allemands. Ce sont eux qui vous ont imposé.

L. Darquier : Encore une légende. C'est le Maréchal qui m'a désigné au commissariat. En pleine connaissance de cause. En sachant très bien que moi seul – plus quelques autres – étais capable de mener à bien la lutte antijuive dans le cadre de la loi française.

L'Express : Ce qui ne vous empêche absolument pas d'aller vous plaindre chez les Allemands quand le gouvernement de Vichy, effrayé, refuse vos propositions.

L. Darquier : Faux ! Faux ! Archifaux ! Vous n'avez pas le droit de dire une chose pareille ! On a le droit d'être intoxiqué par la propagande juive, mais à ce point...

L'Express : Vous avez bel et bien écrit ceci : « Je ne crois pas, en mon âme et conscience, que l'État français puisse procéder à cette rénovation nationale. Ce qu'il faut, et mon cœur de Français m'oblige à vous le demander à vous, Allemands, c'est que vous preniez le gouvernail de la France, en nous permettant d'agir nous-mêmes. » On a beau fouiller dans les archives de toute l'Europe occupée, on ne trouve pas un seul autre exemple d'une telle servilité envers les nazis. Vous réclamiez un Gauleiter !

L. Darquier : C'est tout le contraire. Je donnais le change. En faisant mine de les suivre, de précéder leurs désirs, je conservais en main (dans les mains françaises) les rênes de la lutte antijuive. Laval, lui, ne comprenait pas du tout cette stratégie. Il n'a commis que des bourdes, à cet égard…

L'Express : Revenons à la grande rafle.

L. Darquier : Si vous voulez. Mais je n'ai vraiment rien d'autre à ajouter.

L'Express : Si. Les enfants. J'ai ici un document. Une note de service de la Gestapo. Elle est annotée par Dannecker.

L. Darquier : Ce fou !

L'Express : Cette note est la traduction en allemand de votre rapport après la rafle du Vél' d'Hiv'. Vous vous plaignez que seulement 8 980 personnes aient été arrêtées. Et Dannecker écrit en marge : « Cela prouve bien l'activité de Darquier. » Et, plus loin, il ajoute : « Plus de 4 000 enfants. » Monsieur, que sont devenus ces enfants ?

L. Darquier : Ce n'est pas moi… Je ne suis pas responsable… C'est Laval. Je me tue à vous répéter qu'il ne comprenait rien à la question juive. Vous savez ce qu'il a fait, Laval ? Quand on lui a parlé d'une déportation massive, il a dit : « Surtout, ne séparez pas les enfants de leurs mères. » C'est lui qui a exigé que les enfants soient déportés avec leurs parents. Une ânerie. Moi, je voulais que les enfants soient recueillis par l'Assistance publique.

L'Express : Parfaitement exact.

Télégramme urgent de Dannecker à Berlin (destinataire inconnu) résumant les positions de Laval. 6 juillet 1942.

« Les pourparlers avec le gouvernement français ont abouti jusqu'à ce jour au résultat suivant :

« Le président Laval a proposé, lors de la déportation des familles juives de la zone occupée, d'y comprendre également les enfants âgés de moins de 16 ans. La question des enfants juifs restant en zone occupée ne l'intéresse pas. Je vous demande de prendre une décision d'urgence, par télégramme, afin de savoir

si, à partir du quinzième convoi de Juifs, les enfants au-dessous de 16 ans pourront également être déportés… »

L. Darquier : Vous voyez bien : ce n'était pas moi.

L'Express : Je note que vous ne contestez pas ce document-là. Et celui-ci ?

Première réunion du Comité d'organisation des rafles. Présents à cette réunion : Dannecker, Heinrischsohn, Darquier de Pellepoix, etc. 8 juillet 1942.

« En ouvrant la séance, Darquier de Pellepoix signale que les autorités d'occupation se sont déclarées prêtes à débarrasser l'Etat français des Juifs et que l'on se réunit pour discuter de la réalisation technique de la déportation… Il s'agit d'arrêter à Paris environ 28 000 Juifs… Les inspecteurs de la police antijuive et des auxiliaires féminines sortent leurs fiches et les classent par arrondissement… Les Juifs seront ensuite rassemblés dans les différentes mairies et transportés au lieu de rassemblement (Vél' d'Hiv'). »

L. Darquier : Bon. Sur le papier, j'étais responsable de ce qui s'est passé. Mais, en réalité, c'était Bousquet qui poussait à la roue. Avec sa sale police ! Ah, je n'en voulais pas de police antijuive ! Je voulais une police française, qui aurait pris ses responsabilités, comprenez-vous ? Mais rien faire !

L'Express : Vous maintenez que vous n'êtes pour rien dans la grande rafle ?

L. Darquier : Absolument. Je n'étais qu'un fonctionnaire. J'étais si loin de la réalité des choses. Et j'étais tellement occupé à sauver les bons Juifs, les Juifs français…

23 juillet 1942. Lettre de Darquier de Pellepoix à Laval.

« [...] *Le commissariat général aux Questions juives a été chargé de mettre à la disposition des autorités allemandes 32 000 Juifs et Juives (22 000 en zone occupée et 10 000 en zone non occupée)... Ces mesures furent appliquées les 16 et 17 juillet et donnèrent les chiffres suivants : 3 095 hommes, 5 885 femmes.*

« [...] *Les entretiens que j'ai eus aujourd'hui avec les autorités d'occupation m'ont permis de constater chez celles-ci un vif mécontentement. Le nombre de trains prévus à cet effet par les autorités allemandes correspond au transport de 32 000 Juifs.*

« [...] *Je me permets de proposer des mesures supplémentaires suivantes : 1. Arrestation de tous les Juifs apatrides* [...] *2. Arrestation des Juifs belges et hollandais et de tout Juif étranger sans passeport de date récente.* [...] *3. Si, après application de ces deux mesures, le chiffre prévu n'était pas encore atteint, il serait opportun d'envisager de le compléter en ayant recours aux Juifs et aux Juives dont la naturalisation française date d'après le 1er janvier 1927.* »

L'Express : C'était une obsession, chez vous, cette année 1927. On retrouve cette date dans presque toutes vos déclarations. Pourquoi ?

L. Darquier : Parce que c'est entre 1927 et 1936 que s'est produite chez nous la grande ruée des apatrides, des gens qui venaient de partout et de nulle part. Des gens qui voulaient nous ruiner. Des gens qui voulaient que nous fassions la guerre à leur place. Et qui, surtout, ne voulaient surtout pas que l'on préparât la guerre. Des gens qui voulaient notre défaite, qui voulaient notre ruine. Vous êtes trop jeune : vous ne savez pas ce que c'était que l'avant-guerre.

L'Express : Je sais une chose, en tout cas : en 1935, un an avant le Front populaire, un homme comme vous est élu au conseil municipal dans le XVIIe arrondissement. Et sur quel programme, unique ? L'antisémitisme.

L. Darquier : Faux. J'ai été élu sur un programme na-tio-na-liste ! C'est entièrement différent. Et puis, d'abord, le mot antisémite est une impropriété...

L'Express : Dieu sait pourtant si vous l'avez employé !

L. Darquier : Possible ! Mais c'était une erreur. Après tout, les Arabes, eux aussi, sont des sémites. Ne pas confondre... Mais je voudrais que vous sachiez ceci, cher monsieur, en 1935, après l'affaire Stavisky et tout le reste, être nationaliste impliquait que l'on était antijuif. À cause de la corruption, et de cette emprise juive sur tous les moyens d'expression. À l'époque, il n'existait qu'une presse dégagée de l'emprise juive : la presse de droite ! Et, j'y reviens, ils voulaient la guerre, les Juifs. Moi, je m'étais battu en 14, j'avais fait ce que l'on appelle une « très belle guerre ». Je n'avais aucune intention de remettre ça. Et, en plus, pour être battu ! D'ailleurs, un Juif – ça va vous faire plaisir –, Georges Mandel lui-même, écrivait dans les années 30 : « Ce sont les démocraties qui déclarent les guerres. » Pour qu'un Juif...

L'Express : ... Que vos amis de la Milice ont assassiné...

L. Darquier : C'est beaucoup plus compliqué que cela... Pour qu'un Juif, donc, en vienne à avouer une chose pareille, il faut que ce soit vrai. Vous ne croyez pas ? Donc, les Juifs voulaient la guerre. Moi, je n'en voulais pas. Ou alors, si l'on voulait la guerre, il fallait la préparer sérieusement. Mais les Juifs, justement, sous couleur de pacifisme, s'y refusaient. Voilà pourquoi j'étais antijuif.

L'Express : Ça vous est venu quand ? Où ?

L. Darquier : Il faut vous dire que je suis de Cahors. À Cahors, on n'a jamais aimé les Juifs. C'est comme ça. Une vieille tradition. Ça doit remonter au Moyen Âge. Mais je vous répète que je n'ai pas été élu sur un programme anti-juif. Il existait un courant national. Ce courant m'a élu sans doute en raison de mon comportement le 6 février 1934. Tenez, regardez. (*Il relève son pantalon et me désigne un trou dans son mollet droit.*) Celle-là, je ne l'ai pas attrapée dans les tranchées. Je l'ai reçue le 6 février. Les Parisiens savaient que je me battais pour mes idées. Physiquement. Ça a dû les impressionner.

Juin 1936. Séance au conseil municipal de Paris.

M. Darquier de Pellepoix, parlant de M. Georges Hirsch : « Si j'ai fait un distinguo entre les Juifs, j'en fais maintenant un autre en disant que vous êtes un sale petit Juif… Le peuple le plus raciste du monde, ce sont les Juifs… Tant que vous ne serez pas débarrassé de ces gens-là, une menace pèsera sur l'existence nationale du pays… »

L'Express : Avouez que, pour les nazis, vous étiez un homme rêvé. Dès 1936, vous réclamiez en plein Paris des mesures – la dénaturalisation, entre autres – qu'ils n'osaient pas imposer eux-mêmes en 1942.

L. Darquier : Encore une fois, vous n'avez aucune idée de l'atmosphère de ce pays dans les années 30. Les Juifs étaient partout. Ils avaient tous les leviers de commande. Quand j'ai giflé Léon Blum – oui, j'ai publiquement giflé Léon Blum, et je ne le regrette pas… – c'était un geste naturel, un geste que beaucoup d'autres Français rêvaient de faire. On ne pouvait pas, à l'époque, aimer son pays, vouloir la paix, sans se dresser contre les Juifs. Impossible ! Mais je dois dire quand même que les Français sont de drôles de zigotos. Ils ont une sensibilité épidermique aux variations démographiques. Quand il y a trop de Juifs, quand ils se sentent cernés, pressurés par les Juifs, ils se mettent à hurler : « Dehors les Juifs ! » Éventuellement, ils descendent dans la rue. Mais tuez-leur cinquante Juifs, et les voilà qui poussent les hauts cris. Je dirais des Français en général que ce sont des antijuifs modérés.

L'Express : Il reste que ces antijuifs modérés vous ont élu haut la main. En 1935. Un monsieur, vous-même, qui devait déclarer à la salle Wagram, dans un meeting, le 11 mars 1937 : « Il faut de toute urgence résoudre la question juive. Que les Juifs soient expulsés, ou qu'ils soient massacrés. » Même à Nuremberg, dans ces temps-là, il me semble que l'on y mettait – verbalement – plus de formes…

L. Darquier : C'était une image. Moi, vous savez, je n'ai jamais voulu la mort de personne.

L'Express : Pas même la mort des Juifs que vous avez envoyés à Auschwitz ?

L. Darquier : Je voulais qu'ils débarrassent le plancher, le reste ne m'importait pas. Ce n'était pas mes oignons.

L'Express : Je trouve qu'il y avait, chez vous, une recherche pointilleuse dans la persécution tout à fait singulière. Ainsi, vous rédigez, le 9 septembre 1942, la note de service suivante :

Le commissaire général a remarqué que, dans la correspondance de certains services, les Juifs étaient dénommés « israélites ». L'emploi de cette dénomination est dû à l'influence juive, qui, en interdisant le mot « juif », a réussi à matérialiser, dans les termes, le moyen principal de défense de la juiverie, qui consiste à prétendre que le problème juif n'est qu'un problème religieux. Au commissariat général aux Questions juives, un Juif doit être appelé un Juif, et on ne doit pas écrire « Monsieur Lévy » ou « Monsieur Dreyfus », mais le « Juif Lévy », ou le « Juif Dreyfus »…

Signé : Darquier de Pellepoix.

Notifié à tous les services de Vichy.

L. Darquier : Et alors ? Que trouvez-vous à redire ? Les Juifs ne constitueraient pas une race ? Il ne serait pas vrai qu'ils se dissimulent derrière une prétendue religion pour perpétrer leurs forfaits sur toute la surface du globe ? Vraiment, je ne vois pas ce que vous avez à reprocher à cette note. Elle est parfaitement anodine. Il n'y a pas là trace de persécution, comme vous dites.

L'Express : Qui parle de race, en 1942, en France, pour désigner des individus ou pour désigner un peuple, se rend complice d'un génocide. Non ?

L. Darquier : Mais, enfin, il n'y a pas eu génocide, bon sang de bonsoir ! Il faut vous sortir cette idée-là de la tête.

L'Express : Savez-vous que, bientôt, en Allemagne, va se dérouler le procès de Kurt Lischka. Je sais de bonne source que le tribunal de Francfort serait heureux de recueillir votre témoignage.

L. Darquier : Vous dites Lischka ? Qui est ce bonhomme ?

L'Express : En gros, le chef de la Gestapo à Paris, entre 1940 et 1943.

L. Darquier : Je vois, un petit fonctionnaire allemand. J'ai dû le rencontrer deux ou trois fois. Mais il y a décidément quelque chose que vous n'arrivez pas à comprendre : je rencontrais très peu d'Allemands.

L'Express : C'est bien cela qui est terrifiant. Vos décisions n'auraient pas été directement dictées par Berlin. Vous savez ce qu'a déclaré Knochen au magistrat instructeur, le 4 janvier 1947, juste avant son procès ?

L. Darquier : Knochen n'était pas un fou, comme Dannecker. Je tiens absolument à le préciser.

L'Express : Knochen a dit : « À partir de l'arrivée de Darquier de Pellepoix, le commissariat général aux Questions juives a fait de l'excès de zèle, allant au-devant de nos désirs et pratiquant à l'occasion la surenchère. »

L. Darquier : Mais bien sûr... Mettez-vous un peu à la place de ce type. Il va être jugé, alors il raconte n'importe quoi pour sauver sa peau. C'est normal. C'est humain...

L'Express : Et puis, il y a la fameuse rencontre à Paris entre Heydrich, Bousquet et vous, en mai 1942, le jour même de votre nomination. Qu'est-ce que vous vous êtes raconté, Heydrich et vous ?

L. Darquier : D'abord, je ne voulais pas rencontrer ce bonhomme-là. Mais Knochen a insisté, et j'ai fini par accepter, en me disant qu'après tout mieux valait savoir ce que Heydrich avait dans le ventre. J'y suis donc allé. Nous nous sommes serré la main. Nous avons échangé quelques mots. Nous nous sommes vus cinq minutes, en tout et pour tout.

L'Express : Vous n'avez pas parlé, ce jour-là, des mesures à prendre dans les semaines et les mois à venir ?

L. Darquier : Non. J'ignore complètement ce qu'il a bien pu dire à Bousquet et ce que Bousquet lui a dit, mais, pour ce qui concerne ma propre conversation avec Heydrich, je vous assure qu'elle fut parfaitement anodine.

L'Express : Je résume : Bousquet et vous aviez reçu carte blanche des Allemands pour mener à bien la répression antijuive, les arrestations, les rafles. Fallait-il qu'ils vous fassent confiance ! Et, pour finir, ces mêmes Allemands vous aident à passer en Espagne...

L. Darquier : C'est inexact. Ce sont des Français qui m'ont sauvé. Mais puisque vous en venez à cette période, je vais vous surprendre. Savez-vous qui m'a fait passer de Bordeaux en Espagne, par la montagne ? Une femme, une demi-Juive, elle portait d'ailleurs le nom juif de son père. Je l'ai revue, plus tard, à Barcelone, nous sommes restés très liés, jusqu'à sa mort. Ça vous épate, hein ? Et, tout à l'heure, je vous ai dit qu'on m'avait foutu une paix royale. Savez-vous grâce à qui ? À des Juifs, pour une bonne part. De bons Juifs français, que j'avais aidés dans la période difficile. Entre autres, un certain Worms. Je ne vous en dis pas plus…

L'Express : Ainsi, contrairement à ce que l'on dit beaucoup, loin de faire fortune avec les biens juifs, vous auriez permis à certaines grandes familles de conserver leur richesse ? Vous auriez fait envoyer à Auschwitz les fourreurs du XIe arrondissement, et vous auriez protégé les grands capitalistes du XVIe ? Au fond, ce n'est pas illogique…

L. Darquier : Je refuse de répondre à ce genre de questions. Je vous rappelle que ma peine est prescrite.

L'Express : Donc, vous arrivez en Espagne…

L. Darquier : Oui. Et, au début, ma femme et moi, nous étions pauvres comme Job. J'ai lu, je ne sais plus où, que j'avais monté une affaire de bretelles. C'est faux. Des bretelles, j'en ai vendu, c'est bien vrai, mais à la criée, dans les jardins du Retiro, à Madrid. Mais, heureusement, la dèche n'a pas duré bien longtemps. C'est que j'avais conservé de bons amis en Espagne, du temps de la Guerre civile. Des militaires. Ils m'ont aidé. Ils m'ont remis sur mes rails. Ils m'ont protégé.

L'Express : Quels militaires ?

L. Darquier : Vous ne saurez pas. J'ai horreur de la délation, cher monsieur[1]. Je vous dirai que je suis devenu traducteur officiel de l'Oficiana diplomatica. C'est moi qui traduisais les discours officiels des ministres de Franco. J'ai aussi traduit *Le Livre rouge de Gibraltar.* Plus tard, j'ai pu monter ma petite école de langues.

L'Express : Et pendant très longtemps vous étiez même, sous votre propre nom, dans l'annuaire de Madrid, c'est

1. Le protecteur de Darquier était le général Barroso Sanchez-Guerra.

vrai… Vous avez eu quand même plus de chance que Laval. Lui, les Espagnols l'ont extradé.

L. Darquier : Pas du tout. S'il était resté à Madrid, bien tranquille, comme moi, il ne lui serait rien arrivé. Mais sa femme, un beau jour, lui a dit : « Rentrons. Tu n'as rien fait. Ils n'oseront pas te toucher. » Et il est rentré, pour faire plaisir à sa femme. Vous connaissez la suite. Ils l'ont fusillé, le pauvre vieux… Pauvre sale tête d'Auvergnat…

L'Express : En trente-quatre ans, personne n'est venu vous voir, personne n'a essayé de s'emparer de vous, personne ne vous a menacé ?

L. Darquier : Jamais personne… Ah, si… Il y a trois ans, quelqu'un, une voix française, m'a téléphoné pour m'injurier. Il disait : « Salaud ! On va te faire la peau. » J'ai eu peur. Pas tellement pour moi. Pour ma famille. J'ai appelé aussitôt mes amis militaires pour leur demander une protection particulière. Ils me l'ont aussitôt donnée. Depuis, rien !

L'Express : Est-ce qu'il vous arrive parfois d'avoir des regrets ? Des remords ?

L. Darquier : Regrets de quoi ? Je ne comprends pas votre question.

Philippe Ganier-Raymond
28 octobre 1978

Post-scriptum à l'Affaire

L'affaire Darquier de Pellepoix a pris une telle dimension que Jean-François Revel a souhaité que je m'exprime aussi à titre personnel, puisqu'il a été écrit, ici et là, que je n'étais pas d'accord avec lui – divergence d'opinion que nous jugeons l'un et l'autre normale et qui ne compromet pas notre collaboration amicale.

Absent de Paris au moment où la décision fut prise, je ne connus pas le texte à l'avance et le comité éditorial ne put en discuter. J'ai lu les propos de Darquier dans les mêmes conditions que les lecteurs de *L'Express*. Quand je reçus le numéro, immédiatement, sans réfléchir, presque par instinct et par émotion, je fus *contre*. Si l'on m'avait demandé pourquoi, j'aurais probablement répondu : parce que l'on n'offre pas une tribune à ce fourrier des camps de concentration ou des chambres à gaz, parce que les victimes de ce vieillard non repenti seraient blessées jusqu'au fond de l'âme par ses propos, rapportés en apparence comme ceux d'un interlocuteur avec lequel on échange des idées.

Pour un lecteur de bonne foi, il n'y avait pas le moindre doute ni sur les sentiments de Philippe Ganier-Raymond ni sur ceux des responsables de *L'Express*. Depuis lors, des personnalités insoupçonnables approuvèrent le principe, sinon les modalités de la publication. En revanche, les lecteurs qui s'adressèrent à moi, hors d'eux-mêmes d'indignation ou de colère, n'imaginaient pas d'autre motif à la publication de ce texte qu'un intérêt commercial sordide. En quoi ils se trompent : Jean-François Revel n'obéit qu'à sa morale de l'information.

L'article incroyable de Pierre Viansson-Ponté dans *Le Monde* mit le feu aux poudres. Il était légitime de déplorer le retour sur la scène du commissaire aux Questions juives de 1942, dont le nom seul rouvre les blessures à peine cicatrisées et bouleverse tous ceux, Juifs ou non, atteints en eux-mêmes ou dans leurs affections par les horreurs dont un Darquier s'obstine à nier la réalité. Il était légitime de regretter l'absence de commentaires plus précis ou d'un rappel des chiffres et des faits. Mais écrire que « les déclarations faites à *L'Express* par Darquier de Pellepoix marquent en effet un considérable pas en avant vers la résurgence du racisme », c'est, en vérité, déraisonner. Bien loin que ces propos aient « accentué la campagne de réhabilitation du nazisme », bien loin « qu'ils s'inscrivent dans la tentative systématique actuellement menée pour obscurcir une période dramatique de l'Histoire contemporaine », l'affaire Darquier de Pellepoix a eu l'effet exactement contraire. Ceux qui ont vécu ces années noires, aussi bien que les jeunes qui les connaissent peu ou mal, ont éprouvé le même dégoût.

Unanimité contre Darquier, débat passionné entre partisans et adversaires de la publication de l'interview, l'affaire n'avait nul besoin des déclarations du président de la République, de la lettre du Premier ministre aux directeurs de chaînes de télévision, de l'action judiciaire ordonnée par le garde des Sceaux contre les délits commis par Darquier dans l'interview. Pour tout dire, cette surréaction finit par surprendre l'étranger et prêter à des interprétations peu flatteuses. Le peuple français refoule-t-il à ce point les souvenirs de l'Occupation et découvre-t-il avec consternation qu'il y eut non pas seulement des collaborateurs, mais des nazis nés à Cahors et enfermés dans leur délire ?

La déclaration de l'Élysée était offensante pour quelques-uns. Le pouvoir temporel n'est pas investi du pouvoir spirituel. Chacun peut se tromper et il n'y a pas d'arbitre suprême sur cette terre. Devant les cas de conscience, du haut en bas de l'échelle, tous les hommes sont égaux.

À l'Académie française, c'est en présence du président de la République que le garde des Sceaux prononça l'éloge d'un écrivain, d'un talent incontestable, qui appartenait au cabinet de Pierre Laval au temps où ce dernier souhaitait publiquement la victoire de l'Allemagne, au temps où Darquier accomplissait ses basses œuvres. Convenance de l'oubli ?

L'expression de Simone Veil, la « banalisation du nazisme », est reprise de tous les côtés. Expression équivoque. À mesure que les années de l'Occupation s'enfoncent dans le passé, les historiens prennent la relève des contemporains et s'efforcent de juger équitablement tous les auteurs du drame français, de corriger la légende trop flatteuse pour les Français, ou pour certains Français, trop sévère pour d'autres. Depuis 1945, il y a eu dans le monde tant de massacres, de tortures, de camps de concentration que bien des crimes nazis cessent, hélas ! d'apparaître hors du train des choses humaines. Par la collectivisation agraire et la grande purge, Staline a tué plus de millions d'êtres humains que Hitler lui-même.

Pour parer au risque de banalisation, il faut mettre l'accent sur ce qui appartient au nazisme seul, l'holocauste, l'extermination délibérée, industrielle, d'un peuple entier, les Juifs, les tsiganes. Ce qui est banal, malheureusement, c'est le racisme, le mépris ou l'hostilité dont témoignent les membres d'un groupe ethnique aux membres d'un autre groupe, que la couleur de peau soit différente ou non. Les propos de Darquier, bien loin de nous ramener au racisme banal, faisaient apparaître, sous une lumière crue, la singularité du nazisme, la volonté de tuer ceux que l'on hait et dont on ne reconnaît pas l'humanité. Quand Darquier affirme que l'on n'a gazé que les poux, il se révèle lui-même : il ne distingue pas entre les poux et les Juifs.

L'affaire Darquier aura-t-elle, en dernière instance, des conséquences favorables ? L'affaire contribue à étouffer dans l'œuf la résurgence du nazisme dont je ne perçois pas la menace. Aidera-t-elle les Français à prendre conscience de leur passé, à éviter tout à la fois le Charybde de l'Histoire en noir et blanc et le Scylla d'une Histoire tout en gris, sans héros et sans vilains ? Je ne sais : je crains que les passions de nouveau déchaînées n'obscurcissent la vérité, qui est rarement aussi simple que dans le cas Darquier.

En donnant la parole à un nazi français qui mourra demain fidèle à lui-même et à ses crimes, nous avons troublé ceux qui ne veulent pas savoir ou se souvenir. Mais nous avons aussi frappé au cœur les survivants des camps ou de l'Holocauste, qui, nombreux, ne nous pardonnent pas. La première réaction de Lionel Stoleru fut l'indignation ; des milliers et des milliers éprouvèrent la même indignation, et ne veulent pas la surmonter. À lire le nom de Darquier et ses mensonges, ils se sont sentis insultés.

J'étais, et je suis encore aujourd'hui, plus sensible à leur souffrance, à leur refus inconditionnel qu'à tous les arguments.

Raymond Aron
18 novembre 1978

Chili. L'impossible extradition du SS Rauff

À l'extrême pointe du Chili, Édouard Bailby a retrouvé l'inventeur des camions de la mort.

C'est en vain que M. Simon Wiesenthal, qui a fait de la recherche des criminels de guerre nazis la mission de sa vie, s'est adressé à M. Salvador Allende, président du Chili, pour lui demander d'extrader le Standartenführer SS Walter Rauff. Ayant, au lendemain de la Seconde Guerre mondiale, réussi à gagner l'Amérique latine par des voies quelque peu vaticanes – selon M. Wiesenthal – Rauff s'est installé dans la capitale chilienne en 1961. Deux ans plus tard, les autorités locales refusaient de le livrer à la République fédérale allemande, qui le réclamait pour instruire son procès. Ainsi rassuré, Rauff décide de s'incruster dans ce pays bienveillant et va s'établir à l'extrême sud du territoire, sur un rivage battu par les vents et baigné par les eaux glacées du détroit de Magellan. C'est là que, malaisément, j'ai pu l'approcher.

Sans doute, dans son refuge de Punta Arenas, Walter Rauff compte-t-il sur la distance pour décourager les curieux. « Ses visiteurs sont rares, me dit un habitant du lieu. De temps en temps, certains de ses amis allemands viennent le voir. Ils sont très discrets. » Lui pose-t-on parfois des questions sur son passé ? « Bien sûr, me répond mon informateur. Lorsqu'on lui demande pourquoi il a massacré tant de

Juifs, il a une sorte de formule stéréotypée : « Si je ne l'avais pas fait, c'est moi qu'on aurait tué. Alors, autant sauver ma peau… »

Des conserves. Le passé de Rauff ? En 1941-1942, époque où les fours crématoires ne sont pas encore en pleine activité, il introduit le système des camions de la mort. Dans ces véhicules hermétiquement clos, les gaz d'échappement, au lieu d'être rejetés normalement, sont évacués à l'intérieur de la cabine où s'entassent une cinquantaine de malheureux. Au bout d'un quart d'heure, le camion ne transporte plus que des cadavres. En Ukraine, en Biélorussie, en Yougoslavie, cette forme de meurtre motorisé a fait cent mille victimes.

Le présent de Rauff ? Âgé de 66 ans, il est gérant d'une petite pêcherie qui fait des conserves de moules et de crabes. Marié, en secondes noces, à une Chilienne, il a toute la confiance des propriétaires de l'entreprise, la riche famille des Camelios. Trente mètres à peine séparent son bureau de la maisonnette de bois, peinte en vert, qu'il habite et que garde un énorme chien-loup. Des rideaux blancs, quelques fleurs. C'est dans la pêcherie que je parviens à voir « le gérant ».

« Walter Rauff ? – C'est moi. » Les cheveux gris, parlant espagnol avec un fort accent allemand, il s'approche en boitillant. « Que me voulez-vous ? » Je lui montre ma carte de journaliste. Avec un sourire crispé, il me répond, cette fois en français : « Je regrette beaucoup, monsieur. Aucune déclaration. C'est fini depuis longtemps. » J'insiste quand même : « Saviez-vous que le gouvernement chilien a reçu une nouvelle demande d'extradition ? – Je sais. »

Peut-être Rauff est-il vraiment convaincu que « c'est fini depuis longtemps ».

Édouard Bailby
13 novembre 1972

Brésil. De Treblinka à São Paulo

Dénonciation anonyme : « Réunion communiste à São Paulo ». Seize nazis célébraient l'anniversaire de Hitler.

Parmi eux, Gustav Wagner, 66 ans, bourreau de Treblinka.

« Non, je n'ai pas tué un million de Juifs, mais, c'est vrai, j'ai appartenu à la Gestapo. Non, je n'ai pas été commandant en second de Treblinka, mais, c'est vrai, je connaissais le commandant de ce camp de concentration, et je suis parti d'Allemagne avec lui, après la guerre. Non, je n'ai fait mourir personne dans les chambres à gaz, mais c'est vrai, j'ai construit des logements pour les Juifs dans le camp de Sobibor, en Pologne… »

Pendant une heure, mardi, Gustav Franz Wagner, 66 ans, de nationalité autrichienne, a répété ces dénégations devant les journalistes. Comme, quelques heures auparavant, au siège de la police politique de São Paulo, au Brésil, il avait nié être un criminel de guerre. Ses démentis n'ont pas convaincu Israël, qui a demandé au gouvernement brésilien de prolonger sa garde à vue jusqu'à l'arrivée du dossier.

C'est le hasard qui a permis de retrouver Wagner. Le samedi 22 avril, la police brésilienne est avertie, par un coup de téléphone anonyme, qu'une « réunion communiste » se tient, depuis deux jours, dans un hôtel des environs d'Itatiaia, à mi-chemin entre Rio de Janeiro et São Paulo. Trois inspecteurs de police et un militaire arrivent sur les lieux. Ils y surprennent un groupe de seize Allemands.

Dans les chambre de l'hôtel, de style alpin, un abondant matériel de propagande nazie : livres, tracts, films, photos de Hitler. Et une circulaire ronéotypée, convoquant « ceux qui ne veulent pas être les derniers d'hier, mais les premiers de demain » à la rencontre annuelle du 20 avril, date de naissance de Hitler. Témoin de cette descente de police, un reporter du *Jornal do Brasil*, le principal quotidien de Rio de Janeiro, prend des photos.

Interrogé, le propriétaire de l'hôtel nie à cette rencontre tout caractère politique. « Nous nous sommes réunis, explique-t-il, pour discuter de la construction d'un téléphérique dans la région. Pure coïncidence si le début de la réunion est tombé le 20 avril. Nous organiserons une fête, le 29 juillet, pour l'anniversaire de ma femme. Ce n'est pas ma faute si c'est celui de Mussolini. »

L'opinion publique brésilienne s'est agitée. Trois semaines plus tard, M. Simon Wiesenthal, qui dirige, à Vienne, le Centre de documentation juive sur les criminels de guerre, reçoit les photos publiées dans le quotidien de Rio de Janeiro. « Incroyable, un des personnages photographiés est la Bête humaine de Treblinka et Sobibor, Gustav Franz Wagner », lance-t-il au journaliste venu l'interviewer. Il ouvre alors un dossier terrifiant.

Au Brésil, l'enquête repart aussitôt ! À Goiãnia, ville de l'Hinterland où il vit depuis trente ans, un Juif polonais, M. Stanislaw Smajnzner, interné dans le camp de la mort de Sobibor, a été formel. « J'ai connu cet homme, c'est un monstre. » Dans un livre publié voilà dix ans au Brésil, *Enfer à Sobibor*, M. Smajnzner a conté les crimes de Wagner.

C'est grâce à une filière nazie que Franz Wagner a pu s'échapper d'Allemagne, à la fin de la guerre. Et rejoindre

Damas, où les autorités syriennes lui délivrent un laissez-passer. Arrivé à Rio de Janeiro par le « Conte Grande », en avril 1950, il entre au Brésil sous sa véritable identité. Vingt-huit ans après, il a fallu quelques jours à la police de São Paulo pour mettre la main sur lui.

Édouard Bailby
5 juin 1978

Mengele en enfer

Fait prisonnier en 1945, puis libéré, le médecin fou d'Auschwitz s'était d'abord réfugié chez lui, en Allemagne, puis en Italie, en Argentine, au Paraguay et enfin au Brésil. La découverte de son cadavre, le 6 juin, met fin à une traque de quarante ans dont Jacques Derogy reconstitue toutes les étapes.

« To be or not to be ? » Au bord de la tombe 321 du cimetière Notre-Dame-du-Rosaire, le Dr José Antonio de Mello, directeur de la morgue de São Paulo (Brésil), joue les Hamlet en exhibant le crâne qu'il vient de ramasser parmi les deux cent huit ossements du cercueil pourri, éventré par la pioche des fossoyeurs. Est-ce bien tout ce qui reste de la tête la plus chèrement mise à prix du monde, celle du monstre d'Auschwitz, Josef Mengele, dont le souvenir hante à jamais la mémoire des peuples juif et tsigane ? Les primes offertes par l'Allemagne fédérale, Israël et diverses institutions pour sa capture avaient fini par s'élever à un total de trente-cinq millions de francs.

Signalé un peu partout et retrouvé vraiment nulle part, cet « ange de la mort », propulsé dans la galerie des épouvantails historiques, n'était-il donc qu'un cadavre en décomposition, enfoui depuis six ans dans ce carré de terre en friche, sous le nom d'un de ses anges gardiens, lui-même enterré en Autriche deux mois auparavant ? Depuis l'ouverture, le 6 juin, au cimetière d'Embu, de cette sépulture sans autre ornement qu'un bananier à singe, les expertises vont bon train qui tendent à le prouver, en dépit du mauvais état du squelette. Et à accréditer le communiqué publié, le 11 juin à Munich, dans des conditions rocambolesques, au nom de sa famille, par le fils de Mengele, après quarante ans de silence de plomb, dont six de réflexion, pour confirmer la mort accidentelle par noyade du criminel le plus légendaire du siècle.

Pour des chasseurs de nazis aussi célèbres que Simon Wiesenthal ou le couple Klarsfeld, comme pour les enquêteurs israéliens ou pour les rescapés d'Auschwitz, il y a, dans cette succession d'événements, trop de coïncidences pour ne pas envisager l'éventualité d'un nouveau subterfuge de Mengele et des siens, au moment où la si longue traque prenait un tour sans précédent.

Pourquoi avoir attendu six ans pour annoncer la nouvelle ? Pourquoi avoir prévu, quatre semaines avant la macabre mascarade, un local pour cette communication ? Juste après le piège du cimetière SS de Bitburg, le cauchemar nazi sait trop bien se servir des tombes pour revenir hanter les vivants.

Mais, surtout, ce petit tas d'os dérisoire, trouvé à point nommé, apparaît comme une injure suprême face aux fantômes des 300 000 à 400 000 victimes de Mengele, dont les corps furent réduits en cendres. « S'il était mort, dit un survivant de 53 ans, Marc Berkowitz, de New York, je penserais que la justice et le monde ont été floués. Ce serait un crime en soi. » C'est que Mengele incarne le mal absolu et que le diable doit être immortel jusqu'au jour du châtiment et du Bien triomphant…

Mise en scène machiavélique ou déconcertante réalité, la découverte du 6 juin est, en fait, l'aboutissement d'une récente décision politique et d'une coopération judiciaire internationale jamais vue pour en finir avec l'énigme la plus obsédante de l'après-guerre.

Au début de février dernier, le quarantième anniversaire de la libération des camps de la mort et l'audition, à Jérusalem, en un procès symbolique, des rares victimes qui ont survécu aux folles expérimentations du Dr Mengele incitent les États-Unis à « mettre le paquet ». Ils pressent l'Allemagne fédérale de saisir Interpol, dont le nouveau secrétaire général, Raymond Kendall, vient justement de faire lever l'obstacle politique qui empêchait, jusque-là, la diffusion de fiches signalétiques concernant les criminels de guerre. La notice sur Mengele est mise en circulation, le 3 avril, avant même l'arrivée, le 7 mai, d'une demande analogue d'Israël.

Le 10 mai, les représentants de la justice et de la police des trois pays réunis à Francfort décident d'agir désormais de concert. Parmi eux, l'officier de police israélien Menahem Russek, un revenant d'Auschwitz qui a un compte personnel à régler avec Mengele. Le 31 mai, le procureur de Francfort, Hans Eberhard Klein, chargé, depuis 1974, du dossier 22.JS.77/59, fait perquisitionner au domicile de l'ancien fondé de pouvoir de la firme Mengele et fils, à Günzburg, Hans Sedlmeier, 71 ans, et saisit une correspondance échangée, de 1972 à 1978, avec un couple autrichien réfugié au Brésil. Le 4 juin, trois policiers du B.k.a. débarquent à São Paulo. En leur présence, le chef de la police fédérale, Romeu Tuma, interroge ce couple, qui, confondu, reconnaît avoir hébergé Mengele jusqu'à sa mort et désigne l'endroit où il est enseveli. Des aveux qui, en quelques jours, permettent de retracer l'itinéraire du médecin maudit, depuis son repérage en Argentine, dans les années cinquante, et au Paraguay, au début des années 60.

Tout part donc de cette descente de police, le 31 mai, à Günzburg. C'est dans cette petite ville de Souabe de dix-huit mille habitants, sur le Danube, entre Augsbourg et Ulm, que se trouve en effet, depuis l'origine, la clé de l'énigme. La famille Mengele y règne en maître depuis que, au début du siècle, Karl Mengele a fondé une firme de machines agricoles qui deviendra l'une des plus importantes d'Europe. Elle emploie aujourd'hui le quart de la population active et réalise huit cents millions de francs de chiffre d'affaires, dont près de la moitié à l'exportation, avec des filiales implantées en Autriche, en Italie, en France et en Argentine. Elle a diversifié ses activités : monte-charge, machines-outils…

Le poids de la dynastie Mengele sur la ville peut être comparé à celui des Michelin à Clermont-Ferrand ou des Peugeot à Sochaux. Les deux fils cadets, Karl junior et Alois, sont entrés dans l'entreprise familiale, mais l'aîné, Josef, né en 1911, a quitté, à 19 ans, ce cadre rassurant pour aller étudier à Munich la philosophie et la médecine. Il milite aussi dans les Casques d'acier, entre dans la SA en 1934, au Parti national-socialiste en 1937 et dans la SS en mai 1938. Entre-temps, il soutient une thèse sur la *Critique de la raison pure*, de Kant, passe son doctorat en médecine et se spécialise en génétique à l'Institut de biologie et d'hygiène raciale de Francfort. En 1939, il s'engage dans la Waffen SS (matricule 317885 de la division Viking). Blessé sur le front de l'Est, le capitaine Josef Mengele est affecté à Auschwitz, où il devient rapidement médecin chef du camp dit « des Tsiganes ».

Sur la sinistre rampe où se déversent les convois de déportés, il procédera, du 24 mai 1943 au 24 décembre 1944, à 74 sélections, en fredonnant son air favori de *Tosca* : « L'heure est enfuie et c'est mon dernier jour, je meurs désespérée… » À gauche, les bouches inutiles, vouées à la mort immédiate ; à droite, les productifs voués à la mort lente ; mais aussi les jumeaux et les nains, pour ses expériences sur l'hérédité.

Impossible de chiffrer le nombre de cobayes humains que l'« ange de la mort » a sacrifiés à ses manies.

Fait prisonnier par les Anglais, au printemps de 1945, il passe du camp de Neumünster dans un camp de la zone américaine, Idar-Oberstein, dont il sort sans dommage pour se réfugier dans le giron familial à Günzburg. Et pour cause : il ne fait l'objet d'aucun avis de recherche, bien que son nom revienne de plus en plus souvent dans les procédures intentées contre les responsables d'Auschwitz.

Sa femme, Irene, qui vient de lui donner un fils, Rolf, loue une maison à Autenried, un village voisin. Quand le procureur américain de Nuremberg, Telford Taylor, interroge, en 1946, le commandant américain local de Günzburg, celui-ci met dix-huit mois à lui répondre que Mengele est mort. Qui, à Günzburg, oserait dénoncer aux ex-ennemis du Reich le fils du patron ? Mais quand, en 1949, la RFA accède à la souveraineté et se met à son tour à poursuivre ses criminels de guerre, la famille le fait passer en Italie sous la fausse identité de Helmut Gregor, natif du Haut-Adige. Le 16 mai, le représentant à Gênes de la Croix-Rouge internationale lui délivre un titre d'émigration pour l'Argentine, qui lui permet d'embarquer à bord du *North King* pour Buenos Aires.

Mengele rejoint donc la très influente colonie nazie à laquelle le dictateur Peron a offert 8 000 passeports et 1 100 cartes d'identité vierges. Il ouvre un cabinet médical dans le quartier où s'établit Adolf Eichmann, devenu Ricardo Klement. Mengele, lui, s'enhardit à refaire surface sous son vrai nom. Le 25 mai 1954, il divorce par procuration de sa femme, demeurée à Fribourg-en-Brisgau, et, le 11 septembre 1956, se fait établir un passeport par le consulat allemand. Sa carte d'identité argentine porte le nom de « José Mengele » et le même numéro que sa carte au nom de Gregor. En 1957, il monte, avec la filiale de la firme paternelle, implantée par son frère Alois, une société pharmaceutique au capital d'un million de dollars. Le 25 juillet 1958, en Uruguay, il épouse en secondes noces la femme de son frère Karl, mort en 1949, Martha, afin de récupérer sa part d'héritage, avec la bénédiction de son père, Karl senior, et du fondé de pouvoir.

Le 2 octobre suivant, il se rend au Paraguay avec son passeport allemand, comme le prouvent les registres consultés plus tard par un correspondant brésilien de l'expert français Jacques Delarue. Mengele vient vendre des équipements agricoles aux colons allemands de la région de Hohenau, pour le compte de la filiale argentine d'Alois.

Une procuration légalisée à Buenos Aires

Mais, entre-temps, un chasseur de nazis, très discret celui-là, a le premier repéré sa trace, Hermann Langbein, un Viennois non juif, ancien combattant des Brigades internationales en Espagne, rescapé de Dachau et d'Auschwitz, est tombé par hasard sur l'avis de divorce d'Irene Mengele inséré dans la feuille locale de Fribourg. Il trouve le dossier au greffe du tribunal, qui contient la procuration de Mengele légalisée à Buenos Aires. C'est le premier indice de sa fuite en Argentine. Ayant complété son enquête, Langbein alerte le ministère de la Justice à Bonn, qui, le 17 septembre 1958, le renvoie devant la juridiction de Fribourg. C'est là qu'il dépose sa plainte. Le 5 juin suivant, le juge Müller lance un mandat d'arrêt international, avec demande d'extradition. Aussitôt averti par ses amis argentins, Mengele retourne au Paraguay, où, le 23 octobre 1959, il se présente au service de naturalisation avec sa carte d'identité argentine et la caution de deux garants, Alejandro von Eckstein, major de l'armée du président Alfredo Stroessner, et Werner Jung, ex-chef des Jeunesses nazies paraguyennes, qui déclarent sous serment que José Mengele réside à Asuncion depuis les cinq ans requis. Le 27 novembre, la Cour suprême lui octrois la nationalité paraguayenne (décret 809). Le nouveau citoyen peut aussi tranquillement revenir liquider ses affaires à Buenos Aires et assurer son avenir grâce aux revenus que lui remet l'envoyé de son frère, Hans Sedlmeier. Il déménage, par chance, en mai 1960, au moment de l'entrée en action du commando israélien des ravisseurs d'Eichmann dirigé par le tout-puissant chef du Mossad, Isser Harel. Durant sa séquestration, l'organisateur de la « solution finale » révèle, en effet, à celui-ci la dernière adresse de Mengele, via Vincente Lopez. Il s'en est fallu de deux semaines pour faire coup double.

Mengele a beau emprunter une dizaine d'identités et changer sans cesse de domicile et de pays pour brouiller les pistes, Harel s'entête. À la fin de 1961, il le « loge » dans le triangle Argentine-Paraguay-Brésil. En 1962, il repère deux de ses refuges au Paraguay, d'abord dans un ranch près d'Asuncion, puis dans une colonie agricole d'origine allemande près d'Encarnacion, aux confins des trois pays. Mais les milices armées qui les défendent interdisent toute action de commando. À la fin de 1962, ses agents débusquent un troisième asile, dans la jungle brésilienne, cette fois, à 40 kilomètres de São Paulo.

Un « citoyen sans antécédents criminels »

Harel décide alors de changer de stratégie. Il cherche à infiltrer le cercle des intimes de Mengele, tant en Europe qu'en Amérique du Sud. Il apprend ainsi que sa deuxième femme, Martha, a quitté l'Argentine en février 1961, pour placer son fils Karl-Heinz dans une école de Montreux, en Suisse, elle-même étant désireuse de s'installer près de Zurich. Mais le permis de séjour lui a été refusé le 18 mars et, refoulée vers l'Autriche en septembre, elle s'est établie à Merano, ville italienne frontalière, où elle résidera jusqu'à ces dernières semaines.

Harel tente aussi d'approcher l'entourage de l'ancien as de la Luftwaffe Ernst Rudel. Mais, en mars 1963, il doit brutalement quitter la tête des services secrets d'Israël, qui vont désormais connaître d'autres priorités. Dans sa retraite de Tsahala, banlieue résidentielle de Tel-Aviv, où il cultive, depuis, son jardin, il m'a dit ignorer si les mêmes efforts ont été poursuivis par ses successeurs. Il m'assure que, contrairement à la légende, aucun agent secret israélien, homme ou femme n'a jamais disparu dans la chasse à Mengele ; aucun ne l'a d'ailleurs jamais rencontré.

En fait, Israël semble avoir donné préférence, par la suite, aux démarches diplomatiques et aux longues procédures judiciaires. Il a même développé sa coopération économique et militaire avec le régime de Stroessner, des spécialistes israéliens entraînant ses armées et assurant la maintenance de ses avions. Siégeant, en 1968, au Conseil de sécurité de l'Onu, le Paraguay a toujours voté en faveur d'Israël, dont l'ambassadeur à Asuncion a reçu consigne de ne plus se mêler de la chasse aux nazis.

C'est aussi en vain que, en 1963, la RFA a offert de porter à seize millions de deutschemarks son aide économique au Paraguay, pour obtenir l'extradition de Mengele, et qu'elle a accueilli, dix ans plus tard, Alfredo Stroessner en visite privée à Hof, en Bavière, dont sa famille est originaire. Le 16 juillet 1964, l'ambassadeur allemand Eckart Briest a même été éconduit par le président paraguayen pour son insistance à réclamer l'extradition de ce « citoyen sans antécédents criminels ». Des rumeurs se multiplient alors sur la disparition de Mengele. La désinformation sur son sort devient une véritable industrie au Paraguay. Les autorités d'Asuncion se disent sans nouvelles de lui depuis mai 1962. Elles finiront même par le déchoir de sa nationalité, en 1979, puis par délivrer un mandat d'arrêt, le 26 mai 1984. Il est vrai que, en février et en novembre de cette année-là, Beate Klarsfeld se manifeste au Paraguay. Elle y revient le 18 mai dernier, pour traiter publiquement de menteur le président Stroessner, dont elle parvient à faire annuler le premier voyage officiel à Bonn, prévu pour le 3 juillet prochain.

Pourtant, c'est ailleurs que se joue l'acte final d'une traque bien tardive. L'enquête déclenchée par la macabre découverte du cimetière d'Embu apporte, en tout cas, des lumières sur la vie clandestine de Mengele au Brésil, où Isser Harel avait déjà localisé une planque près de São Paulo, à la fin de 1962. Le monstre d'Auschwitz ne bénéficie plus de protections étatiques, mais toujours de celle de sa famille, qui lui a fourni un véritable réseau de soutien tout en pourvoyant à ses besoins.

Une chaîne d'entraide aux cinq mille nazis allemands réfugiés au sud du Brésil, la Kamaradenwerk, a mis à sa disposition comme ange gardien un Autrichien qui fit partie de la Hitlerjugend, Wolfgang Gerhard. Celui-ci l'a d'abord présenté, en 1961, sous l'identité suisse de Peter Hochbichler, à un ex-responsable des Croix fléchées en Hongrie, recherché pour crimes de guerre, Geza Stammer, qui semble l'avoir bien vite reconnu. Officiellement, « Peter le Suisse », devenu « Seu Pedro », a administré, tour à tour, trois domaines dont le couple Stammer s'est rendu acquéreur – avec quels fonds ? – dans l'État de São Paulo. En fait, il n'était pas rémunéré par les Stammer, mais recevait chaque mois une enveloppe de Gerhard. La question se pose de savoir si les Stammer n'étaient pas que des hommes de paille de la famille

Mengele. En 1969, Peter-Pedro avait eu la visite de l'aviateur Ernst Rudel en présence de Gitta Stammer.

À partir de 1972, Mengele a été hébergé de la même façon par un ancien caporal de la Wehrmacht d'origine autrichienne, Wolfram Bossert, et par sa femme, Liselotte, à Eldorado, dans la banlieue sud de São Paulo. En 1975, il a pris l'identité de son ange gardien Gerhard, qui a alors regagné l'Autriche, nanti d'une épouse brésilienne et de quatre-enfants. C'est là que le vrai Gerhard trouvera accidentellement (?) la mort, à Graz, le 16 décembre 1978. Et c'est sous ce même nom que, à peine deux mois plus tard, au lendemain de sa noyade, le 7 février 1979, sur la plage de Bertioga, les Bossert feront inhumer leur hôte – un charmant mélomane un peu raciste – au cimetière d'Embu, où reposait déjà la mère de Wolfgang Gerhard.

Une correspondance codée

Son fils Rolf, devenu avocat à Fribourg et conseil de ses deux cousins qui dirigent aujourd'hui la firme de Günzbourg, était venu le voir dans la maison des Bossert, du 11 au 23 août 1977, à la suite de son hospitalisation pour un infarctus. Il avait alors voyagé sous la fausse identité de Wilfried Busse. Il y est retourné en 1979, après l'inhumation, récupérer les affaires de son père. En novembre 1983, il a envoyé aux Bossert une photo qui le représente avec sa femme et leur premier enfant, et une lettre de remerciement pour leur dévouement.

Cette lettre vient d'être saisie au domicile des Bossert, ainsi que des notes manuscrites laissées par leur « régisseur », dont le graphisme présente quinze points de similitude avec la demande d'admission dans la SS remplie par Mengele, en mai 1938… Cependant, à Günzburg, c'est toute une correspondance codée avec les Bossert que l'on a découverte chez l'ex-fondé de pouvoir de la firme Mengele, Sedlmeier, désigné par le surnom de « Messerle », en souvenir d'un petit couteau qu'il avait offert à « Beppo » (Mengele) lors d'une mission au Brésil. Sedlmeier se trouve aujourd'hui inculpé d'entraves à la justice.

« J'ai observé le silence jusqu'ici par égard pour ceux qui étaient en relation avec mon père ces trente dernières années », dit Rolf Mengele, dans son communiqué du 11 juin. Mais pouvait-il ignorer la liste record de crimes contre l'humanité imputés à son père dans le dernier mandat d'arrêt international lancé le 19 janvier 1981 par le parquet de Francfort, et dans celui délivré, le 20 novembre 1984, par le juge Daliah Koval de Jérusalem ? De quoi donner des cauchemars au plus filial des fils.

Jacques Derogy
21 juin 1985

La cavale des maudits

À la fin des années quarante, fuyant l'épuration, des centaines de Français débarquent à Buenos Aires. Dans cette ville qui leur rappelle Paris, on n'est pas trop regardant sur leur passé. Et ils ne risquent pas d'en être extradés. Certains s'y referont une vie de notable. D'autres végéteront. Quelques-uns y sont encore. Beaucoup sont rentrés. Récit d'une débandade.

Il y a ceux qui sont restés et ceux qui sont repartis. La plupart sont restés. Souvent jusqu'à leur mort, au terme d'une seconde vie, paisible et confortable. Très loin de leur éternel sujet de discussion, de passion et de ressentiment : la France. Cette France qui les a fait fuir. Et qui les a perdus. Personne n'a tenu la chronique de cet exil silencieux : à la fin des années quarante, des centaines de Français ont débarqué à Buenos Aires, redoutant la justice de la Libération, ou désireux de s'y soustraire lorsqu'elle s'était déjà prononcée.

L'exil argentin reste une tradition française. Plusieurs générations de proscrits ont échoué ici : communards, anarchistes, Juifs fuyant Vichy, collaborateurs, soldats de l'OAS. Jean-Michel Boucheron, le député socialiste ripou, constitue le dernier arrivage de marque... Ce tropisme s'explique d'abord par l'absence de convention d'extradition entre la France et l'Argentine, qui rend la sérénité à beaucoup de fuyards. De plus, Buenos Aires, véritable cité européenne, rassure avec ses immenses quartiers copiés sur Paris, Madrid ou Bruxelles, et sa population comme sa gastronomie offrent un agréable échantillon des silhouettes et traditions du Vieux Continent. La vie y fut longtemps facile, et les Français, très bien accueillis. D'autant plus que la tradition locale veut que l'on n'importune jamais les migrants sur les raisons qui ont pu les pousser à faire subitement des milliers de kilomètres pour s'établir dans un pays qu'ils ne connaissent pas...

À leur arrivée, beaucoup de ces Français de l'épuration tiennent cependant à s'expliquer, en donnant une version retouchée des événements qui les ont conduits à quitter la France : ils sont résistants, mais, à cause de De Gaulle, le Parti communiste a pris le pouvoir et fait la chasse aux vrais patriotes. En danger de mort, il leur a fallu fuir... Version peu discutée dans une Argentine péroniste qui croit alors à l'imminence d'une troisième guerre mondiale... Ils viennent de Suisse, d'Italie ou d'Espagne, pays refuges où beaucoup ont attendu de connaître leur jugement par contumace avant de décider d'aller voir ailleurs. Certains débarquent à Buenos Aires avec femme et enfants, comme ces notables de province engagés tardivement dans la folie meurtrière de la Milice de 1944. Beaucoup ont dû tout abandonner. Le clivage se fait vite entre ceux qui ont de l'argent, facile à faire fructifier en Argentine, et ceux qui n'ont rien. Ces derniers, souvent, commencent par trimer comme dockers sur le port avant de trouver mieux. Mgr Barrère, évêque de Tucuman et proche de l'Action française, fut secourable pour certains. Mais, entre eux, il n'y eut jamais de réelle solidarité, sauf peut-être au sein de l'importante tribu des anciens journalistes de *Je suis partout* : Charles Lesca, directeur de l'hebdomadaire, condamné à mort par contumace en mai 1947, avait la double nationalité française et argentine et une petite fortune héritée d'un père négociant dans la viande à Buenos

Aires. Mais il est mort dès 1948, immédiatement après son arrivée.

Un petit groupe de nostalgiques essaya pourtant de maintenir l'ambiance de l'ex- « nouvelle Europe ». Dans le quartier Belgrano, une association, la Casa Europa (la « Maison Europe »), dirigée par Radu Guenea, ancien ambassadeur de Roumanie à Madrid, leur permettait de se retrouver : Français, Allemands, Roumains, Italiens, Croates, Belges, Hongrois se réunissaient et suivaient à travers la presse étrangère les développements de la guerre froide en Europe. Ils avaient choisi pour quartier général la brasserie Adam's, près du port, où les soirées se prolongeaient souvent fort tard, dans la gaieté et la bonne humeur. Il s'agissait alors moins de nostalgie que d'espoir : la troisième guerre mondiale leur semblait une hypothèse sensée, et son déclenchement leur aurait permis de revenir en Europe participer au combat final contre le communisme. Espoir que la plupart perdent définitivement après la fin de la crise de Corée, en 1953. Les manifestations collectives chez Adam's deviennent moins régulières. « J'ai vite compris qu'il fallait s'en sortir tout seul, précise un ancien Waffen SS français. Continuer chez Adam's, c'était la meilleure façon de se faire remarquer. Et, à cette époque, c'était encore dangereux. »

Car, dans ces années d'après guerre, l'ambassade de France demeure active, comme le raconte un ancien membre des services spéciaux auprès de l'attaché militaire : « Nous devions repérer ceux qui arrivaient et établir des rapports sur leur identité, leur comportement et leurs activités. Selon leur "calibre", plusieurs devaient faire l'objet d'une élimination physique. C'était la tâche de commandos qui, sur la base de nos renseignements, agissaient de façon autonome. Certains sont même venus spécialement de France. Le travail était difficile, car il ne fallait absolument pas éveiller les soupçons des Argentins, très sourcilleux sur leur souveraineté et leur hospitalité. Beaucoup d'opérations ont ainsi échoué au dernier moment. » Une dizaine de Français ont finalement été « neutralisés » sans bruit et sans éclat : morts naturelles apparentes et surtout accidents divers.

Épuration secrète

Jean de Vaugelas, l'un des principaux chefs de la Milice, est l'une des plus célèbres victimes de cette épuration secrète. Cité par Laval à l'Ordre de la nation le 8 juillet 1944 (« commandant de la Franc-Garde permanente de la Milice française. Chef milicien de très grande classe »), cet aristocrate, ancien officier d'aviation monarchiste, fut un temps le responsable de l'école des cadres de la Milice à Uriage (Isère), avant de prendre la tête de l'une des unités les plus redoutées de la Franc-Garde (la Milice armée), appelée à intervenir contre les maquis les plus importants. Il dirigea ainsi les 600 miliciens accompagnant les 5 000 Allemands qui détruisirent le maquis des Glières en mars 1944. Le mois suivant, il est chargé des opérations de maintien de l'ordre qui sèmeront la terreur dans la région de Limoges. Puis dans des maquis du Massif central. Lorsque la débâcle se précise, il n'hésite pas, le 10 août 1944, à rejoindre en avion plus de mille miliciens encerclés par le maquis autour de Limoges, pour en organiser l'évacuation, avant de partir avec la division Charlemagne comme chef d'état-major. Prisonnier des Soviétiques en Lituanie, il s'échappe en compagnie du chef milicien Jean Bassompierre, et, avec lui, traverse la Lituanie et l'Allemagne pour rejoindre l'Italie. Là, ils sont trahis. Bassompierre sera arrêté (puis fusillé en France), tandis que Vaugelas s'échappe à nouveau et parvient à gagner Buenos Aires en 1948 avec un passeport de la Croix-Rouge. Son périple s'arrête brusquement en 1954, à Mendoza, région viticole, où il est devenu administrateur des Caves franco-argentines : il est exécuté dans une mise en scène d'accident de voiture.

Cette vindicte cesse au cours des années cinquante, l'ambassade se bornant encore pendant quelques années à « suggérer » aux entreprises françaises implantées en Argentine de ne pas employer quelques compatriotes en situation irrégulière. Et le consulat, à rappeler de temps en temps à certains membres de la communauté française au lendemain de dîners mondains : « Quand vous invitez le consul, évitez les condamnés à mort ! »

Que peut faire un exilé politique en Argentine ? Entre ceux qui n'ont jamais pu imaginer changer d'activité et ceux qui ont réussi une reconversion radicale, les nuances sont nombreuses. D'autant plus que d'aucuns ont développé de nouvelles compétences tout en conservant leurs anciennes obsessions[1].

Parmi les premiers s'impose d'abord le célèbre Dewoitine : il a passé sa vie à construire des avions. Pour les Français, les Allemands, les Espagnols. Et les Argentins. L'un des plus grands créateurs français d'avions de l'entre-deux-guerres avec Henry Potez et Marcel Bloch (Dassault), Émile Dewoitine, fondateur des usines aéronautiques de Toulouse[2] et père du D520 (le dernier chasseur que la France put opposer aux Messerschmitt en 1940), avait mis pendant l'Occupation ses talents au service de la firme allemande Arado, en dirigeant, à Paris, un bureau d'études de deux cents employés

1. Nous avons préservé l'anonymat des personnes encore vivantes que nous avons mentionnées.

2. Voir Emmanuel Chadeau, *Histoire de l'industrie aéronautique en France, 1900-1950*, Fayard, 1987.

(dont une partie venait des usines de Toulouse). À la même époque, il travailla également pour l'Espagne et le Japon. Lorsqu'il est recherché, à la Libération, pour « intelligence avec l'ennemi » et « atteinte à la sûreté extérieure de l'État », il se trouve depuis longtemps en Espagne. Et en Argentine quand, le 9 février 1948, la cour de justice de la Seine le condamne par contumace à vingt ans de travaux forcés, à l'indignité nationale à vie et à la confiscation de ses biens. Il n'a pas perdu de temps : dès son arrivée à Buenos Aires, en mai 1946, il s'est attelé à la construction du premier avion à réaction argentin ! Le prototype du Pulqui (la Flèche) a volé le 9 août 1947 : grâce à lui, l'Argentine péroniste est le cinquième pays au monde à posséder un avion à réaction. Le retentissement est énorme, y compris dans les couloirs du ministère de l'Air à Paris. Mais Dewoitine, qui a créé sa société, Dewoitine Aviacion, et fait venir de Toulouse une dizaine de spécialistes français pour passer à la phase industrielle, sera évincé par l'ingénieur allemand Kurt Tank (ancien ingénieur de la Luftwaffe, créateur du célèbre Focke-Wulf 190), qui, venu en Argentine avec une cinquantaine de techniciens allemands, mettra au point le Pulqui II. Dépité, Émile Dewoitine écrit à son ami Charles Lindbergh pour proposer ses services aux États-Unis. Indésirable, il se voit refuser le visa d'entrée. Il vivote en mettant au point un avion de tourisme pour les aéro-clubs argentins (El Boyero), avant de partir, en 1951, offrir ses services en Uruguay. En vain. Il revient alors en Espagne pour répondre à un appel d'offres du ministère de l'Air concernant un avion d'entraînement. Il se fait à nouveau devancer par un avionneur allemand, cette fois-ci le grand Willy Messerschmitt en personne !

Retour négocié

Les lois d'amnistie étant votées, il peut envisager de rentrer en France et négocie son retour : cinq ans après sa condamnation, il est acquitté au cours d'un procès express – le commissaire du gouvernement abandonne l'accusation, et l'on n'entend même pas les témoins. Mais Émile Dewoitine pousse le bouchon un peu loin et agace ses protecteurs en réclamant la restitution de ses bénéfices acquis illicitement sous l'Occupation… Très vite, il offre ses services à son ancien concurrent Marcel Dassault, qui refuse de le recevoir en déclarant que « Dewoitine n'est plus dans le coup »… Il tente ensuite sa chance au Japon. Sans résultat. Vexé, il retourne en Argentine et s'installe en Patagonie pour y créer un élevage de huit mille moutons et se livrer à son plaisir favori : la pêche. Il se retire dans les années 60 à Montreux, en Suisse, puis à Toulouse, où, à la fin de ces années 60, les milieux de l'aérospatiale lui accordent sa place d'ancêtre fondateur de l'aéronautique française. Il ne manque plus un Salon de l'aéronautique à Toulouse (il sera même un jour assis à dîner à la droite de Pierre Messmer, ministre des Armées… et ancien des Forces françaises libres). Il est invité à l'un des premiers vols à mach 2 du Concorde (mais refuse de participer à un vol inaugural d'Airbus, par rancune envers son responsable, Henri Ziegler, ancien ingénieur du ministère de l'Air ayant rallié la France libre…). L'année de sa mort, la promotion 1977 de l'école d'apprentissage de Toulouse porte son nom.

Même obstination professionnelle chez l'ex-conseiller d'État Jean-Pierre Ingrand. L'obsession du service de l'État l'avait conduit sous l'Occupation à administrer envers et contre tout. En exil, il n'eut qu'une passion : l'administration, et il est mort en décembre dernier président de l'Alliance française de Buenos Aires. Représentant du ministère de l'Intérieur à Paris, auprès de Fernand de Brinon, de juillet 1940 à janvier 1944, il avait, à moins de 40 ans, les quarante-huit préfets de la zone nord sous son contrôle. Ce rôle d'intermédiaire entre le ministre de l'Intérieur et l'autorité militaire allemande (avec pouvoir de négociation politique) l'a amené à jouer un rôle essentiel, en août 1941, dans la mise en place de la Section spéciale de Paris, tribunal d'exception qui renia le principe de non-rétroactivité des lois. Prévoyant son sort, il se cache à la Libération. Dénoncé, arrêté, mis en liberté provisoire, il préfère s'échapper en Suisse avant son procès, qui a lieu en 1948. Puis en Argentine, où, grâce à un ami inspecteur des Finances, il devient administrateur de la Compagnie financière de Santa Fe, avant d'investir dans l'agriculture et la faïence. Tout en se consacrant vite au développement spectaculaire de l'Alliance française : en vingt ans, il en fait le plus beau fleuron au monde, avec plus de trente mille élèves et une multitude de succursales dans tout le pays. Situation dont ne profitèrent guère les autres exilés : « Il était hors de question d'aller demander de l'aide à Ingrand, cette marionnette de Laval, ce suppôt de l'ordre bourgeois de Vichy ! » explique un ancien de *Je suis partout*. Seul rappel du passé pour l'ancien délégué de Pierre Pucheu en zone occupée : lors de la visite du général de Gaulle au cours de son grand périple en Amérique latine, en octobre 1964, Christian Margerie, ambassadeur de France en Argentine, le convoque et lui demande, « pour éviter tout incident », de ne pas participer aux cérémonies et d'aller prendre quelques jours de vacances, par exemple au Brésil... Refus de l'ancien conseiller d'État révoqué en 1944 : il est chez lui à Buenos Aires, il est chez lui à l'Alliance française. De plus, il a connu de Gaulle à Bordeaux, en juin 1940, lorsque celui-ci était sous-secrétaire d'État à la Guerre dans le gouvernement Reynaud, et il est curieux des retrouvailles. Tout se passera bien, le Général se contentant de lui envoyer une apostrophe très gaullienne : « Alors, Ingrand, ça marche, l'Alliance française, à Buenos Aires ? »

L'esprit de continuité peut aller jusqu'à l'absurdité, comme chez Olier Mordrel, ancien chef du Parti national breton (PNB) allié avec les nazis : il passa une partie de ses années d'exil, au fin fond de l'Amérique du Sud, à réinventer une langue pure à partir du breton de la Renaissance pour remplacer le dialecte parlé, qu'il jugeait trop vulgaire... Architecte, cet autonomiste bretonnant présente la particularité d'avoir été condamné à mort deux fois, en mai 1940 et en 1946. En août 1939, il avait envoyé de Berlin un manifeste proclamant la neutralité de la Bretagne et appelant les Bretons à la désertion. Avant de revenir au pays avec les nazis, qui offraient, selon lui, aux « êtres supérieurs » qu'étaient le marin et le paysan bretons la chance historique d'être enfin libérés de l'« exploitation du capitalisme juif et français ». Ses illusions de parti et d'État bretons ne prendront que la forme sanglante, en 1943, d'une Milice régionale (la « Milice Perrot ») et se termineront par l'épisode pathétique du protocole signé le... 15 février 1945, sur le lac de Constance, avec Jacques Doriot (autoproclamé chef de l'État français), qui le désigne comme gouverneur en exil d'une Bretagne enfin reconnue en tant qu'État associé à la France... Mordrel débarque à Buenos Aires en juin 1948 et rachète, à un ancien nazi, un hôtel à Cordoba. Ses études linguistiques, étendues aux langues celtiques, et quelques correspondances avec des Bretons occupent une grande partie de ses vingt-trois ans d'exil. Il part pour l'Espagne en 1969, en attendant la mesure de grâce qui lui permettra de rentrer en Bretagne en 1971. Après avoir tenté de renouer avec le mouvement régionaliste breton (qui préfère ne pas utiliser la culture phénoménale de cet encombrant ancêtre), il s'occupera un temps d'une crêperie, avant de mourir en 1985.

Quelques-uns en sont réduits à exploiter le seul atout qui reste à un exilé : sa langue. Comme Philippe Darnand, qui donna pendant longtemps des cours de français à l'Alliance française. Fils du chef de la Milice, Joseph Darnand, et lui-même ancien membre de l'Avant-Garde (les jeunes de la Milice qui montaient la garde à Sigmaringen, le château sur le Danube où s'était réfugié en 1944 le gouvernement de Pétain), il s'était enfui en Italie, où il travailla comme speaker à Radio Vatican. Après l'exécution de son père, en 1945, et sur les conseils de Jean de Vaugelas, il se rend avec sa mère en Argentine, à Tucuman, où il enseigne le français. Mal à l'aise dans le pays, il décide, à 28 ans, de passer son bac, entreprend des études et quitte l'Argentine en 1960, avec un diplôme d'ingénieur, pour aller travailler en Allemagne, à Cologne, où il trouve une place chez Hoechst grâce à un ami allemand de son père, ancien secrétaire de l'ambassade du Reich à Paris.

Le cas Le Vigan

La langue française fut également le gagne-pain de quelques acteurs. Maurice Rémy, membre du PPF, qui joua un rôle important dans le film de propagande *Forces occultes* et animait des sketches politiques dans l'émission « Au rythme du temps » sur Radio Paris, trouva du travail dans les émissions en langue française de « La Voix de l'Argentine ». En compagnie d'une autre ancienne de Radio Paris, Lola Robert. Mais le cas le plus célèbre – et le plus paradoxal – reste celui de Robert Le Vigan. Car le ténébreux interprète du *Quai des Brumes* et de *Goupi Mains rouges*, recyclé dans les émissions de propagande de Radio Paris et auteur d'un délire antisémite digne de Céline (dont il était l'ami et qu'il accompagnera à Sigmaringen), n'a pas fui l'épuration : il ne s'est exilé qu'après avoir été condamné, en 1946, à dix ans de travaux forcés. Libéré en 1949, et se heurtant au boycottage du cinéma français, il part tenter sa chance en Espagne, puis en Angleterre. En vain. En Argentine, deux essais tourneront court, et il doit vite se contenter de donner des cours de français et de diction, à Tandil, à quelques centaines de kilomètres de Buenos Aires, où il traîne péniblement sa silhouette, avec sa cape et son épée, ruminant sa hantise de la victoire prochaine du communisme. Confronté à de coûteux problèmes de santé, il survivra difficilement jusqu'à sa mort, en 1972, grâce à l'aide financière de quelques bienfaiteurs parisiens : Pierre Fresnay, Madeleine Renaud, Jean-Louis Barrault, Maurice Ronet, Fernand Ledoux et Arletty (qui lui rendit visite en 1966).

Les véritables reconversions sont plus ou moins spectaculaires. Beaucoup d'anciens responsables de la Milice ont simplement troqué un statut de notable de province en France contre celui de notable de la Pampa. C'est le cas de X, ancien ingénieur de Centrale, industriel, responsable de la Milice dans le Sud-Ouest, qui réussit à organiser la fuite de la Milice de Toulouse par la vallée du Rhône en août 1944, avant de diriger le bataillon des cinq cents derniers « soldats » de l'État français à Sigmaringen. Arrivé en Argentine via l'Italie, il rentra en France dans les années 60. Ou du Dr Y, ancien chef de la Milice de Limoges, mêlé au pillage et au massacre de Magnac-Laval (Haute-Vienne) le 8 juillet 1944, mais surtout célèbre grâce à sa femme, milicienne exubérante et surexcitée, qui participait aux opérations sanglantes des francs-gardes et aimait à répéter publiquement qu'il lui fallait un « sac à main en peau de maquisard ».

Parmi les reconversions plus originales, celle d'Henri Queyrat mérite d'être citée. Délégué du PPF de Jacques Doriot pour toute l'Afrique du Nord, il retourne clandestinement en Tunisie après le débarquement des Alliés, en novembre 1942, pour former, en 1943, un réseau d'espionnage allemand. Nommé ensuite secrétaire fédéral du PPF de la Seine, il crée, en mars 1944, les Groupes d'action du PPF, formés par les Allemands à Taverny (Val-d'Oise), spécialistes de la chasse aux résistants, aux réfractaires au STO, aux Juifs, et réputés pour leurs chantages et leurs pillages. Engagé dans la Waffen SS en mai 1944, il sera condamné à mort par contumace. En Argentine, il effectue divers travaux pour les éditions Larousse, rédige le journal de la Chambre de commerce franco-argentine et travaille plusieurs années comme journaliste à l'AFP (où il sera remplacé par Jean Dumazeau, un ancien milicien du Nord), avant de se consacrer à sa nouvelle passion : l'œnologie. Devenu l'un des meilleurs spécialistes des vins argentins, il sera, jusqu'à sa mort, récente, le conseiller très écouté de plusieurs caves de Mendoza (qui sont encore loin d'atteindre la qualité de la production chilienne). Et l'auteur, chez Hachette, de très bons livres de référence sur les vins (et les fromages) argentins.

La confrérie tumultueuse des anciens de *L'Action française*, de *Je suis partout* ou du *Cri du peuple* (le quotidien du PPF de Doriot) arriva en force à la fin des années 40. Il y avait notamment là Pierre Daye, ancien grand reporter du *Soir* de Bruxelles et correspondant belge de *Je suis partout* depuis 1932, tout en étant député et président du groupe rexiste au Parlement de Bruxelles. Condamné à mort en 1946, il fut professeur de littérature française à l'université de La Plata, avant de mourir en 1960.

Georges Guilbaud, ancien marxiste ayant intégré le PPF, dont il devint le responsable en Tunisie, dirigeait le quotidien *Tunis-Journal*, organe du collaborationnisme en Tunisie. Venu en France après le débarquement allié de 1942, il est chargé par Pierre Laval d'organiser la Milice en zone nord. Il tentera d'en faire un organe unique, en essayant en vain d'y faire fusionner toutes les organisations collaborationnistes. Au début très actif, à Buenos Aires, au sein du groupe des nostalgiques de la brasserie Adam's, il se lança, au milieu des années cinquante, dans les activités financières, où il excellait, en travaillant avec la maison de change Piano. Gagnant beaucoup d'argent, il devint administrateur d'un célèbre palace de Buenos Aires, avant de partir, dans les années 60, exercer ses talents financiers en Suisse.

Contrairement aux Flamands et aux Allemands, rares furent les Français qui se passionnèrent pour la politique locale. Mais il y eut quelques exceptions sérieuses. Comme W, ancien militant de l'Action française rallié au PPF et journaliste hyperactif (chroniqueur à *Je suis partout*, au Cri du peuple et l'un des chroniqueurs du « Radio-Journal » de Radio Paris). Violemment antivichyste (il sera interné trois mois sur ordre de Laval, avant d'être libéré sur pression allemande), il termine la guerre en s'enrôlant dans la brigade SS Wallonie, dont la croisade s'arrête en 1945 devant Cracovie. Parvenu en Suisse, il y attend de connaître sa condamnation par contumace à perpétuité, en 1948, et part pour Buenos Aires, où il débarque avec cinquante francs en poche. Il se plonge alors dans les subtilités du péronisme et fait la connaissance de Victor Paz Estenssoro, chef du Mouvement national révolutionnaire (MNR), parti de la gauche nationaliste bolivienne en exil à Buenos Aires, dont il devient un actif conseiller politique. Lorsque Victor Paz Estenssoro conquiert la présidence de la république de Bolivie, en 1952, W le suit au palais Quemado, où il occupe pendant trois ans les fonctions de conseiller officiel, avant que sa femme, qui supporte mal La Paz, le contraigne à revenir à Buenos Aires. Il entame alors une carrière alimentaire de publicitaire, tout en restant passionné par la politique argentine. Dans les années 70, il participe à *Segunda Repùblica*, revue de Marcello Sorrendo, vieux nationaliste maurrassien et l'un des pères spirituels des Montoneros, péronistes dissidents d'extrême gauche passés à la guérilla.

Même passion politique chez Jacques de Mahieu, professeur de philosophie, ancien de l'Action française, où il fut le théoricien du maurrassisme social et du corporatisme. Ayant terminé la guerre dans les rangs de la division Charlemagne, il arrive en 1946 avec sa famille à Buenos Aires. Devenu professeur polyvalent (économie, français, ethnographie) à l'université de Cuyo et directeur de l'Institut d'études et de recherche du marché, il publie de nombreux ouvrages sur le syndicalisme, les problèmes sociaux et le corporatisme. Il eut son heure de gloire pendant la période des gouvernements militaires à partir de 1966, quand il devint le maître à penser sur les questions sociale et syndicale auprès des jeunes profs de droit et de sciences politiques proches des militaires. Il est resté très lié avec un autre intellectuel, William Gueydan de Roussel, philosophe germaniste engagé dans la lutte contre la maçonnerie, cofondateur du Cercle aryen de Paris, avec Paul Chack, et président du Cercle d'études judéo-maçonniques, dont le principal objectif était de prouver l'origine juive de la maçonnerie. Établi à El Bolson, Gueydan de Roussel mit son érudition bibliographique au service de la Bibliothèque nationale de Buenos Aires.

Les Vikings, Dieux incas

Mais Jacques de Mahieu est également connu en France comme auteur à succès de la collection « Les énigmes de l'Univers », chez Robert Laffont. Dans *L'Agonie du dieu Soleil*, publiée en 1974, il prétend révéler que l'Amérique du Sud a été découverte par des Vikings. Il avait monté à la fin des années 60 des expéditions d'ethnographie au Paraguay et retrouvé, à la frontière du Brésil, des fresques représentant de grands gaillards blonds, pour lui incontestablement « de race aryenne ». Il échafauda une théorie selon laquelle le continent aurait été découvert au Xe siècle par les Vikings, qui auraient civilisé les Indiens et fondé l'Empire inca, dont ils devinrent les « dieux blancs ». Les actuels Guayakis seraient, d'après cette théorie, leurs derniers représentants, malheureusement « dégénérés par métissage ».

Quelques exilés n'ont pas connu les bonheurs d'une seconde vie parce qu'ils n'ont pas supporté l'Argentine et sont rentrés le plus tôt possible. Il y eut deux vagues de retours : dans les années 50, après les lois d'amnistie de 1951 et de 1953, et au milieu des années 70, grâce à la prescription des poursuites. Ainsi Henri Lèbre, qui fut à la fois directeur du *Cri du peuple* et l'un des dirigeants de *Je suis partout*, journaux dans lesquels il s'insurgeait contre la mollesse de la politique antijuive de Vichy (statut des Juifs et aryanisation), qu'il qualifiait de « solution dérisoire ». Arrivé en Argentine en 1947 avec un passeport de la Croix-Rouge, après sa condamnation à mort par contumace en France, il ne s'adapte pas au pays et repart très vite pour le Portugal, où il attend la loi d'amnistie qui lui permet de rentrer en France dans les années 50, afin de reprendre du service à *Rivarol* et à *Spectacle du monde*. À la même période quitte également

Buenos Aires Pierre Villette, cofondateur de *Je suis partout*, membre du PPF et journaliste au *Cri du peuple*, qui avait terminé sa carrière de journaliste engagé à Radio-Patrie, à Sigmaringen, et au *Petit Parisien*, publié à Constance, à la fin de 1944, avant d'être condamné à mort par contumace en 1947. Marc Augier, journaliste à l'hebdomadaire *La Gerbe*, ancien de la LVF et de la division Charlemagne, réfugié à Mendoza, aidera un temps l'armée argentine à organiser des expériences de résistance au froid en zone montagneuse, avant de rentrer en France, dans les années 50, pour entamer une seconde carrière d'écrivain et de chroniqueur dans la presse d'extrême droite, sous le pseudonyme de Saint-Loup. C'est plus tard, au tout début des années 70, qu'Henri Janières regagne la France. Ancien de *Paris-Soir* et de *Notre combat*, organe œuvrant pour « une France socialiste dans l'Europe nouvelle », ce dandy obsessionnel occupa à Buenos Aires la place enviée de correspondant du *Monde* de 1961 à 1969, tout en étant très proche de l'ambassade de Syrie. Autre personnage particulièrement affecté par le mal du pays : Simon Sabiani, le célèbre maire PPF de Marseille et véritable empereur de l'agglomération, mise en coupe réglée pendant l'Occupation au profit de ses hommes de main du clan corse de Simon Mema et de la pègre de Carbone et Spirito. Condamné à mort par contumace et réfugié à Rome, ce personnage célèbre pour son goût du luxe et de l'opulence s'est retrouvé dans une petite pension de famille de Buenos Aires, vivotant en travaillant dans une agence immobilière. Ne supportant plus de vivre si loin de sa vieille mère corse, il vint s'installer en 1952 à Barcelone, où les fervents sabianistes venaient le voir en car de Marseille et d'où il fit quelques voyages clandestins en Corse pour voir sa mère. À sa mort, en 1956, des centaines de personnes assistèrent à son enterrement dans le petit cimetière de Casamaccioli, près de Corte.

Les passions sont retombées depuis longtemps chez la plupart des exilés restés sur place et encore vivants. « De temps en temps, on a eu des bouffées de chaleur, comme les femmes de 40 ans, précise un ancien de *Je suis partout*, au moment de la guerre d'Algérie, quand on a paniqué l'ambassade de France en lui faisant croire que s'était créé un "Comité Algérie française" à Buenos Aires, puis en Mai 68, quand les jeunes de Paris ont failli foutre en l'air de Gaulle. Mais c'est tout. Et c'est bien fini. » Aujourd'hui, la plupart viennent régulièrement passer des vacances en France. « Les Français vivent bien, c'est un beau pays, bien tenu, et vous avez un bon président de la République, qui vous a enfin débarrassés des communistes », conclut un ancien SS français.

Éric Conan
12 août 1993

Priebke extradé pour l'exemple

Coresponsable du massacre de la fosse Ardéatine, près de Rome, en 1944, il coulait des jours heureux en Argentine depuis 1948. Jusqu'à ce qu'il avoue son crime devant les caméras de la chaîne ABC. Silvio Berlusconi, gêné par son alliance avec les néofascistes, a demandé son extradition. Carlos Menem, soucieux de se rapprocher de l'Europe, va la lui accorder.

Les temps changent en Argentine. L'arrestation, il y a quelques semaines, d'un ancien SS, et la promesse faite par le président Carlos Menem de l'extrader, rompent brutalement avec une longue tradition d'impunité, assurée depuis la fin de la guerre aux exilés du Reich. L'innovation paraît d'autant plus spectaculaire qu'elle a pour origine une requête formulée par le gouvernement italien de Silvio Berlusconi. Les enjeux symboliques que représente cette affaire, tant à Rome qu'à Buenos Aires, expliquent la diligence dont elle fait actuellement l'objet.

L'homme qui pâtit de cette double résolution est Erich Priebke, 81 ans, ex-capitaine SS et ancien adjoint du chef de la Gestapo à Rome. Ses récents ennuis viennent de ses propres déclarations. Habitué à la tolérance argentine, Erich Priebke n'avait pas hésité, au printemps dernier, à reconnaître devant une caméra de la chaîne américaine ABC avoir participé, le 24 mars 1944, au massacre de la fosse Ardéatine, près de Rome, au cours duquel 335 civils italiens furent exécutés.

Ce drame reste l'épisode emblématique de la présence allemande en Italie, la fosse Ardéatine – une carrière désaffectée dans les environs de Rome – étant devenue le lieu de commémoration de toutes les victimes du fascisme et du nazisme. Le lendemain d'un attentat commis par les Groupes d'action partisane – d'obédience communiste – qui tua 33 SS en plein centre de Rome, Hitler exigea l'exécution de 10 otages italiens pour chaque SS abattu. Les prisonniers de la Gestapo, n'atteignant pas le nombre requis, on compléta par des Juifs. Sous la direction de Herbert Kappler, le massacre, qui commença à 15 h 30, ne prit fin qu'à 20 heures.

« Je ne sais pas combien de temps cela a duré. Longtemps, je pense, car on n'exécute pas 335 personnes comme ça », vient de préciser Erich Priebke au quotidien argentin *Clarín*.

Après guerre, Herbert Kappler fut condamné à la réclusion perpétuelle. Il réussit à s'échapper en 1977, un an avant sa mort, en Allemagne. Erich Priebke a fait l'objet d'une procédure judiciaire qui fut classée en 1962, car il avait mystérieusement disparu dès la fin de la guerre d'un camp de détention britannique à Rimini. Ayant réussi à gagner l'Argentine en 1948, il s'établit à San Carlos de Bariloche, station touristique de la « Suisse argentine », à 1 450 kilomètres au sud de Buenos Aires, où il devint l'un des notables de la communauté allemande, directeur de collège et président de l'association culturelle germano-argentine.

C'est là qu'il fut, à sa grande surprise, arrêté préventivement le 9 mai dernier, quelques jours après que la diffusion de ses propos par ABC eut provoqué de vives réactions en Italie. Silvio Berlusconi a sauté sur l'occasion de dissiper les procès d'intention visant les complaisances supposées de son gouvernement à l'égard des nostalgiques du fascisme en annonçant son intention de demander l'extradition de l'ancien SS. Il a dû, pour cela, contraindre Gianfranco Fini, chef de l'Alliance nationale (néofasciste), à mettre au pas ses représentants à Rome, qui refusaient de signer un texte appelant à l'extradition.

L'empressement italien est tout à fait nouveau. En effet, le ministère de la Justice connaît la présence de l'ancien SS en Argentine depuis des années, son cas ayant même fait l'objet de démarches précises auprès de Rome de la part de Serge Klarsfeld dès 1989… De son côté, avant même de recevoir une requête officielle, l'Argentine montrait ses bonnes dispositions en l'arrêtant préventivement. Comportement également inédit, la Cour suprême de Buenos Aires n'ayant accepté qu'une seule fois d'extrader un criminel de guerre (en 1990, Joseph Schwammberger, accusé d'avoir assassiné 5 000 Juifs polonais, fut livré à la RFA), mais après dix-sept années de négociations. Cette fois-ci, les choses furent plus rapides et traitées au sommet. Carlos Menem s'engagea personnellement : « C'est un criminel de guerre. Lorsque nous aurons reçu la demande formelle d'extradition de la justice italienne, il devra immédiatement être remis à l'Italie pour qu'il y soit jugé. »

Cette nouvelle attitude est liée aux efforts déployés par le chef d'État argentin pour se rapprocher de l'Europe et des États-Unis. Il y a deux ans, le président avait organisé une opération médiatique d'ouverture des archives concernant les nazis protégés par ses prédécesseurs. Même si le résultat fut décevant, cette mise en scène marquait un tournant symbolique. Ses déclarations publiques sur le cas Priebke confirment ce nouveau cours, qui ne peut qu'être renforcé par l'émotion considérable soulevée dans le pays par l'attentat à la bombe contre le siège de l'Association mutuelle israélite en Argentine, qui a fait plus de cent morts en plein centre de Buenos Aires le 18 juillet dernier.

Éric Conan
11 août 1994

Argentine.
Sur la piste des derniers nazis

Les Argentins ont ouvert leurs archives. Elles révèlent l'étonnant laxisme des autorités péronistes envers les criminels de guerre et leurs complices.

Qui était donc Fridolin Guth ? Un criminel de guerre, un salaud ordinaire ou un simple soldat du IIIe Reich fuyant, après la guerre, une Allemagne vaincue et dévastée pour une nouvelle vie en Amérique du Sud ? Tout ce que l'on sait de lui, aujourd'hui, c'est qu'il vécut bien tranquille, pendant plus de trente ans, dans la petite ville d'Agua de Oro, près de Cordoba, dans le nord de l'Argentine, où il mourut, en 1989, âgé de près de 90 ans. Il y tenait une pâtisserie, La Confiteria Tirol, sur la route menant à Ascochinga, décorée comme un salon de thé bavarois, où il vendait de délicieuses forêts-noires. Ses voisins se souviennent de lui comme d'un vieillard élégant et aimable, vivant avec sa femme, Maria, décédée il y a trois ans, et recevant des visites régulières de ses trois enfants. Interrogée par un quotidien local, *La Voz del interior*, l'une de ses proches, d'origine yougoslave et ancienne élève du collège allemand de la province, raconte que tout le monde, à Agua de Oro, appelait avec respect le vieil Allemand « don Guth ». « Quand je lui rendais visite, dit-elle, il voulait que je lui parle allemand. C'était un homme joyeux, mais affaibli, vers la fin de sa vie, par l'opération d'un ulcère. » Jamais, durant son exil, il ne fut inquiété, alors que les chasseurs de nazis, sous l'impulsion de Simon Wiesenthal, parcouraient le continent sud-américain, des hauts plateaux boliviens aux confins de la Patagonie, en passant par le Paraguay, le Brésil ou le Chili, à la recherche d'anciens criminels de guerre. Et puis, soudain, le 9 mars dernier, le nom de Fridolin Guth, « ancien membre de la police politique allemande en France », est apparu au sein d'une liste de dix-neuf personnes qui avaient obtenu des documents d'identité argentins sous leur véritable nom, alors que pesaient sur elles des accusations pour leurs actions durant la guerre.

Cette liste a été établie par une équipe de chercheurs dirigés par une historienne argentine, Carlota Jackisch, de la fondation Konrad-Adenauer, à Buenos Aires, auteur d'un ouvrage intitulé *El Nazismo y los refugiados alemanes en la Argentina* (Belgrano). Elle a effectué cette recherche dans le cadre de la Commission pour l'éclaircissement des activités des nazis en Argentine (Ceana), créée par le président Carlos Menem en 1997 et présidée par le ministre argentin des Affaires étrangères, Guido di Tella. Cette commission comprend des historiens de renommée internationale appartenant à de nombreux pays. En prétendant faire toute la lumière sur la présence des nazis dans le pays et sur les biens qu'ils auraient pu voler à leurs victimes, elle répond à une volonté officielle de solder un passé entaché d'embarrassantes connivences et de coupables complicités. Jorge Raventos, porte-parole du ministère des Affaires étrangères, admet qu'elle peut avoir également pour objet accessoire de redorer l'image du péronisme, parti du président Menem, dont la « légende noire », basée sur les liens de l'ancien chef de l'État Juan Peron avec le fascisme européen, est « fondée, dit-il, sur des faits avérés, mais aussi sur des exagérations ».

Il s'agit également de confirmer, selon Raventos, « le changement de positionnement international de l'Argentine, sortie du bloc des pays non alignés pour resserrer ses liens avec l'alliance occidentale et les États-Unis ». Enfin, même si la communauté juive argentine est l'une des plus importantes du monde et si certains de ses membres ont participé à plusieurs gouvernements péronistes, il existe dans ce pays, selon Sergio Widder, représentant du centre Simon-Wiesenthal à Buenos Aires, une « forte tradition d'antisémitisme et d'impunité ». L'incapacité des autorités – voire la mauvaise volonté de certains policiers – à trouver les coupables de deux attentats, l'un contre l'ambassade d'Israël à Buenos Aires en 1992, qui fit 29 morts, et l'autre contre un centre communautaire juif de la capitale, qui tua 86 personnes en 1994, n'a pas amélioré l'image du pays à cet égard. La volonté de transparence du président Menem s'inscrit donc dans ce contexte, à la fois politique et diplomatique.

La création de la Ceana est la suite logique de la décision, prise en 1992 par Menem, d'ouvrir les archives de la police, de la gendarmerie, de l'armée, des services secrets, de l'administration des douanes, de l'immigration et des Affaires étrangères relatives à la présence de nazis en Argentine. En 1996, le président a également ordonné l'ouverture des archives de la Banque centrale, afin de rechercher la présence d'or nazi dans le pays. Ces documents, tout chercheur intéressé est invité à les consulter au quatrième étage d'un vieil et imposant immeuble, El Archivo de la nacion, au n° 200 de l'avenue Leonardo Alem, à Buenos Aires. Là, dans une pièce éclairée par d'immenses fenêtres donnant sur les quais du port et les eaux limoneuses du Rio de la Plata, chacun peut examiner des dossiers jaunis remisés dans des boîtes en carton. On y trouve des chemises au nom, véritable ou d'emprunt, de quelques-uns des grands criminels de guerre qui ont trouvé refuge ici – Mengele, Kutschmann, Schwamberger ou Eduard Roschmann, *alias* Fritz Wegner, alias Federico Wegener. On y découvre des mémorandums sur papier pelure, des notes tamponnées *Estrictamente confidencial y secreto*, de vieilles coupures de presse, des photos d'identité anciennes, des relevés d'empreintes digitales, des rapports de gendarmerie. Les chercheurs qui ont commencé à les éplucher les jugent d'intérêts divers. « Celles de la gendarmerie contiennent quelques perles ; celles des services secrets, composées de coupures de presse et de dépêches d'agence, sont bonnes pour la poubelle », déclare Widder. On y relève d'étranges lacunes – le nom d'Adolf Eichmann, l'organisateur de la Solution finale, n'y apparaît qu'après la date de son enlèvement, en Argentine, par les services israéliens – et les preuves d'un étonnant laxisme, dont les auteurs ont sans doute été bien rémunérés. Ainsi Josef Mengele, le médecin d'Auschwitz, qui pratiquait, dans les premières années de son exil des avortements clandestins à Buenos Aires, fut détenu quelques heures, puis relâché, après la mort d'une de ses patientes. Un autre criminel nazi, Walter Kutschmann, accusé du meurtre de vingt professeurs d'université polonais et de leurs familles, qui vivait en Argentine sous le nom de Pedro Ricardo Olmo, fut arrêté un jour à Mar del Plata et présenté devant un juge. Il nia toutes les charges qui pesaient contre lui, maintint qu'il s'appelait bien Pedro Olmo et fut, lui aussi, libéré. Bref, il s'agit d'un puzzle de milliers de vieux papiers pour reconstituer la confuse et incroyable histoire des nazis en Argentine.

Sous le premier gouvernement de Juan Peron, mais aussi sous les régimes qui l'ont suivi – Ignacio Klich, qui préside le comité académique de la Ceana, parle à ce propos d'une « connivence sociale qui a duré bien au-delà de la chute de Peron » –, l'Argentine a toujours été le sanctuaire, l'ultime refuge des nazis ayant fui l'Europe. Accueillis par une communauté allemande déjà puissante à la fin de la Première Guerre mondiale, aimablement reçus par un régime péroniste influencé par les fascismes européens, aussi antiaméricain qu'il était anticommuniste, les fugitifs du IIIe Reich ont souvent recréé ici des villages à l'image de leurs Heimat natals. Ils se sont installés dans le nord de l'Argentine, non loin des frontières avec le Paraguay et l'Uruguay, dans la région de Cordoba, où vivaient déjà de nombreux marins du *Graf Spee*, un navire de guerre allemand qui s'était sabordé en décembre 1939 dans l'embouchure du Rio de la Plata, ou bien vers Mendoza, au pied de la cordillère des Andes, près de la frontière avec le Chili. Beaucoup d'entre eux ont particulièrement apprécié San Carlos de Bariloche, sur les contreforts andins, au bord d'un lac, un lieu de villégiature qui rappelle, avec ses chalets, ses montagnes et ses eaux claires, un joli coin de Bavière.

C'est ici, en 1954, que s'était établi Erich Priebke, responsable du massacre de la fosse Ardéatine, au nord de Rome, où 335 civils furent tués en 1944 en représailles d'un attentat contre des soldats allemands par des partisans italiens. Comme le raconte Jorge Camarasa dans son livre *Odessa Sur* (Planeta), il put, dans les rues de Bariloche, croiser Josef Mengele ou Adolf Eichmann, qui y vint parfois en vacances. L'ancien pilote de la Luftwaffe Hans Ulrich Rudel participait aux tournois de ski du Club andino. Le financier Ludwig Freude, ami de Peron, y avait une maison. Friedrich Lantschner, ancien gouverneur nazi du Tyrol autrichien, y fonda une entreprise de construction. Vivaient également à Bariloche un ancien agent des services de l'armée allemande, Juan Maler, le banquier nazi Carlos Fuldner, d'anciens responsables de la Gestapo ou des SS comme Max Naumann, Ernst Hamann ou Winfried Schroppe. Tout ce beau monde buvait chaque soir de la bière au Deutsche Klub et fêtait, tous les 20 avril, l'anniversaire d'Adolf Hitler au dernier étage de l'hôtel Colonial.

Combien furent-ils à venir dans ce pays après la guerre ? Personne ne le sait encore précisément. « Des nazis, des collaborateurs ? Des milliers. Des criminels de guerre ? Quelques dizaines », estime Sergio Widder. L'historien allemand Holger Meding, chercheur à l'université de Cologne, qui a travaillé sur les archives argentines, allemandes et autrichiennes et a publié, en 1993, un livre sur le sujet : *Flucht vor Nürnberg ? Deutsche und Oesterreichische Einwanderung in Argentinien, 1945-1955* (Boehlau Verlag, Cologne), estime qu'environ 80 000 Allemands et Autrichiens sont entrés au cours des dix années de l'après-guerre en Argentine, et que 19 000 s'y sont établis définitivement. Entre 3 000 et 8 000 d'entre eux ont fui l'Europe en raison de leur association avec le nazisme et 50 seraient des criminels de guerre. Camarasa, dans son livre, cite un autre chercheur, John Loftus, qui donne des chiffres légèrement inférieurs : environ 60 000 immigrés, allemands, autrichiens et croates, pour la plupart, seraient, selon lui, arrivés en Argentine entre 1945 et 1950. La moitié aurait présenté des documents en règle et l'autre, de faux papiers. Face aux immigrants d'origine germanique, l'historien Cristian Buchrucker, de l'université de Cuyo, dans la province de Mendoza, identifie un « groupe latin », composé de collaborateurs français, de rexistes belges et de fascistes italiens. Moins nombreux mais souvent plus intellectuels et plus urbains que les exilés allemands, moins handicapés aussi par la barrière de la langue, ils eurent sans doute une plus grande influence qu'eux sur la société argentine. Ils pénétrèrent plus facilement le monde universitaire et publièrent articles et revues en castillan, diffusant ainsi leurs idées d'un « ordre nouveau » dont la version la plus atténuée était un « conservatisme autoritaire » fortement teinté d'intégrisme catholique. Leurs principaux représentants furent Carlo Scorza, secrétaire général du Parti fasciste italien en 1943, l'universitaire français Jacques de Mahieu, ancien combattant de la division Charlemagne, mort à Buenos Aires en 1990, le rexiste Pierre Daye, Henri Lebre, qui collabora à la revue vichyste Je suis partout, et Alberto Falcionelli, lui aussi journaliste et représentant de l'office d'information du régime de Vichy à Madrid.

Face à cette immense vague venue de tous les coins d'Europe, la liste des dix-neuf noms publiés par l'équipe de Carlota Jackisch apparaît comme assez dérisoire. Mais l'historienne souligne que son travail ne fait que commencer et qu'il s'agit d'une étude systématique et scientifique. « Ce qui est sûr, c'est que ce que je dis est sûr », affirme-t-elle avec pétulance pour défendre ses méthodes d'investigation. Elle a travaillé sur une liste établie par son confrère allemand Holger Meding, à partir des archives de Coblence et de Ludwigsburg, qui centralisent les documents des services de l'immigration et de la justice et les archives de l'État autrichien à Vienne. Cette liste comprenait les noms de personnes susceptibles d'avoir émigré en Argentine après la guerre et sur lesquelles pesaient des charges de gravité diverse. Partant de l'hypothèse que certains de ces réfugiés avaient pu entrer dans le pays sous leur véritable identité ou bien avaient utilisé celle-ci, après leur arrivée, pour demander l'octroi de documents officiels, elle a croisé la liste de l'historien de Cologne avec les archives de la police fédérale argentine et a donc trouvé, pour le moment, ces dix-neuf noms de personnes recherchées pour crimes de guerre. Quatre d'entre elles sont bien connues, ont été arrêtées, extradées ou sont mortes. Il s'agit de Josef Mengele, l'« ange de la mort », le maniaque de l'« hygiène raciale », noyé au large d'une plage brésilienne en 1979 ; d'Adolf Eichmann, enlevé en 1960 par les services secrets israéliens et exécuté par pendaison en Israël en 1962 ; de Walter Kutschmann, chef de la Gestapo à Brzeziny, en Pologne. Arrêté à Buenos Aires en 1985, il y mourut deux ans plus tard sans avoir été jugé. La quatrième, enfin, est Erich Priebke, extradé en Italie en 1994 et condamné à la prison à vie. « Des quinze personnes restantes, explique Carlota Jackisch, nous avons pour l'instant la certitude de l'entrée de cinq d'entre elles, dont les noms, dates et lieux de naissance coïncident dans les archives argentines avec les données fournies par l'Allemagne. » Le premier de la liste n'est pas vraiment une découverte, puisqu'il s'agit de Gerhard Bohne, accusé d'avoir participé au massacre de malades mentaux en Allemagne. Il fut arrêté en Argentine et extradé en Allemagne en 1966. Les autres sont : Friedrich Rauch, un ancien Waffen SS qui aida Mengele dans son exil argentin et aurait vécu à Villa Ballester sous le nom de Pavic ; Eduard Roschmann, capitaine SS, le « boucher de Riga », responsable de la mort de 40 000 Juifs en Lettonie. Il se fit appeler Friedrich Wegner et les autorités d'immigration l'enregistrèrent sous le nom de Federico Wegener ; Erich Müller, ancien haut responsable de la propagande sous les ordres de Joseph Goebbels, et enfin Fridolin Guth, recherché, selon la Ceana, pour « ses activités contre la Résistance en France ».

Le mystère Guth reste entier

Le fils de Fridolin Guth s'appelle Adolfo, prénom pour le moins révélateur d'une certaine nostalgie de la part de ses parents. Il dirige une entreprise de peinture à Buenos Aires et, s'il refuse de rencontrer les journalistes, il prend tout de même le temps de leur exprimer sa colère au téléphone. « C'est une barbarie ! nous a-t-il déclaré. Mon père n'a jamais commis aucun crime. Depuis son arrivée en Argentine, il n'y a eu aucun procès contre lui, il n'a fait l'objet d'aucune enquête pour des crimes de guerre ou pour d'autres délits. Il a toujours vécu sous son véritable nom, s'est rendu plusieurs fois en Allemagne sans aucun problème, et a même touché une retraite du gouvernement allemand. » Interrogé par *L'Express,* le Centre d'histoire de la Résistance et de la déportation, à Lyon, déclare ne pas avoir de traces de Fridolin Guth dans ses dossiers.

Le mystère Guth, pour le moment, reste donc entier et ne fait que souligner le caractère encore inachevé du travail de l'équipe de la Ceana. Pour Jorge Camarasa, parler de seulement dix-neuf personnes est le « comble du ridicule », alors qu'il existe selon lui des preuves documentaires et testimoniales de l'arrivée en Argentine, entre 1947 et 1952, d'environ deux cents criminels de guerre. La célèbre émission d'investigation *Telenoche*, sur la chaîne Canal 13 de la télévision locale, vient d'ailleurs, le 6 avril, de débusquer l'un d'eux dans son exil argentin, le Croate Dinko Sakic, un lieutenant oustachi qui fut l'un des responsables, puis le commandant du camp de Jasenovac, en Yougoslavie. Il fut l'auteur d'actes particulièrement odieux et est considéré comme responsable de la mort de plusieurs milliers de personnes. Camarasa note que depuis 1947 l'Argentine a reçu trente-cinq demandes d'extradition, soit près du double de la liste de la Ceana. « Sans même parler des noms les plus connus, une telle liste se devait d'inclure Ludolf von Albensleven (5 000 assassinats en Pologne), Franz Rademacher (2 500 meurtres de Serbes et de Belges), Hans Fischboeck (l'"aryanisateur de la Hollande et de l'Autriche"), Olier Mordrel (nationaliste breton allié aux nazis), Jan Durcansky et Vojtech Hora (30 000 assassinats en Tchécoslovaquie), Ante Pavelic et ses collaborateurs (800 000 assassinats de Serbes et de Gitans en Croatie), Friedrich Warzok (commandant du camp d'extermination de Janowska), Wilhelm Sassen (condamné à mort par la justice néerlandaise pour des massacres) et des douzaines de Croates, d'Allemands, d'Autrichiens, d'Ukrainiens et de Français entrés dans ce pays sous le regard complice du premier gouvernement de Peron », écrit-il dans le quotidien *La Nacion*. Il termine son réquisitoire par une cruelle citation du même Juan Peron : « Si vous voulez qu'un fait ne soit jamais connu, créez une commission d'enquête. »

S'il est vrai que les découvertes de la Ceana semblent assez maigres face à la réalité de la présence de criminels de guerre en Argentine, certaines équipes de la commission offrent des éléments intéressants sur plusieurs sujets. Tout d'abord à propos des fameux sous-marins allemands qui auraient, selon des rumeurs récurrentes, débarqué en Argentine un « trésor nazi » et des hiérarques du parti. Selon l'équipe dirigée par le Canadien Ronald Newton, qui a travaillé sur les archives allemandes, alliées et argentines, les seuls sous-marins allemands à avoir atteint les côtes argentines à la fin de la guerre furent les deux qui se sont rendus à Mar del Plata en 1945. « Même s'il est impossible de prouver qu'aucun autre sous-marin nazi n'est arrivé sur les côtes argentines, une telle hypothèse est hautement improbable », écrit l'historien canadien, qui estime qu'elle relève plus de « campagnes de désinformation » que de la réalité.

Un autre sujet d'investigation passionnant est l'or nazi, ou plus précisément l'étude des transactions, qu'elles soient en or ou en devises, de l'Argentine avec les pays de l'Axe durant la guerre. Mario Rapoport, professeur à l'université de Buenos Aires, est un économiste qui peut parler avec autant de plaisir des nouvelles de Borges, de l'histoire du tango et des fluctuations de la balance des paiements. Il a étudié, avec son collègue Andres Musacchio, les archives de la Banque centrale. Sa recherche, qui ne fait elle aussi que commencer, montre que les autorités du IIIe Reich, peu après le début de la guerre, ont approché l'Argentine avec l'idée de payer leurs achats de céréales avec l'or qu'elles comptaient puiser dans les coffres des pays qu'elles allaient occuper. La réponse de l'Argentine, hélas ! n'est pas encore connue, mais il semble que les exportations argentines vers l'Allemagne, qui apparemment se sont taries durant les premières années de la guerre, auraient pu en fait transiter par des pays tiers, comme la Suède, la Suisse, l'Espagne ou le Portugal. « Les exportations argentines vers l'Allemagne, explique Rapoport, tombent de 65 millions de pesos en 1939 à 3 millions en 1940, puis à 3 000 pesos en 1941, pour disparaître complètement en 1942. Dans le même temps, la Suède, qui importait pour 14 millions de pesos de produits argentins en 1941, en importe soudain pour 79 millions l'année suivante. Même chose pour l'Espagne, qui quadruple ses importations argentines en une seule année, et pour la Suisse, qui les double. »

Des précisions nouvelles sont également apportées sur le rôle de la Croix-Rouge et du Vatican dans l'organisation de l'émigration de fugitifs vers l'Amérique du Sud, le long de ce que l'on a appelé la « route des rats ». Celle-ci est désormais bien connue des historiens et reste notable pour son efficacité. Selon plusieurs estimations, elle aurait permis à quelque cinq mille hiérarques nazis, allemands, autrichiens, croates, collaborateurs français, belges, ukrainiens ou biélorusses, de fuir l'Europe pour se réfugier en Argentine et dans d'autres pays d'Amérique latine. Elle supposait généralement un embarquement à Gênes. Walter Rauff, inventeur des chambres à gaz roulantes installées à bord de camions, y ouvrit, de 1945 à 1949, un camp de transit dans le nord de la ville pour ses camarades candidats à l'exil, avant de les rejoindre, une fois sa mission accomplie, pour s'installer au Chili. L'éminence grise de la « route des rats » fut l'évêque autrichien Alois Hudal, recteur du collège allemand Santa Maria dell'Anima, piazza Navona, à Rome, et auteur d'une apologie du national-socialisme éditée à Leipzig et à Vienne. Hudal, mort en 1962, a prétendu dans ses mémoires avoir agi pour le compte du Vatican. Pour Ignacio Klich, cela ne fait aucun doute : « Le rôle de Hudal pendant la guerre n'aurait pas été possible sans le feu vert du Saint-Siège. » Camarasa, dans *Odessa al Sur*, évoque quant à lui un télégramme confidentiel adressé au secrétaire d'État américain George Marshall par l'attaché militaire américain à Rome, Vincent La Vista. Pour ce dernier, le Vatican « est la principale organisation impliquée dans le déplacement illégal de personnes », et il cite vingt et un dignitaires du Saint-Siège impliqués dans un réseau fournissant asile, documents et argent aux fugitifs, pour peu qu'ils soient anticommunistes et favorables à l'Église catholique. En plus du couvert, l'habit, parfois, fut également fourni. On sait que certains nazis, comme Eichmann, Ante Pavelic ou Klaus Barbie, arrivèrent en Argentine vêtus d'une soutane. Pavelic, ancien chef de l'État indépendant de Croatie, où furent exterminés dans des camps de la mort 800 000 personnes, aurait été en contact, selon un télégramme du Central Intelligence Corps américain de 1947, avec le sous-secrétaire d'État du Vatican de l'époque, Giovanni Battista Montini, futur pape Paul VI. Les travaux de la Ceana, à cet égard, révèlent que les secrets du Vatican sont toujours bien gardés. À l'exception de l'Espagne, qui ne s'est guère montrée coopérative dans l'interprétation des règles bureaucratiques, datant du franquisme, de l'accès à ses archives, tous les autres pays ou institutions auxquels se sont adressés les chercheurs de la Ceana ont permis à ceux-ci l'accès à leur documentation. Tous, sauf l'église Santa Maria dell' Anima d'Alois Hudal. Les historiens responsables de l'étude de la « Vatican Connection » ont cependant découvert en Italie un document inédit qui confirme le rôle de l'Église dans la recherche d'une sortie de secours pour les soldats perdus du IIIe Reich et leurs collaborateurs : une lettre du cardinal français Eugène Tisserant, responsable des Missions du Vatican en Europe orientale, adressée en mai 1946 à l'ambassadeur d'Argentine à Rome. « Lorsque Son Éminence le cardinal Caggiano [à l'époque primat d'Argentine, NDLR] et Son Excellence Mgr Barrère [évêque de Tucuman, dans le nord de l'Argentine, NDLR] se trouvaient à Rome, ils m'ont laissé entendre que le gouvernement de la République argentine serait disposé à recevoir des Français que leur attitude politique pendant la récente guerre exposerait, s'ils rentraient en France, à des mesures de rigueur ou à des vengeances privées », écrit le prélat français. Et il demande au diplomate de bien vouloir accorder des visas aux familles Plissard et Reuillard, ainsi qu'à Pierre Aubry. Nous sommes alors à un mois de l'arrivée au pouvoir de Peron, dans une situation politique pour le moins confuse qui incite sans doute l'ambassadeur à la prudence. Il répond à Tisserant qu'il a pour instructions de suspendre pour le moment tous les visas pour l'Argentine. Cet échange de correspondance confirme deux autres découvertes réalisées par Ignacio Klich sur le rôle du Saint-Siège. En juin 1946, le cardinal Montini approche l'ambassadeur argentin près le Vatican pour lui proposer que des experts des deux États travaillent ensemble afin de répondre aux inquiétudes du pape Pie XII concernant les catholiques ne pouvant rentrer chez eux. Peu de temps après, l'adjoint au secrétaire d'État américain pour les zones occupées, le général John Hilldring, fait savoir à l'Argentine que les décisions de chaque État sud-américain concernant les personnes déplacées et les réfugiés constituent pour eux « une affaire intérieure ». « C'était, déclare Klich, un feu vert américain. » En 1949, enfin, le pape Pie XII, dans un entretien avec le *Washington Post*, déclare qu'il tient à féliciter Peron pour ses bonnes dispositions « en matière d'immigration ». De bonnes dispositions qui supposaient tout de même un péage d'entrée, et qui auraient rapporté au régime argentin, selon les services secrets américains, quelque 800 millions de dollars.

Peron a-t-il été jusqu'à envoyer à Vienne, par la valise diplomatique, 2 000 passeports argentins et 8 000 cartes d'identité vierges afin de faciliter l'arrivée de fugitifs dans son pays ? C'est ce qu'a affirmé, en février 1997 à l'hebdomadaire *Newsweek* l'avocat Pedro Bianchi, ancien diplomate argentin entre 1946 et 1948 et défenseur du nazi Erich Priebke lors de son procès en Italie. Pour l'instant, tout ce que la Ceana a découvert à ce sujet, c'est que sur les cinq personnes identifiées par Carlota Jackisch, quatre sont entrées en Argentine avec des documents de la Croix-Rouge internationale (CRI). Un porte-parole de l'organisation à Genève, Kim Gordon-Bates, s'est déclaré incapable, au lendemain de la publication de la liste de la Ceana, de commenter tel ou tel cas spécifique, tout en confirmant que la CRI avait effectivement délivré un certain nombre de documents de voyage à la fin de la Seconde Guerre mondiale sur la base de documents d'identité « que l'on pouvait considérer comme authentiques ».

Quelle qu'ait été la nature des papiers utilisés pour le voyage, il est avéré que le régime Peron a organisé un comité d'accueil pour sélectionner, parmi les candidats à l'exil, ceux qui présentaient un intérêt pour son pays : ce fut la commission Peralta, du nom du directeur de l'immigration Santiago Peralta, qui fonctionna dans une semi-clandestinité de 1948 à 1950. Trois de ses membres ont été identifiés : le Français

Jacques de Mahieu, Branko Benzon, un Croate, ancien ambassadeur du régime d'Ante Pavelic à Berlin pendant la guerre, qui fut le médecin personnel de Peron, et enfin l'Allemand Carlos Fuldner, un ancien capitaine SS qui sera plus tard entrepreneur et banquier. En cette époque des débuts de la guerre froide, ils avaient pour double mission de veiller à ce que les candidats à l'immigration soient des anticommunistes pur sucre et qu'ils puissent par ailleurs servir à l'expansion économique et technologique de l'Argentine, notamment dans le domaine de l'aéronautique et de l'énergie nucléaire. Selon Holger Meding, plus de onze cents personnes ont ainsi été accueillies sur les rives du Rio de la Plata. Parmi elles figuraient l'ingénieur Kurt Tank, qui avait développé le premier avion Fokker et participa au développement d'un appareil argentin, le Pulqui II, qui resta à l'état de prototype ; le colonel Hans Ulrich Rudel, as de l'aviation allemande et militant nazi déclaré ; ou le « savant » autrichien et passablement mythomane Ronald Richter, censé développer – ce qu'il ne fit jamais – un programme d'énergie thermonucléaire. Klich rappelle que Wernher von Braun offrit lui aussi ses services à l'Argentine, avant d'aller aux États-Unis travailler avec le succès que l'on sait pour la Nasa. Il ne s'agissait plus alors pour l'Argentine d'accueillir des criminels nazis (ni Tank ni von Braun ne l'ont été), mais de profiter du savoir-faire de techniciens et de savants allemands. Comme beaucoup à l'époque, Peron, plus pragmatique qu'idéologue (même s'il fut influencé par le corporatisme du fascisme italien), était fasciné par la compétence des techniciens allemands. Au point d'ailleurs d'en être parfois aveuglé. L'écrivain argentin Tomas Eloy Martinez, dans le numéro d'août 1985 de la revue *El Periodista* de Buenos Aires, évoque ainsi une conversation qu'il eut avec Peron en septembre 1970, où celui-ci lui raconta avec enthousiasme qu'il recevait souvent, dans son palais présidentiel, la visite d'un généticien qui travaillait sur l'amélioration du bétail dans une propriété du Paraguay et y faisait des merveilles. « Je lui demandai le nom de ce prodige. Qui sait ? répondit Peron en secouant la tête. C'était un de ces Bavarois bien bâtis, cultivés, fiers de leurs origines. Attendez, si je me souviens bien, il s'appelait Gregor. C'est cela, le Dr Gregor. » Autrement dit, Josef Mengele.

Michel Faure
9 avril 1998

Après Klaus Barbie, Alois Brunner ?

Dernier des grands criminels de guerre, l'ancien chef du camp de Drancy est réfugié en Syrie depuis plus de trente ans. La France va réclamer son extradition.

Nom : Brunner. Prénom : Alois. Age : 76 ans. Nationalité : autrichienne. Lieu de résidence : Damas (Syrie), sous le pseudonyme de Georg Fischer. Signe particulier : criminel de guerre nazi. A organisé la déportation, de 1939 à 1945, de plus de 100 000 Juifs, d'Allemagne, d'Autriche, de France, de Macédoine, de Slovaquie.

À Paris, le juge Claude Grellier, qui instruit le dossier depuis plusieurs mois, devrait lancer prochainement un mandat d'arrêt international contre l'ex-lieutenant d'Adolf Eichmann, l'apôtre de la « Solution finale ». Dans la foulée, le Quai d'Orsay – Roland Dumas y est déterminé – demanderait alors son extradition.

Depuis plusieurs années, les deux Allemagnes, l'Autriche et Interpol la réclament aussi. Sans succès, jusqu'à présent, la Syrie ayant toujours feint d'ignorer la présence de Brunner sur son sol. L'année 1988 sera-t-elle la bonne ? Celui qui est, depuis la mort de Walter Rauef – l'inventeur des camions à gaz – et de Josef Mengele – médecin-chef à Auschwitz – le nazi le plus recherché au monde comparaîtra-t-il enfin devant une juridiction française ? Désormais, tout est possible.

Longtemps hypothéquée, en raison des otages français au Liban et du rôle joué par Damas dans cette affaire, la venue de Brunner en France, ou, à tout le moins, son expulsion de Syrie, n'est plus aujourd'hui du domaine de l'hypothèse. D'autant que, aux États-Unis, certains hommes politiques s'intéressent aussi au cas Brunner. Comme le candidat démocrate à la Maison-Blanche Jesse Jackson. Celui-ci, dans deux lettres adressées au président syrien Hafez el-Assad (la dernière date du 14 avril), a, en effet, réclamé l'extradition de ce criminel de guerre vers la RFA.

À l'origine de tous ces efforts, l'avocat Serge Klarsfeld. Depuis des années, aidé par son épouse, Beate, il traque sans relâche les nazis encore disséminés dans le monde. C'est lui qui a, ainsi, contribué à l'arrestation et à la « récupération », par la France, de Klaus Barbie.

4 décembre 1987. Au nom de l'Association des fils et filles des déportés juifs de France qu'il préside, Me Klarsfeld porte plainte, avec constitution de partie civile, contre Brunner, pour crimes contre l'humanité. Certes, l'ancien nazi a bien été condamné à mort par contumace, en mai 1954, à Paris, par un tribunal des forces armées, pour son activité au camp de Drancy, en 1943 et 1944. Mais certains de ses crimes n'ont pas encore été jugés. Notamment, la rafle du 20 au 24 juillet 1944 – suivie de déportation – de 300 enfants juifs, appartenant à des homes de l'Union générale des israélites de France (Ugif) installés à Paris (rue Vauquelin, rue des Rosiers, rue de Montevideo, avenue Secrétan) ou en banlieue (La Varenne, Louveciennes, Montreuil, Neuilly). Tous ces gosses sont partis de Drancy, avec le convoi n° 77, le 31 juillet 1944. Direction : Auschwitz. Ils ne reviendront jamais. Ils s'appelaient Myriam et David Holz, Bernard Mikalowic, Lotti et Sarah Blumenkranz, Alice et Louise Gliot… Ils avaient de 10 à 12 ans. D'autres étaient plus jeunes encore : 4 ans, comme

le petit Jean Bender ; 2 ans, comme la petite Monique Grimberg…

Présent ce funeste 31 juillet, un rescapé de Drancy témoigne : « Il y avait 60 enfants par wagon. […] Wagons à bestiaux, bien entendu, et cadenassés. Un seul pot d'eau potable, pour subvenir aux besoins des plus petits. […] Le convoi mettra six jours pour arriver à Metz. » Ainsi l'avait voulu le commandant du camp, le Hauptsturmführer (capitaine) Alois Brunner. Il mettait simplement à exécution une note qu'il avait écrite le 14 avril 1944 : « Les enfants en bas âge qui se trouvent dans les foyers sont également à inclure dans les actions. » Sous-entendu, les déportations.

Le 17 août 1944, le capitaine Brunner récidive. Et fait déporter 1 300 Juifs. Principalement des enfants et des malades, qu'il est allé chercher dans les hôpitaux de la région parisienne. Ce sera sa dernière « mission » en France. À la Libération, l'officier SS est déjà parti. Pour la Slovaquie, où, commandant le camp de Sered, il déporte 14 000 Juifs. Brunner échappe au tribunal de Nuremberg, en 1946 : mais il figure sur la liste n° 1 des criminels de guerre nazis. En 1954, il est loin. En Syrie, où il habite toujours.

Né le 8 avril 1912, à Rohrbrunn (Autriche), Alois Brunner suit très tôt, de 1930 à 1932, les cours d'une école de police privée à Graz. Puis il tient un café à Hartberg. Déjà, le national-socialisme fascine le jeune homme. En 1938, à 16 ans, il adhère au parti nazi clandestin autrichien. La même année, il s'engage dans les SS (carte d'adhérent n° 342767) et entre à l'Office chargé de l'expatriation des Juifs de Vienne (Zentralstelle für Judische Auswanderung), dirigé par Adolf Eichmann. Il devient son secrétaire personnel et l'un de ses plus proches collaborateurs.

Son zèle est vite récompensé : d'abord, en 1940, successeur d'Eichmann à la tête de l'Office, puis, deux ans plus tard, promu Hauptsturmführer. En 1942, il épouse Anni Roeder. Avec laquelle, par l'intermédiaire de leur fille, il est toujours en relation. L'ascension du capitaine ne s'arrête plus. Il n'a qu'un seul objectif : la liquidation physique des Juifs d'Europe. C'est, pour cet « homme petit, mal bâti, au regard sans expression », une idée fixe.

En décembre 1942, il se trouve à Berlin, où il supervise la déportation des Juifs allemands. L'année suivante, il est envoyé à Salonique par Eichmann, dont il est devenu une sorte d'« ambassadeur itinérant ». Dès le 6 février 1943, Brunner organise le transfert des 43 000 Juifs de la ville vers Auschwitz. « En deux mois, du 15 février au 15 avril 1943, écrit Serge Klarsfeld [*Vichy-Auschwitz*, Fayard, 2007], la mission est pleinement accomplie. Après sept à neuf jours de voyage, la population juive de Salonique n'existe plus. Elle a été anéantie dans les chambres à gaz de Birkenau. » Le SS Brunner se comporte comme un véritable sadique. Impitoyable. Le témoignage de Michael Molho, rabbin de la communauté de Salonique, en 1948, est édifiant : « Le plus féroce des douze bourreaux était Brunner. Il fustigeait ses victimes avec une cravache faite de fines lanières de cuir, entrelacées de fil de fer, et il les terrorisait avec un pistolet qu'il leur braquait sur la nuque. »

Devant un si joli travail, la direction de la Gestapo envoie Brunner en France, pour y diriger le camp d'internement de Drancy. C'est la consécration, pour ce SS de 31 ans. Il s'y installe, le 2 juillet 1943, avec son fidèle commando de SS autrichiens. Il y restera jusqu'à la fin d'août 1944, organisant la déportation de 24 000 Juifs.

L'arrivée des SS marque la fin de la présence française à Drancy : les gendarmes chargés de surveiller le camp s'en vont, ainsi que les inspecteurs et les infirmières de la Croix-Rouge.

Autre innovation : l'administration du camp est confiée à des détenus. Une manœuvre perfide, destinée à détériorer le climat entre les membres d'une même communauté. Et à faciliter les déportations. Commencées dès 1942, avec la bénédiction du régime de Vichy, celles-ci vont se poursuivre. En juillet 1943, Brunner organise le départ de deux convois. Il surveille tout. Toujours ganté de noir, il interroge lui-même les détenus. Divise les Juifs par catégories. A : non déportables, conjoints d'Aryens et demi-Juifs. B : déportables (apatrides et ressortissants des nationalités déportables). C : non déportables, « en instance ». Effrayant ! Enfin, dans le but de rassurer la population et de mieux lui cacher le sort qui lui est promis, Brunner – comble du machiavélisme – fait repeindre certains locaux et améliore l'ordinaire. Bref, Drancy devient un petit ghetto bien propre…

Janvier 1944. Le commandant du camp pressent la fin du IIIe Reich et, en liaison avec Joseph Darnand, secrétaire général au Maintien de l'ordre de Vichy, et Artignac, du commissariat général aux Affaires juives, il accélère les déportations. Quatorze convois vont encore quitter la France.

Mai 1944, il bat son record : 3 000 « pensionnaires » de Drancy sont déportés. En un peu plus d'un an, ce camp est devenu une immense gare de triage pour la déportation. Antichambre d'Auschwitz.

Mais Drancy ne suffit pas à l'Hauptsturmführer SS. Il sait que les Italiens, qui viennent de quitter Nice, se sont montrés plutôt tièdes, pour ne pas dire hostiles à la liquidation des Juifs. Aussi, en cet automne de 1943, part-il lui-même pour la Côte d'Azur. Il va se charger du problème. Et de quelle manière !

Arrivé à Nice, au début de septembre 1943, il installe son quartier général à l'hôtel Excelsior, à proximité de la gare PLM. Commode, pour expédier les Juifs vers Drancy !

Immédiatement réquisitionné, l'Excelsior devient « camp de recensement des Juifs arrêtés, dépendant de Drancy ». Durant cinq mois, la ville de Nice connaît une véritable terreur. La Gestapo est partout : dans les hôpitaux, les appartements, les hôtels. Tout est mis en œuvre pour arrêter les Juifs : voiturettes montées par des « physionomistes », contrôles féroces des trains…

La Gestapo crée même une armée de dénonciateurs. Appelée « fausse Gestapo », cette bande fera systématiquement la chasse aux Juifs riches, afin de les dépouiller : 5 000 personnes seront arrêtées. Pour être conduites d'abord vers Drancy, puis vers Auschwitz. Parmi elles, Arno Klarsfeld, le père de Serge âgé alors de 8 ans. La population niçoise est atterrée. Prêtres et pasteurs se mobilisent : ils cacheront de nombreux Juifs. Le récit du Dr Drücker, interné à Drancy et qui a servi de médecin à l'Excelsior pendant cet automne meurtrier, en dit long sur le climat qui règne alors : « J'ai été témoin et victime de terreur et d'atrocités effroyables : cette équipe, qui comprenait de douze à quatorze tortionnaires, sous le commandement de Brunner, procédait à des arrestations d'hommes, de femmes et d'enfants, effectuées, pour la plupart du temps, la nuit. Ils subissaient tous des interrogatoires, interminables et brutaux, visant à leur faire avouer leur qualité de Juif et indiquer l'adresse des parents, mari, enfants, frères, etc. » Mission accomplie à Nice, Brunner retourne à Drancy. La suite, on la connaît : la déportation de 300 enfants juifs, en juillet 1944, puis son départ pour la Slovaquie.

1945. C'est la défaite de l'Allemagne nazie. Traqué, Brunner se réfugie en Autriche. Il prend le nom de Schmaldienst. Interné sous ce nouveau patronyme, dans un camp près de Munich, il sert de chauffeur aux Américains. Personne ne le reconnaît. Relâché, il est à nouveau arrêté, cette fois par les Anglais. Pas longtemps. Libéré à nouveau, il est, quelque temps, mineur dans la Ruhr. En 1954, Brunner part pour l'Égypte, puis pour la Syrie, où il s'établit définitivement, dans l'un des quartiers chics de Damas, au 7, rue Haddad. On perd sa trace. Jusqu'à ce que Simon Wiesenthal, directeur du Centre de documentation juive, à Vienne, le localise, à la fin des années 50. En 1982, Serge Klarsfeld l'identifie formellement. Sous le pseudonyme de Georg Fisher (ou Fescoer). Il a été longtemps conseiller pour les questions de sécurité du gouvernement syrien. Et aurait inventé une machine de torture très sophistiquée destinées à faire parler les plus récalcitrants…

Aujourd'hui, Fisher, sur lequel veillent en permanence quatre ou cinq gardes du corps, n'est plus qu'un vieillard. Diminué physiquement. En 1961, il a perdu un œil, séquelle d'une lettre piégée, qu'il est allée chercher à la Grande Poste de Damas. Et qui tua deux employés. En 1980, nouvel attentat. Toujours une lettre piégée, qui lui arrache les doigts de la main gauche.

Plus de quarante ans après l'Holocauste, ce paisible retraité – qui n'a jamais acquis la nationalité syrienne – n'a rien perdu de ses convictions. Le 30 octobre 1985, dans une interview au magazine ouest-allemand *Bunte*, il déclare : « Je ne regrette pas d'avoir tué cette vermine. » Deux ans plus tard, interrogé par le *Chicago Sunday Times*, il récidive : « Les Juifs exterminés ont mérité de mourir, parce qu'ils étaient des agents du démon et des rebuts du démon. » Il conclut : « Je n'ai aucun regret. Si c'était à refaire, je le referais. »

Après le bourreau de Lyon, la France jugera-t-elle le maître de Drancy ? « Brunner, dit Serge Klarsfeld, c'est Barbie puissance 10. »

Gilles Gaetner
10 mai 1988

Alois Brunner : des gendarmes à Damas ?

Spectaculaire initiative française pour s'assurer là-bas de la présence de l'ancien nazi. Un test pour la « nouvelle » Syrie.

Le parquet de Paris va, dans les jours qui viennent, transmettre aux autorités diplomatiques syriennes une commission rogatoire internationale du juge Jean-Pierre Getti rédigée en arabe. Objet : demander à l'État syrien de recevoir à Damas les gendarmes de la section de recherches de Paris et de procéder, en leur compagnie, à toute une série d'investigations destinées principalement à vérifier si le dénommé Georg Fisher, résident 7, rue Georges-Haddad, à Damas, et Alois Brunner, adjoint d'Eichmann, « sont une seule et même personne ».

Cette initiative judiciaire exceptionnelle, qui constitue la dernière tentative pour régler le cas Brunner, est l'une des conséquences indirectes de la guerre du Golfe, qui a vu la Syrie prendre place au sein de la coalition alliée contre l'Irak et manifester, depuis, sa volonté d'établir de nouvelles relations avec les pays occidentaux. L'opération diplomatico-judiciaire qui va être lancée constitue un test de la bonne foi d'un pays qui protège depuis plus de trente ans le plus grand criminel nazi encore vivant.

Proche d'Eichmann, ce SS autrichien fut, malgré son âge (30 ans), l'un des principaux artisans des déportations en Europe : 43 000 Juifs d'Autriche en 1942, 46 000 Juifs de Salonique en 1943, puis 24 000 Juifs de France, à partir de juin 1943, lorsqu'il prend la direction du camp de Drancy, tout en opérant de multiples rafles à travers la France. Alois Brunner offre la caricature du nazi maniaque, violent, déployant encore une énergie folle pour déporter, le 31 juillet 1944, quelques semaines avant la libération de Paris, des centaines d'enfants raflés de sa propre initiative dans des foyers. Il dirigera ensuite le camp de Sered, en Tchécoslovaquie, d'où seront déportés 13 500 Juifs. Soit au total plus de 130 000 victimes à son actif. « Par l'ampleur de ses crimes, Brunner dépasse cent fois Barbie. La région lyonnaise était le théâtre des forfaits de Barbie, l'Europe entière était la scène où Brunner exprimait sa haine meurtrière », précise Serge Klarsfeld, qui s'en souvient personnellement pour l'avoir entendu, à Nice, arrêter son père, qui avait eu le réflexe de cacher ses enfants dans un placard.

Placé parmi les premiers sur la liste des criminels nazis à rechercher, il disparaît et échappe, seul de l'équipe Eichmann, au tribunal de Nuremberg. Condamné à mort par contumace en France, en 1954, il s'établit à Damas en 1955, offrant à l'État syrien ses compétences en matière de « sécurité intérieure ». Serge Klarsfeld l'identifiera derrière le masque de cet homme d'affaires vivant, sous la protection de multiples policiers, dans les beaux quartiers de Damas. Un mandat d'arrêt international est lancé contre lui le 10 juin 1988, suivi d'une demande d'extradition, à la suite de la plainte déposée, en France, par l'Association des fils et filles de déportés juifs de France. La Syrie a répondu qu'elle ignorait tout de ce dénommé Brunner. Signe éclatant de mauvaise foi, l'hebdomadaire allemand *Bunte* ayant publié, en 1985, photos et déclarations provocatrices (« On a dû laisser le travail à moitié terminé… ») recueillis à Damas auprès de Fischer-Brunner. La RFA, la RDA, et même l'Autriche, qui réclamèrent également son extradition, n'ont pas eu plus de succès. D'où la demande française d'envoyer des gendarmes pour « vérifier ». Et mettre ainsi la Syrie au pied du mur. Cette initiative judiciaire, qui doit être soutenue par Interpol (dont la Syrie est membre), s'accompagnera d'une démarche diplomatique conjointe de la France et l'Allemagne. Et, aux États-Unis, la Chambre des représentants devrait bientôt voter une résolution soumettant tout développement des relations avec l'État syrien à un préalable : l'extradition du criminel.

L'issue de ce faisceau de démarches reste cependant incertaine. De nombreux diplomates estiment en effet que, si Brunner devient réellement encombrant pour l'État syrien, ses dirigeants préféreront favoriser un décès providentiel du vieil Autrichien, qui réglerait tout (Brunner a déjà perdu un œil et une partie des mains dans deux attentats, probablement d'origine israélienne, en 1961 et en 1980), plutôt que l'extradition spectaculaire de leur protégé.

Éric Conan
18 juillet 1991

Une tribune de la mémoire

Le procès par contumace d'Alois Brunner, juridiquement contestable, clôt trente ans de lutte de Serge Klarsfeld.

Ce fut le procès le plus court – quelques heures – pour le criminel le plus grand : Alois Brunner, tâcheron d'Eichmann et coresponsable de la mort de centaines de milliers de Juifs. Ce fut aussi un exercice extrême pour l'usage mémoriel de l'institution judiciaire. Car l'accusé n'était pas là et l'on ne sait même pas s'il est vivant. Il a donc été jugé par contumace, procédure qui n'a pas grand-chose à voir avec un procès : pas de jurés, pas de plaidoiries et peine maximale automatique. Les associations de victimes et leurs avocats étaient divisés sur l'opportunité de participer à ce procès voulu par Serge Klarsfeld. Michel Zaoui a contesté l'utilisation de la contumace, survivance de l'Ancien Régime que réprouve la Cour européenne des droits de l'homme, et estimé que cette entorse au principe du débat contradictoire – ce « vide », « sans face-à-face avec leur bourreau » – ne permettait pas aux victimes de s'exprimer.

Le procès n'a consisté qu'en la lecture de l'arrêt de renvoi, un court réquisitoire théâtral et gonflé de devoir de mémoire du parquet et un verdict inapplicable : perpétuité. Les avocats n'ont pu obtenir la parole qu'après le jugement, en feignant de demander une audience civile de réparation. En fait, chacun a précisé qu'il ne demandait aucune indemnité, mais un temps de parole utilisé pour d'autres propos. Alain Lévy a remis le parquet à sa place en rappelant que son zèle très nouveau ne devait pas faire oublier qu'il n'avait jamais été à l'origine des poursuites dans les derniers procès, provoquées par les seules plaintes des associations de victimes.

Serge Klarsfeld et ses deux enfants, Arno et Lida, ont lu des textes – rappel de trente ans de combats militants, témoignages, hommage à Israël – achevant de transformer l'enceinte judiciaire, conciliante, en tribune de la mémoire. Usage militant de la scène judiciaire qui va toujours, chez Serge Klarsfeld, avec un souci de l'exactitude : désavouant les actuelles poursuites contre Michel Junot, il voulait ce dernier procès d'un Allemand pour rappeler ce que, selon lui, beaucoup ont tendance à oublier : il n'y aurait pas eu en France de Bousquet et de Papon sans occupation nazie.

Éric Conan
8 mars 2001

Enquête sur un crime oublié

Durant l'été 1942, des milliers d'enfants juifs ont été internés dans le Loiret, puis séparés de leurs parents, avant d'être déportés. Voici leur histoire.

C'est là. Entre le château d'eau et le vieux silo en béton de la coopérative de céréales. Aujourd'hui, l'endroit semble un peu désert : on y a construit un terrain de sport. Comme si personne ne pouvait habiter cette terre pleine de larmes. On essaie de se représenter les baraques, les barbelés, les miradors : les rares photos de l'époque aident un peu. Mais le reste ? Comment imaginer ? L'Histoire des historiens retient que, à Pithiviers, sous-préfecture du Loiret, et à Beaune-la-Rolande, bourgade proche, eut lieu le crime le plus ignoble du régime de Vichy. Mais le moins connu, le moins reconnu : symbole extrême du refoulement des heures honteuses de cette France de la collaboration pétainiste. Dans ces deux petites cités perdues dans la Beauce, des Français ont discrètement enfermé, dans deux camps de concentration, des milliers d'enfants. Parce qu'ils étaient juifs. Puis ils les ont arrachés des bras de leurs mères avec une violence inouïe, les laissant seuls, abandonnés à eux-mêmes pendant plusieurs semaines, avant de les livrer bestialement, au départ du camp de Drancy, aux nazis, qui les gazèrent ensuite à Auschwitz.

Que sait-on de ces souffrances ? Pas grand-chose. Il a fallu attendre le début des années 70 pour que beaucoup de Français apprennent que la grande rafle du Vél' d'Hiv' avait été exécutée par la police française. Mais l'épisode qui suivit – les camps de Pithiviers et de Beaune-la-Rolande – demeura occulté. À Pithiviers même, rien, absolument rien ne rappelle officiellement que plus de deux mille enfants ont vécu dans un désarroi total les derniers jours de leur vie. À Beaune-la-Rolande reste une tombe collective montrant que trois petits sont morts à ce moment-là. Pourquoi ? « Victimes de la barbarie hitlérienne », précise le monument. Ce qui est faux : jusqu'à leur décès, ils n'ont jamais cessé de dépendre des autorités françaises.

L'amnésie n'est pas qu'officielle. Ici, on préfère oublier l'été 42. Il faut chercher longtemps pour trouver des Pithivériens présents à cette époque qui acceptent de se rappeler. Et de parler de ces souvenirs, trop précis, qui les ont à jamais dégoûtés. Il y a encore aujourd'hui, dans le Loiret, de nombreuses traces de ces événements. Comment se fait-il que, depuis, personne ne soit revenu sur les lieux afin de les recueillir, de les rassembler ? Ignorance ? Indifférence ?

À l'heure où le pétainisme prétend devenir une simple opinion, nous avons entrepris de reconstituer le détail de ces terribles journées. Quarante-huit ans après, nous avons retrouvé, dans les archives locales et les mémoires, assez de documents officiels et de témoignages pour évoquer ce que fut ce crime et la place qu'il occupa dans la chronique des deux cités. Chronique locale très évocatrice du quotidien de Vichy. Nous avons aussi retrouvé plusieurs des rares enfants qui, passés par ces deux camps, n'ont pas connu le sort de leurs milliers de codétenus et ont échappé *in extremis* à la déportation vers les camps de la mort.

Annette Krajcer, aujourd'hui médecin à Paris, a 12 ans lorsqu'elle arrive à Pithiviers, le 19 juillet 1942. Un dimanche. Le camp est tout près de la gare. « Nous sommes immédiatement répartis dans des baraques en bois, équipées de châlits remplis de paille. À côté de ce que nous venons de vivre, cela nous paraît mieux… » Annette, sa sœur Léa et leur mère viennent de vivre trois jours pénibles, enfermées dans le Vélodrome d'Hiver, à Paris, en compagnie des 8 157 autres Juifs interpellés lors de la grande rafle des 16 et 17 juillet 1942. « Nous avions été arrêtées chez nous, rue de Sévigné, le 16, à 6 heures du matin, par des policiers en uniforme : nous étions "sur la liste". Mes parents, qui avaient vécu en France depuis leur enfance, étaient considérés comme apatrides, mais ma sœur et moi (j'étais alors en quatrième au lycée) étions françaises. Mon père était déjà prisonnier des Allemands, depuis fin 1941, dans un camp agricole dans les Ardennes. On nous conduisit, avec d'autres familles du quartier, dans le préau de l'école de la rue Geoffroy-l'Asnier. Après quelques heures d'attente, des autobus vinrent nous embarquer pour le Vélodrome. Cela nous valut une longue traversée de la capitale, en plein jour, sous le regard apparemment indifférent, parfois surpris, des Parisiens. » L'identité de ces voyageurs n'échappe à personne : ils portent tous, très visiblement, l'étoile jaune sur le côté gauche de leurs vêtements, comme ils en avaient l'obligation depuis le 7 juin 1942.

La date de cette énorme rafle avait été fixée, quelques jours auparavant, le 10 juillet, lors d'une réunion préparatoire entre les Allemands et les représentants de la police française, conduits par Jean Leguay, délégué en zone occupée de René Bousquet, lui-même responsable de la police de Vichy. Il s'agissait de répondre à la demande d'Adolf Eichmann, chef du service des Affaires juives de la Gestapo, qui, le 22 juin, à Berlin, avait réclamé un premier contingent de 40 000 Juifs de France, âgés de 16 à 45 ans, à déporter par convois de 1 000 individus. Les occupants, incapables de procéder à ces arrestations massives, obtinrent de Laval de les faire effectuer par la police française. Son chef, René Bousquet, s'employait à faciliter cette collaboration, ainsi qu'il venait de le réaffirmer dans une lettre adressée, le 18 juin, au général Oberg, responsable des SS de Paris : « Vous connaissez la police française. Elle a sans doute ses défauts, mais aussi ses qualités. Je suis persuadé que, réorganisée sur des bases nouvelles et énergiquement dirigée, elle est susceptible de rendre les plus grands services. Déjà, dans de nombreuses affaires, vous avez pu constater l'efficacité de son action. Je suis certain qu'elle peut faire davantage encore… »

La grande rafle allait le prouver. André Tulard, directeur du fichier des Juifs à la Préfecture de Paris (le premier fichier mécanographique élaboré en France), avait précisé que l'on pouvait espérer de 20 000 à 22 000 arrestations, ses services mettant à la disposition de la police 27 361 fiches nominatives de « Juifs apatrides » séjournant à Paris et en banlieue, avec leurs adresses exactes. Il fut décidé, vu l'ampleur de l'opération, d'y affecter 4 500 policiers français (par équipes de deux, chacune disposant de cinq adresses) et de commencer très tôt.

Dès 4 heures du matin, les policiers tirent du sommeil des familles hébétées. La préfecture rend compte du déroulement de l'opération heure par heure. À 7 h 30, annonçant déjà l'arrivée de dix autobus au Vél' d'Hiv' (rue Nélaton, dans le XVe arrondissement), elle signale que « dans le XXe et le XIe arrondissement, où il y a plusieurs milliers de Juifs, l'opération est lente » et que certains « refusent d'ouvrir ; il faut faire appel à un serrurier ». À 9 heures, il y a 4 044 arrestations ; à 10 h 30, 6 587 ; à 11 heures, 7 773 ; à 15 heures,

10 832 ; à 17 heures, 11 363. Jean Leguay se tient régulièrement informé par téléphone. Au terme de la seconde journée, le 17 juillet, le bilan s'élève à 12 884 arrestations, sans compter 5 suicides. Le bilan final fera état de 13 152 arrestations : 3 118 hommes, 5 919 femmes et 4 115 enfants. Chiffres inférieurs aux prévisions, des fuites ayant permis à de nombreuses familles de déserter leur logement. Dès le 17 juillet, un rapport de la préfecture de police constate les effets négatifs de cette rafle de familles entières avec leurs enfants : « Bien que la population française soit, dans son ensemble et d'une manière générale, assez antisémite, elle n'en juge pas moins sévèrement ces mesures, qu'elle qualifie d'inhumaines. »

Pour les autorités françaises, ces manifestations d'émotion rendent d'autant plus délicate l'embarrassante question des enfants. En effet, la première réunion de bilan, le matin du second jour de la rafle, avait été consacrée à la « résidence à assigner aux enfants juifs arrêtés ». Que faire d'eux, puisque les Allemands ne réclament que les « Juifs de plus de 16 ans » ? Darquier de Pellepoix, commissaire général aux Questions juives, propose de les placer dans des maisons d'enfants. Jean Leguay, au contraire, demande officiellement à ses interlocuteurs allemands qu'ils soient également déportés. Dans son compte rendu de la réunion, Heinz Röthke, responsable du service des Affaires juives de la Gestapo, note que « les représentants de la police française ont exprimé, à plusieurs reprises, le souhait de voir les convois à destination du Reich inclure également les enfants ». Aussi télexe-t-il à Berlin pour demander s'ils peuvent être déportés.

Ces enfants vont donc constituer, pendant plusieurs semaines, un véritable casse-tête administratif. C'est déjà à cause d'eux que l'on avait décidé, le 13 juillet, de se servir du Vélodrome d'Hiver pour effectuer un premier tri : alors que 4 992 célibataires ou couples sans enfants étaient directement transférés au camp de Drancy afin qu'ils soient « prêts à être évacués tout de suite », les parents, avec ces enfants non déportables – au total, 8 160 personnes – furent rassemblés au Vél' d'Hiv', en attendant que Berlin statue sur leur sort.

« Nous avons séjourné au Vélodrome du jeudi 16 juillet, à midi, au dimanche matin 19 juillet, raconte Annette Krajcer. Je me souviens d'une clameur de fond incessante, avec des cris de femmes et d'enfants apeurés. La plupart des gens restaient assis sur les bancs espérant je ne sais quoi. Peut-être qu'on nous libère, après un contrôle d'identité. L'impression de vivre un cauchemar, sans savoir pourquoi. La situation sanitaire s'est vite dégradée. Des malades furent évacués sur des brancards. Quelqu'un se jeta du haut des gradins, dans un acte de désespoir, ce qui provoqua une tension extrême, terriblement angoissante. » Le premier jour, aucune nourriture, aucune boisson n'avait été distribuée. Le 18 juillet, Mlle Tavernier, l'une des seules assistantes sociales présentes, adresse une note à la préfecture de police : « Les Juifs commencent à réagir. Femmes : crises d'épilepsie, crises nerveuses. Enfants malades. Tinettes bouchées. Prennent à partie la police française. État d'esprit mauvais. Les nouilles ne sont pas arrivées. Pas d'eau. Pas assez de pain. Soupe à toute heure. Deux médecins seulement. Il pleut dedans. »

La réponse des Allemands à la demande française de déporter les enfants n'interviendra pas immédiatement. En attendant que Berlin se décide, il apparaît vite impossible de laisser dans la pagaille du Vél' d'Hiv', en plein cœur de Paris, plusieurs milliers de familles. Du 19 au 22 juillet, escortées par des gendarmes, 7 618 personnes quittent donc la capitale pour rejoindre, à 80 kilomètres, deux camps discrets perdus dans le Loiret, à Pithiviers et à Beaune-la-Rolande (le 25 juillet, le préfet de police invitera par courrier la direction de la SNCF à « facturer les transports au ministère de l'Intérieur »).

« Le dimanche 19 juillet, après d'autres départs, vient notre tour de quitter le Vélodrome, à l'appel de notre nom de famille par haut-parleur, poursuit Annette Krajcer. Nouvelle traversée de Paris en autobus, vers la gare, sous la garde d'agents de police français. Ensuite, long voyage en wagons à bestiaux plombés, laissant passer le minimum d'air et de lumière. Une tinette par wagon, où sont entassés, pêle-mêle, hommes, femmes, enfants, avec, parfois, les grands-parents. Les conditions sont déjà pénibles, mais on est ensemble, maman est là et nous réconforte comme elle peut. "Tant qu'on est en France, nous disait-elle, il ne pourra rien nous arriver de terrible, et nous n'avons vu aucun Allemand ; rien que des agents de police français." À Pithiviers, les conditions nous paraissent évidemment meilleures, comparées à celles du Vél' d'Hiv : on peut circuler, dehors, entre les baraques ; il y a bien des barbelés et des miradors, mais, au-delà, de grands champs de blé… »

Joseph Weismann, aujourd'hui commerçant dans l'ouest de la France, éprouve la même réaction lorsqu'il débarque, avec sa mère, son père et ses deux sœurs, au camp de Beaune-la-Rolande, bourgade de 1 700 habitants à dix-sept kilomètres de Pithiviers. Il avait 11 ans et se souvient que son père, ouvrier tailleur rue des Abbesses, à Paris, se montrait également confiant : « "Nous avons été accueillis par la France, nous ne risquons rien", nous disait-il. Malgré ses trois enfants, il s'était engagé en 1939 et était parti pour le front. » La nuit, femmes et hommes sont séparés, et Joseph est affecté avec son père à la baraque n° 7. Ces longues bâtisses préfabriquées, prévues pour contenir chacune une centaine de personnes, avaient été édifiées en 1939 pour y enfermer les futurs prisonniers de guerre allemands. Elles servirent, en réalité, aux Allemands à parquer, en 1941, les prisonniers de guerre français, avant de les envoyer en Allemagne ! Puis, dès le 14 mai 1941, à enfermer – sous la surveillance de Français : gendarmes, douaniers et gardes auxiliaires recrutés sur place – les Juifs polonais (hommes) arrêtés en France dès cette époque. Ils furent déportés au cours du printemps et du début de l'été 42, afin de laisser la place aux familles du Vél' d'Hiv.

Le rapport d'un policier d'Orléans, daté du 20 juillet, rend compte au préfet du débarquement du premier convoi, celui dont faisait partie Annette Krajcer : « Le contingent de Juifs arrivés aujourd'hui se compose, pour 90 % au moins, de femmes et d'enfants. Tous les internés sont très fatigués et déprimés par leur séjour au Vélodrome d'Hiver, où ils ont été très mal installés et ont manqué de tout. Les mille internés ont été logés dans six baraques, où ils disposent de paille assez abondante. » L'arrivée des familles et des enfants, quoique prévue depuis dix jours, n'était pas du tout préparée : le rapport, constatant leur incompétence, réclame le remplacement du commandant et du gestionnaire du camp, « avant que celui-ci ne devienne rapidement une vaste foire ». Les deux camps, conçus chacun pour 1 500 personnes, en ont accueilli 4 544 à Pithiviers et 3 074 à Beaune. Les gendarmes avaient bien pensé à renforcer les barbelés pour que les bébés ne puissent passer, mais rien n'avait été organisé pour leur donner à manger. Le 23 juillet, un rapport d'inspection envoyé au préfet relate la pagaille, signalant qu'au camp de Pithiviers il n'y a même pas d'« ustensiles pour faire bouillir le lait des enfants », qu'une « grande confusion règne » dans celui de Beaune et que le personnel médical (un médecin pour plusieurs milliers de personnes, dans chaque camp) est « insuffisant ». Le 5 août, un autre rapport, indiquant les premiers décès d'enfants, estimera la situation épidémiologique « assez alarmante ». En effet, avec la surpopulation, la chaleur, les sanitaires de fortune, les choses se dégradent rapidement. Poux et parasites vont vite pulluler, dysenterie, scarlatine et diphtérie se répandre.

À l'extérieur, le sort des mères et des enfants suscite peu d'émoi. Le préfet du Loiret, dans un rapport daté du 1er août, rassure Vichy : « L'arrivée d'un grand nombre de Juifs dans les camps de Pithiviers et de Beaune-la-Rolande pouvait faire craindre qu'une partie de la population de ces villes et des environs, prise de pitié pour les femmes et les enfants faisant partie des convois, ne manifestât, sous une forme quelconque, contre les décisions des autorités d'occupation. Il n'en a rien été. C'est avec indifférence, la plupart du temps, que les habitants ont vu passer les convois d'internés. »

La décision allemande concernant le sort des enfants tarde. Pour l'administration vichyste, cela devient préoccupant : elle s'est engagée auprès des nazis à respecter un programme précis de départs de convois, et il va bientôt lui manquer de quoi remplir les wagons en attendant les contingents de Juifs arrêtés en zone libre, qui ne viendront que plus tard ! Dilemme bureaucratique vite tranché : comme l'indique Jean Leguay au préfet d'Orléans, on va déporter les parents – essentiellement, des mères – en attendant de savoir que faire des enfants ! Le 31 juillet, le premier convoi, comportant les pères et 147 mères séparées de leurs enfants de moins de 16 ans, quitte Pithiviers. Les gendarmes ont dû en battre certaines.

Annette Krajcer se souvient de ce moment où sa vie fut brisée : « Le 2 août, en fin d'après-midi, nous sommes prévenues par appel que notre mère va s'en aller avec le convoi du lendemain. Se passe une longue nuit, atroce, dont nous voudrions retenir chaque instant pour prolonger encore sa présence auprès de nous. Le lendemain, c'est la séparation, mais nous avons encore une dure journée d'attente, car les femmes qui doivent partir sont rassemblées derrière des barbelés, à quelques mètres. Nous restons ainsi, face à face, toute une journée. Puis c'est l'arrachement, le départ, pour toujours. » Les 3, 5 et 7 août, près de deux mille mères sont séparées de leurs enfants. De craintives, elles deviennent agressives. Il y a des combats avec les gardes, des blessés de part et d'autre. Quelques-unes sont même battues jusqu'à perdre connaissance, pour qu'elles lâchent leurs enfants.

Raymonde Mann, aujourd'hui citoyenne américaine, avait 15 ans au camp de Beaune : « On annonce que les adultes partiront d'abord, pour “préparer le camp de destination”, et que les enfants suivront sous peu. Ce qui déclenche une véritable émeute. Tous les internés se précipitent vers l'entrée du camp. Les gendarmes, qui essaient d'endiguer la folie, sont dépassés, et nous croyons un instant que nous allons forcer la porte du camp. C'est alors qu'elle s'ouvre, qu'un camion allemand entre et que les soldats se mettent en position de tirer. Ils avaient été appelés par le commandant de gendarmerie. »

Aujourd'hui, à Beaune, ceux qui acceptent de se rappeler n'ont pas oublié ces séparations. « Je me souviens d'un dimanche après-midi, dit une vieille habitante. Cela s'entendait d'ici, alors qu'on est à plus de cinq cents mètres de l'emplacement du camp. Des cris, des cris, qu'on se demandait ce que c'était. Plus tard, les douaniers ont raconté dans le village que c'étaient les mères qu'on avait séparées des enfants… »

Près de cinquante ans après, Joseph Weismann vit toujours avec ces cris. « Des hurlements de bêtes, comme je n'en avais jamais entendu, poussés par des mères qui se roulent par terre, se tapent la tête contre le sol. Et les enfants, affolés, pris de panique en les entendant, qui se mettent à hurler aussi, qui font pipi. Une scène terrible, qui me hante encore. Je ne sais pas combien de temps cela a duré, mais je n'ai jamais rien entendu de pire. Avec, instinctivement, le sentiment d'une situation de non-retour. Le lendemain régnait dans le camp un désarroi indescriptible. Les petits erraient, pleurant, la morve au nez, les fesses de plus en plus sales, désemparés. Une tristesse, une misère… La mort valait peut-être mieux que cette détresse. Je crois qu'il y un degré dans l'interdit : faire ça à des enfants… Aujourd'hui, chaque fois que je vois la face de porc ricanante de Le Pen, je pense à cette immense détresse des enfants de Beaune. C'est toujours insupportable… »

Les parents et les deux sœurs de Joseph Weismann sont partis. Il ne les reverra jamais. « Sentant qu'il ne fallait pas rester là », il va, en compagnie d'un plus grand, Joseph Kogan, profiter de la désorganisation relative du camp, après le départ des parents, pour réussir la seule évasion d'enfants, en se frayant un passage sous les barbelés, à midi, au moment du repas. Ils avaient pris soin de déterrer quelques billets : avant leur départ, les adultes, qui savaient qu'on les dépouillerait de toute valeur et de tout bijou, les cachaient à la hâte ou les jetaient dans les tinettes. Cet épisode de la « fouille » demeure tabou, à Beaune. Parce que l'on se souvient que quelques habitants, notamment des femmes, se portèrent volontaires, à la demande des gardes, pour cette tâche : elles furent les plus brutales, certaines arrachant parfois les boucles des oreilles lorsque cela n'allait pas assez vite. Et parce que d'autres se sont distingués en ratissant le contenu des latrines, à la recherche de bagues, de bracelets et de colliers…

« La première chose que nous avons faite avec cet argent, c'est de nous empiffrer de gâteaux achetés à la boulangerie de Boiscommun, poursuit Joseph Weismann. Au bout de deux journées de marche, nous avons échoué, épuisés, à Lorris. Après de nombreux refus, une dame accepte de nous accueillir chez elle. Mais cette salope va immédiatement nous dénoncer à un gendarme ! En fait, c'est lui qui nous aidera, en nous mettant le lendemain au car de Montargis, d'où nous avons pris le train pour Paris. » À la suite de multiples péripéties dans la capitale, Joseph Weismann finira la guerre caché chez des paysans, dans la Sarthe.

Après les départs du 3 et du 7 août, il reste à Pithiviers environ 1 800 enfants sans parents, livrés à eux-mêmes. S'en occupent quelques infirmières de la Croix-Rouge de Paris et de Pithiviers (peu nombreuses, car le camp n'était pas une priorité de la Croix-Rouge locale) et les mères encore présentes. À Beaune, il reste, à la mi-août, environ 1 500 enfants. « De très jeunes, âgés de 2, 3 ou 4 ans, se retrouvent ainsi tout seuls, du jour au lendemain, sans personne ni pour les consoler, ni pour les laver, ni pour les aider à manger, souligne Annette Krajcer. Notre baraque ne comptait plus, dès le 2 août, que des enfants. Un garçon d'une quinzaine d'années à peine – je me souviens de son nom : Léon Gurfunkel – fut nommé par les gendarmes "chef de baraque" et moi, âgée de 12 ans, "sous-chef de baraque". Nous étions chargés d'aller chercher aux cuisines les lessiveuses de légumes et de les distribuer. Nous étions également responsables de l'entretien. Les petits ont pleuré, appelé leur mère durant quelques jours, refusant de manger, recherchant un peu d'affection. C'était déchirant, et cela ajoutait encore à notre désespoir. Puis ils sont devenus calmes, comme indifférents, d'une docilité étonnante. Nous nous sommes efforcés de les amuser et de les occuper, mais ils restaient la plupart du temps assis, sans rien faire. »

Jean Goueffon, qui a alors 14 ans, se souvient très bien de ces enfants : il les voit de temps en temps, lorsqu'il vient dans le bureau de son père, comptable à la coopérative de céréales qui jouxte le camp. « Il y en avait beaucoup ; ils donnaient l'impression d'être perdus, déboussolés ; certains erraient d'une extrémité à l'autre. Je ne me rappelle pas de les avoir vus jouer. »

Dans cette ville de la Beauce céréalière et sucrière, qui échappe à la pénurie, ces enfants mangent mal et souffrent de diarrhées permanentes. Beaucoup tombent malades. Les cas graves sont envoyés à l'infirmerie du camp, contrôlée par un médecin de Pithiviers assisté d'Henri Russak. Ce jeune Juif polonais, qui venait de finir ses études de médecine en France, engagé volontaire en 1939, a été arrêté et détenu dans le camp depuis juin 1941. Il vit aujourd'hui à Paris. « Je n'ai jamais tant travaillé de ma vie, jour et nuit. Je voyais des enfants arriver dans un état indescriptible. C'était terrible – impossible à raconter. J'éprouvais une immense pitié. »

Pithiviers n'ignore pas le sort de ces enfants. Mais, pour la majorité de ses habitants, ils font partie d'un autre monde, qui ne parvient pas à toucher la routine de l'Occupation. Marcel Donon, le sénateur-maire, a été démis de toutes ses fonctions, parce que radical et franc-maçon, et le préfet a désigné un remplaçant plus convenable. Brisé, Marcel Donon mourra en 1943. Le nouveau conseil municipal, nommé par Vichy, ne fait jamais allusion au camp, préférant prendre d'importantes décisions : par exemple, « faire l'acquisition d'une effigie du maréchal Pétain, gravée au burin par M. Gaudin, prix de Rome ». En revanche, *L'Écho de Pithiviers, journal de la Beauce et du Gâtinais*, seule source d'information locale, n'a cessé, depuis 1940, de déverser des insanités sur les Juifs, les francs-maçons et les élus du Front populaire. Le 24 mai 1941, son éditorialiste, Jean de Nibelle, saluant l'ouverture du camp de Pithiviers d'un gros titre à la Une – « Israël dans le Loiret ! » – se réjouissait de voir les

Juifs « derrières des fils de fer barbelés plutôt qu'à la tête de nos mairies et de nos administrations, comme ils y étaient encore, naguère, sous le règne des Blum, des Zay, des Lévy et de toute la pouillerie sémite qu'ils entraînaient derrière eux. [...] Ainsi, la roue tourne ! Et les Juifs, hier tout-puissants, ne sont plus, aujourd'hui, qu'un misérable gibier de camp de concentration ! » *L'Écho de Pithiviers*, qui répercute les moindres détails de la vie locale (jusqu'au vol d'un lapin ou la perte d'un mouchoir, d'un béret basque ou d'aiguilles à tricoter...), ne donne aucun détail sur le camp, sauf pour publier un avis préfectoral de recrutement de gardes : « 1 109 francs par mois, logé, avec une prime alimentaire de 21 francs par jour ».

L'origine et la vie des internés étaient bien connues des Pithivériens, puisque des détenus hommes, ayant précédé les familles, à la fin de 1941 et au début de 1942, avaient été employés dans les ateliers, les coopératives et les fermes des environs. Une circulaire du préfet du Loiret, datant du 7 juin 1941, avait établi le tarif de la « main-d'œuvre israélite », disponible par lots d'au moins dix hommes : cinq francs d'indemnité par détenu à verser au commandant du camp. Ces emplois ont permis à des prisonniers de s'évader, grâce à quelques habitants, tels les Mirloup, fleuristes, qui les cachaient dans leur camionnette, et, surtout, Henri Tessier et sa fille Jeanine, qui ont fait passer la ligne de démarcation à plusieurs dizaines d'entre eux. Complicités cependant rarissimes. « Que voulez-vous, ici, les gens sont personnels ! Au moins, ils ne nous ont pas dénoncés, explique simplement Jeanine Tessier, à présent retraitée. Ces Juifs avaient le droit de vivre. Qu'est-ce qu'ils avaient fait ? Mon père faisait ça parce il avait connu la misère : les pieds gelés et un poumon percé à la guerre de 14-18. » Et eux le faisaient pour rien. Car d'autres se sont rappelé avoir « aidé » des Juifs, oubliant de dire que c'était pour de l'argent : ils leur vendaient, au prix fort, de la nourriture, leur octroyaient de petites facilités ou leur faisaient de fausses promesses. À l'intérieur du camp, le trafic, intense, sera plus « professionnel » et prendra de telles dimensions que le tribunal d'Orléans condamnera (à des peines légères), « pour trafic d'influence, vol, recel et infraction au monopole des PTT », des gendarmes et des employés du camp qui transmettaient des lettres en échange de grosses commissions et « dérobaient à l'économat des denrées destinées aux détenus pour les revendre aux époux X, épiciers ». À une plus petite échelle, la chronique locale de Beaune-la-Rolande est proche de celle de Pithiviers. Le préfet contraint le Dr Cabanis, député-maire, à démissionner : non seulement il est radical, mais sa femme est juive et se cache en zone sud. Il a aidé tant qu'il l'a pu les détenus juifs, sur le plan tant alimentaire que sanitaire. Lui aussi, brisé, mourra, au début de 1944, d'une crise cardiaque. Quelques vieux, à Beaune, demeurent persuadés qu'il s'est, en réalité, empoisonné.

On sait ce qui se passe dans le camp. Les gardes et les douaniers parlent. Mais c'est tout. « J'avais 14 ans, et un jour notre classe a visité la sucrerie, près du camp. Je me souviens que nous sommes passés à côté de ces gens enfermés sans que notre professeur nous dise quoi que ce soit sur eux », précise une Pithivérienne. Pendant que ces centaines d'enfants sont oubliés dans leur désespoir et leurs diarrhées, Pithiviers s'efforce de ressembler à ce qu'il était. En ce beau mois d'août – « La récolte des blés s'annonce satisfaisante », titrait, en première page, *L'Écho de Pithiviers* – on se passionne pour les résultats du concours de familles nombreuses. Dans la troisième catégorie (« pères de plus de 40 ans »), Alexandre Bathon, 55 ans, remporte, avec 13 enfants, le prix, offert par la caisse d'épargne. Les distractions ne manquent pas non plus. Le cinéma propose alors *L'Inconnue de Monte-Carlo*, avec Albert Préjean et Jules Berry, et *La Route enchantée*, avec Charles Trenet et Marguerite Moreno. Au théâtre passe *Andrhel, le sosie de Fernandel* (« Il est prudent de réserver », conseille la publicité). Pour ceux qui préfèrent le sport, il n'y a que l'embarras du choix. Ainsi, le 30 août, il faut opter entre le grand prix cycliste de Tourny ou la grande fête sportive de Pithiviers (« Boxe, escrime, ballets gymniques, parcours d'athlétisme. Avec fanfare »). Pithiviers se préoccupe beaucoup de sport. Le 11 septembre 1942, le conseil municipal décide à l'unanimité d'allouer cinq mille francs au Club athlétique pithivérien, « pour la réfection d'un vestiaire et l'établissement de lavabos au stade de Croix-Falaise ».

Le représentant de Vichy à Pithiviers est, à cette époque, le jeune et brillant sous-préfet Michel Junot, arrivé le 20 août 1942. Il vient d'un important cabinet du ministère de l'Intérieur. Sa principale préoccupation consistera à inspecter les communes et à remplir des fiches de « renseignements généraux et confidentiels » sur les notables locaux, afin de vérifier leur allégeance à Vichy. La lecture de ces fiches le montre obsédé par l'influence que peut conserver sur les notables locaux Marcel Donon, ancien sénateur-maire radical. Et les enfants ? Actuellement conseiller municipal de Paris, Michel Junot se souvient d'avoir vaguement « entendu dire, fin août, qu'il se passait des choses scandaleuses dans le camp, que les Allemands avaient séparé les enfants et les parents ». Lui rappelle-t-on que les Allemands ne sont jamais occupés des camps, qui dépendaient totalement de la préfecture, il précise alors qu'il n'avait « aucune compétence ni aucun pouvoir sur le camp » : « Il n'était pas dans mes attributions. Je n'y ai jamais mis les pieds. » Les enfants dans un état lamentable, qui étaient encore là, début septembre ? « On ne m'a jamais parlé de ces problèmes. » Ce que toute la ville savait, le sous-préfet pouvait-il vraiment l'ignorer ?

Le 13 août, Adolf Eichmann a donné son accord pour que les enfants soient déportés dès la seconde quinzaine du mois. Une réunion a aussitôt lieu, à Paris. Jean Leguay précise qu'ils doivent être mêlés aux adultes. Vraisemblablement pour faire croire aux cheminots qu'ils sont avec leurs parents. Annette Krajcer fait partie des premiers départs pour Drancy : « Le 15 août, on nous dit que nous allons partir rejoindre nos mères. Nous sommes embarqués avec plein de tout-petits dans des wagons à bestiaux, pour une longue et chaude journée de voyage. Ils demandent sans cesse à boire. Il y a des arrêts interminables sur des voies de garage, au cours desquels des cheminots nous encouragent. Je me souviens très bien que l'un d'eux a pleuré, en expliquant à ses collègues qu'il ne voyait que des enfants sur de la paille. [...] Nous sommes arrivés en fin de journée à Drancy. »

À Beaune, la maison qu'occupent Jacques Leroy et sa femme s'ouvre sur le mail qu'empruntent les détenus pour rejoindre la gare. « Un matin, vers 6 heures, on s'est réveillé et on a poussé les volets, parce qu'ils chantaient : on leur avait dit d'aller retrouver leurs parents. En rangs deux par deux. Les petits se tenaient par la main. »

À Pithiviers, toujours à l'infirmerie, le Dr Henri Russak assiste au vidage progressif du camp. À la fin, il ne reste que 17 enfants, de 3 à 10 ans : les malades, les plus difficilement transportables. Henri Russak partira le 16 septembre, accompagnant ce reliquat des enfants du Vél' d'Hiv' : « Cela a duré deux nuits et une journée. Nous n'avions pas à boire. Des cheminots pouvaient seulement nous faire passer des petites pommes, que les enfants venaient manger dans ma main. À l'aube du deuxième jour, on nous a brusquement fait descendre. "Il en manque un !" m'a hurlé un Français qui avait une liste. Je suis remonté dans le wagon, et j'ai retrouvé un petit corps, endormi ou à demi mort, que j'avais oublié, dans un coin. Je l'ai pris et, à ma descente du wagon, j'ai reçu un énorme coup de poing sur le nez. J'avais la figure en sang. Nous étions arrivés à Drancy. »

Odette Daltroff, internée de longs mois à Drancy (avant d'être libérée), a décrit cette période : « Des autobus arrivent. Nous en sortons des petits êtres dans un état inimaginable. Une nuée d'insectes les environne, ainsi qu'une odeur terrible. Ils ont mis des jours pour venir de Pithiviers en wagons plombés. Leur état de saleté est indescriptible, les trois quarts sont couverts de plaies suppurantes. Ils ont presque tous la dysenterie. Leur linge est souillé d'une manière incroyable. Ils nous montrent ce qu'ils ont de plus précieux : la photo de leur père et de leur mère, que celle-ci leur a donnée au moment de la séparation. »

Énorme ensemble de logements modernes à moitié terminés en banlieue nord, le camp de Drancy, géré par la préfecture de police jusqu'en juillet 1943 et gardé par la gendarmerie française, constituait la dernière étape avant le départ pour les camps allemands. « Notre convoi est destiné à la déportation rapide, poursuit Annette Krajcer. Nous sommes mis dans les escaliers 1 à 6, dits “des partants”, qui ne comportent aucun aménagement, puisque les occupants n'y sont que de passage : pas de lits, même rudimentaires, pas de sanitaires, simplement une tinette sur le palier, qui déborde et coule le long des marches. Les occupants des trois premiers escaliers doivent être déportés dès le lendemain de leur arrivée. Ils sont conduits par groupes dans la cour centrale, où on leur tond les cheveux. Ils sont passifs, indifférents : on leur a dit, une fois de plus, qu'ils allaient rejoindre leur mère, et ils y croient. Ma sœur et moi sommes destinées à faire partie du convoi n° 20, celui du surlendemain. Nous ne connaîtrons pas ce dernier voyage. Grâce à l'intervention d'une cousine internée qui travaillait au secrétariat de Drancy et dactylographiait les listes, nous sommes passées du bloc des "partants" à celui des "résidents". Nous en avons été libérées, quelques semaines plus tard, par un miraculeux concours d'interventions familiales. »

Georges Wellers, présent alors à Drancy, avant d'être déporté, a raconté (dans *L'Étoile jaune à l'heure de Vichy*) le départ des enfants : « Ils étaient réveillés à 5 heures du matin et habillés dans la semi-obscurité. Morts de sommeil, les petits commençaient à pleurer et, peu à peu, les autres les imitaient. [...] Dans la cour, ils attendaient d'être appelés à leur tour, ayant souvent du mal à répondre à leur nom. Les aînés tenaient par la main les petits et ne les lâchaient pas. Dans chaque convoi, un certain nombre d'enfants étaient ajoutés pour compléter : ceux dont les noms étaient inconnus. » Hormis une centaine d'entre eux libérés, comme Annette Krajcer, environ 3 500 des enfants de la rafle du Vél' d'Hiv' ont fait partie des convois pour Auschwitz, la majorité sans leurs parents. Plus de 3 000 étaient nés en France et étaient, donc, des Français. Les fonctionnaires de Vichy pouvaient-ils vraiment feindre de croire que ces enfants tondus, les plus petits ignorant même leur nom, allaient retrouver leurs parents ?

À l'arrivée à Auschwitz, où les adultes étaient triés, tous les enfants furent immédiatement gazés.

Épilogue

À Pithiviers comme à Beaune, une stèle rappelle discrètement que des Juifs sont passés là. Sans autre précision. Ces deux monuments furent édifiés, en 1951, à l'initiative d'une association de déportés juifs. Aucune trace locale sur l'histoire de ces enfants. Aucune photo. Reste simplement une tombe énigmatique dans le cimetière de Beaune, pour ceux qui sont morts pendant leur séjour. À Pithiviers, rien. Alors que personne ne s'en est jamais préoccupé, nous avons retrouvé, dans les archives locales, les actes de décès de cinq enfants pendant leur séjour au camp : Henri Rosemberg (4 ans), dès son arrivée, le 21 juillet ; Lucien Lenzner (7 ans), le 30 juillet ; Jules Gelmann (4 ans), le 19 août ; Bernard Grynberg (3 ans), le 7 septembre ; Paulette Sterber (4 ans), le 16 septembre. Que sont-ils devenus ? Personne ne le sait. Interrogé, Henry Berthier, nouveau maire de Pithiviers depuis 1989, après enquête, nous répond, « avec regret », qu'il n'est pas en mesure de nous renseigner : « Aucun document ne nous permet d'identifier les corps déposés dans la fosse commune à la période concernée. »

Henry Berthier, ancien instituteur, a accordé une attention particulière à la cérémonie annuelle consacrée aux déportés juifs et à laquelle la municipalité n'a jamais donné une grande solennité. L'un de ses prédécesseurs la boycotta même carrément, laissant le sous-préfet seul représentant local… « Cela m'a toujours choqué que l'on ait gommé cette mémoire. Les Pithivériens n'en sont pas très fiers, et cela se traduit par une certaine indifférence, voire une véritable ignorance chez les plus jeunes. C'est pourquoi je me suis toujours efforcé d'en parler à mes élèves. » « Je crois qu'on est restés vaguement honteux et horrifiés de ce qui s'est passé si près de nous », ajoute André Saillard, conseiller général. Mêmes regrets pour Jean-Paul Charié, jeune député de 38 ans : « Ce n'est que depuis mon élection, en 1981, que j'ai vraiment découvert l'existence de ces camps. Il y a une ignorance générale. Pour la majorité, cela ne fait pas partie de leur monde. Cette période ne devait absolument pas passer sous silence, et c'est malheureusement ce qui s'est produit. La pire des choses est d'oublier les côtés pénibles de notre histoire. » « Dès que quelqu'un prononce le mot “camp”, la conversation va rarement plus loin. Ici, on n'aime pas en parler. Peut-être est-ce une espèce de remords collectif de ne pas avoir fait plus à l'époque », conclut un vieux Pithivérien.

Jean Leguay, ancien délégué de la police de Vichy en zone occupée, coorganisateur de la rafle du Vél' d'Hiv', et coresponsable de la détresse des enfants, est mort tranquillement, le 2 juillet 1989, à Paris, jouissant d'une retraite dorée (après un exil américain dans l'industrie cosmétique). Il était pourtant, depuis 1979, le premier Français inculpé de crimes contre l'humanité, « consistant en arrestations illégales, séquestrations arbitraire, actes de barbarie, enlèvement d'enfants et mauvais traitement à enfants ». Grâce à Serge Klarsfeld – dont le père est mort à Auschwitz – qui a consacré sa vie à rassembler des centaines de preuves et de documents officiels de cette époque et à reconstituer en détail, pour la première fois, l'engagement de Vichy dans la chasse aux Juifs[1]. Jean Leguay, qui, dans les années 50, niait l'existence même de la rafle du Vél' d'Hiv', ne pouvait plus, alors, échapper à une inculpation. Mais il a bénéficié des lenteurs volontaires de la justice : l'instruction de son procès traînait depuis dix ans, tandis qu'elle n'a duré que trois ans pour Klaus Barbie ! Ainsi, le juge d'instruction Riss fut déchargé de tous ses dossiers pour se consacrer au criminel allemand. Il n'a pas été jugé opportun de faire de même pour le Français Leguay. Dans son ordonnance historique « constatant l'extinction de l'action publique, par suite du décès de l'inculpé », le juge Getti a insisté sur le fait que l'instruction « a permis d'établir à son encontre sa participation à

1. Serge Klarsfeld, *Vichy-Auschwitz*, *op.cit.*

des crimes contre l'humanité commis en juillet, août et septembre 1942 ». Pour la première fois, la justice imputait des crimes contre l'humanité à un Français. Mais un peu tard.

Cette « lenteur anormale de la justice », comme l'a regretté en privé le parquet, va-t-elle, aujourd'hui, servir René Bousquet, ancien responsable de la police de Vichy, qui coule des jours paisibles dans un bel immeuble du XVIe arrondissement de Paris ? La chambre criminelle de la Cour de cassation a enfin désigné, en mars dernier, le tribunal chargé d'instruire son dossier, à la suite de la plainte pour crimes contre l'humanité déposée par Serge Klarsfeld. Condamné à cinq ans de dégradation civique, en 1949, mais immédiatement relevé de cette peine, René Bousquet fit ensuite une brillante carrière à la Banque d'Indosuez. Pour être recevable, cette nouvelle plainte s'appuie sur des faits non évoqués au procès de 1949 : sa responsabilité personnelle dans la mise à disposition de la police parisienne pour la rafle du Vél' d'Hiv' et l'annulation, de sa propre initiative, de plusieurs dispositions réglementaires mettant à l'abri des rafles de sa police, en zone libre, les enfants de parents apatrides.

À travers l'évocation judiciaire de ces événements, parmi les plus terribles de la Collaboration, la question de l'antisémitisme actif de Vichy, si longtemps occulté, se trouverait au premier plan. Lors de l'épuration, la justice ne s'est pas attardée sur cet aspect du pétainisme. Les procès de Pétain, de Laval, de Darnand, axés sur le thème de la trahison nationale, y ont à peine fait allusion, et la notion de « crimes contre l'humanité » n'existait pas encore. Aucun Français n'a ainsi été condamné pour sa participation à la « Solution finale », et la France n'a jamais sérieusement cherché à analyser ces vieilles hontes. Aujourd'hui encore, nombre de Français se montrent surpris quand ils apprennent que la police et la gendarmerie françaises organisaient elles-mêmes l'arrestation de la plupart des Juifs. N'oublions pas qu'aucun manuel scolaire d'histoire ne le précisait avant les années 80. Ni que, dans un rapport rédigé en 1982, l'Inspection générale de la police nationale s'opposait toujours à ce que les historiens consultent les archives de la Préfecture de police de Paris. Le procès Bousquet apparaît comme l'ultime occasion d'évoquer enfin ouvertement la participation officielle du régime de Pétain – de ses élites à ses bureaucrates, sans oublier ses policiers – au génocide.

Éric Conan
27 avril 1990

La vraie vie de René Bousquet

Paradoxe : alors que s'ouvre cette semaine au Sénat, sous l'autorité de Robert Badinter, président du Conseil constitutionnel, le premier colloque consacré au statut des Juifs du 3 octobre 1940, la perspective d'un procès Bousquet semble de plus en plus incertaine. La plainte pour crimes contre l'humanité déposée, le 13 septembre 1989, contre l'ancien secrétaire général à la police de Vichy est en effet l'objet d'un examen particulièrement lent. Et l'on observe que, si Matignon souhaite un procès Bousquet, l'Élysée ne partage pas cette position. Il a déjà fallu attendre six mois pour que, le 21 mars dernier, la chambre criminelle de la Cour de cassation désigne, afin d'examiner cette plainte, la chambre d'accusation de la cour d'appel de Paris. Et six mois de plus pour que, le 25 septembre, le parquet décide qu'il y a matière à instruire. La chambre d'accusation se prononcera le 8 octobre sur le tribunal compétent (Haute Cour de justice ou cour d'assises).

Une telle lenteur calculée prend des allures de répétition : « On nous refait le coup du dossier Leguay ! » s'inquiètent certains magistrats, gênés par cet enlisement. Jean Leguay, ancien délégué en zone occupée de la police de Vichy, coorganisateur de la rafle du Vél' d'Hiv', les 16 et 17 juillet 1942, est mort tranquillement, le 2 juillet 1989, à Paris, alors qu'il était, depuis… 1979, le premier Français inculpé de crimes contre l'humanité. Au terme d'une instruction qui dura dix ans, il n'attendait plus que d'être renvoyé devant la cour d'assises… Dans une ordonnance historique, les magistrats ont cependant conclu que l'instruction avait « bien permis d'établir à son encontre sa participation à des crimes contre l'humanité commis en juillet, août et septembre 1942 […], consistant en arrestations illégales, séquestrations arbitraires, actes de barbarie, enlèvements d'enfants et mauvais traitements à enfants ». Pour la première fois, la justice imputait des crimes contre l'humanité à un Français. Néanmoins, cette condamnation *post mortem*, passée inaperçue auprès du grand public, n'a évidemment pas eu les effets d'un procès. Jean Leguay ayant été le représentant de René Bousquet à Paris, l'on comprendrait mal que la mémoire du subordonné soit désormais marquée d'infamie, tandis que son supérieur continue de jouir d'une retraite dorée dans la capitale.

Ce paradoxe ne fait qu'illustrer les réticences de la France à reconnaître ce qui lui est arrivé entre 1940 et 1944. D'où, cette année, la frénésie dans la célébration de l'épopée gaulliste du 18 juin 1940, masquant de son éclat un autre cinquantenaire, celui de l'avènement du régime de Pétain. Encore faut-il apprécier le chemin parcouru depuis la censure officielle qui frappa *Nuit et Brouillard*, en 1956 – obligeant Alain Resnais à faire disparaître un képi de gendarme d'un plan de son film qui montrait un camp d'internement en France… – et le scandale provoqué, en 1971, par la sortie en salle du *Chagrin et la Pitié*, de Marcel Ophuls. Mais persiste le tabou essentiel : éviter que l'aspect le plus méconnu, parce que le plus occulté, de cette période – la participation active du régime de Vichy au génocide – ne débouche sur le procès d'un Français.

Le cas René Bousquet semble d'autant plus significatif de ce que fut l'engagement volontaire de l'appareil administratif vichyste qu'il ne s'agit ni d'un antisémite, ni d'un idéologue, ni d'un ultra de la collaboration. C'est pourquoi nous avons tenté de reconstituer en détail le destin de ce grand commis de l'État. Dotée d'une étonnante continuité, sa carrière, aussi bien remplie avant, pendant, qu'après la guerre, constitue à elle seule une belle tranche de notre histoire récente.

« Je rentre à Paris, il est grand temps que je me fasse arrêter ! » avait-il confié à l'un de ses anciens collègues, préfet, après avoir précipitamment quitté Montauban, le 7 juin, au lendemain du débarquement de Normandie. En cette fin du printemps 1944, alors que l'écroulement du château de cartes qu'est devenu le régime de Vichy s'accélère, la Gestapo interpelle, le 9 juin, dans la capitale, René Bousquet, ancien secrétaire général à la police de Pétain, en « disponibilité » depuis son éviction, le 31 décembre 1943. Placé sous surveillance pendant une dizaine de jours dans une villa de Neuilly, il prend ensuite la route pour le Reich – avec sa femme et son fils – dans une voiture que Karl Oberg, chef des SS en France, a mise à sa disposition, par « amitié et protection », avec l'un de ses chauffeurs particuliers. Le commandant SS Schmitt, qu'il connaît bien, l'accompagne. Une seconde voiture suit, avec les bagages. Cela lui vaudra de terminer la guerre en famille, au cœur de la Bavière, dans une villa d'Ober-Allmannshausen, près du lac de Starnberg. Et, surtout, de rentrer en France en 1945, paré du titre de « déporté en Allemagne » : un dernier rôle bien utile pour un personnage qui en a déjà joué beaucoup d'autres, pendant cinq ans...

À 35 ans à peine, tandis que l'issue du conflit ne fait plus de doute, il se retrouve, en effet, avec le privilège, soudain encombrant, de figurer parmi les personnages clés du régime de Vichy. L'un des plus fascinants, qui tranche, par sa jeunesse et son intelligence, sur les images d'Épinal de cette gérontocratie dépassée par les événements. C'est parce qu'il n'a jamais été un militant d'extrême droite ni un idéologue de la collaboration, mais, au contraire, un brillant haut fonctionnaire, couvé par le radical-socialisme, que René Bousquet, acceptant d'assumer, au nom d'une mystique de l'État, les crimes les plus terribles de l'Occupation, apparaît, aujourd'hui, comme l'un des acteurs français les plus gênants de cette période longtemps refoulée.

La carrière de ce fonctionnaire modèle de la IIIe République démarre en trombe. Elle commence dans l'exceptionnel et s'y maintiendra. En mars 1930, les inondations dramatiques ravagent le Sud-Ouest. René Bousquet, fils d'un notaire radical-socialiste de Montauban, vient de finir son droit à Toulouse. À 20 ans à peine, il assure, depuis peu, les fonctions de chef de cabinet du préfet de Tarn-et-Garonne, quand survient cette catastrophe qui va le transformer, en quelques jours, en héros national : avec un ami (qui périra), il se lance dans les opérations et sauve personnellement de la noyade plusieurs dizaines de personnes. Le président Doumergue tiendra à récompenser ce comportement inhabituel pour un représentant de la préfectorale, en décernant lui-même au héros le titre de chevalier de la Légion d'honneur et la Médaille d'or des belles actions.

Cette distinction précoce lui vaut immédiatement le parrainage des empereurs du radical-socialisme toulousain que sont Maurice Sarraut (sénateur et patron du quotidien régional *La Dépêche*) et son frère Albert (député et ministre quasi permanent sous la IIIe République), qui vont aider sa carrière. D'abord détaché à la Présidence du Conseil afin de diriger le service technique chargé de la reconstruction des département sinistrés du Midi, il devient, à 22 ans, chef adjoint de cabinet de Pierre Cathala, ministre (radical) de l'Intérieur et ami intime de Pierre Laval. Puis sous-préfet, en 1933. Enfin, directeur général du cabinet du ministre de l'Agriculture, en 1935. Promotion extraordinaire, qui fait des jaloux : sa nomination un peu rapide au rang de sous-préfet de première classe, attaquée par un collègue, sera annulée par le Conseil d'État (mais reconfirmée dès le lendemain). En 1936, Roger Salengro, ministre de l'Intérieur du Front populaire, choisit ce jeune – mais déjà grand – commis du radicalisme pour lui confier la responsabilité du fichier central à la Sûreté nationale. Car sa réputation de républicain anticagoulard en fait alors un élément particulièrement « sûr ».

En avril 1938, Albert Sarraut, ministre de l'Intérieur, le nomme sous-préfet de Vitry-le-François, dans la Marne (l'un des rares départements radicaux-socialistes au nord de la Loire), afin de régler une délicate affaire : les habitants se rebellent contre la destruction, décidée pour des raisons militaires, d'un arc de triomphe. Ayant astucieusement résolu le problème (il fait démonter soigneusement le monument, en promettant qu'il sera reconstruit plus tard), René Bousquet devient, l'année suivante, secrétaire général de la préfecture de Châlons-sur-Marne. Puis préfet, en 1940, après l'armistice. Et, ensuite, préfet régional (le plus jeune de France, à 31 ans), en septembre 1941. Du jamais vu : en trois ans, la carrière préfectorale la plus fulgurante, dans un même département, de surcroît très sensible.

À l'instar de ses parrains les Sarraut, ce fonctionnaire prodige a accepté Pétain. Il œuvre, dans la Marne, à la « restauration de la souveraineté administrative ». Mais se distingue en maintenant en fonction les élus radicaux et francs-maçons, notamment le maire de Vitry et celui de Reims, Paul Marchandeau (auteur du décret-loi d'avril 1939 réprimant les propos antisémites), qui avait été révoqué par les Allemands, en juillet 1940 (*Je suis partout* déplore ainsi que, à cause de lui, « les francs-maçons [aient] gagné leur bataille de la Marne »...). Il favorise l'évasion de certains prisonniers de guerre. Et parvient habilement à épargner à la Marne le système allemand de l'« Ostland » (colonisation économique), qui frappe les départements voisins de l'Aisne et des Ardennes. Il révolutionne, au passage, les structures de la production et du négoce du champagne en mettant en place le Comité interprofessionnel des vins de Champagne, qui organise toujours le système actuel.

Ces réussites économiques lui vaudront de se voir proposer, par Darlan, au début de 1942, les ministères du Ravitaillement et de l'Agriculture. Il refuse par deux fois. Moins par scrupule que pour poursuivre son « œuvre » commencée dans la Marne. Car, s'il ne fait pas d'excès de zèle, il ne se dérobe pas à la règle du jeu de la collaboration. En novembre 1941, la police de Reims livre aux Allemands des militants communistes arrêtés (sur dénonciation d'un collègue) après la distribution d'un tract (« Brisons l'arme de l'antisémitisme ! Unissons-nous ! ») dans les établissements Heidsieck. La plupart d'entre eux furent fusillés.

À son retour au pouvoir, en avril 1942, Pierre Laval, qui cumule le titre de chef du gouvernement et les portefeuilles des Affaires étrangères et de l'Intérieur, pense aussitôt à lui pour le secrétariat général à la police. Au moment précis où les SS prennent, en zone occupée, la responsabilité du maintien de l'ordre, jusqu'alors détenue par l'armée d'occupation. Pendant vingt mois, à la tête de toutes les forces de répression de Vichy, René Bousquet – qui jouit d'une délégation générale et permanente de signature du chef du gouvernement – va s'enivrer, à 33 ans, de cette caricature de « souveraineté de l'État » que fut le pétainisme. En effet, les Allemands lui concéderont volontiers quelques symboles illusoires, en échange des immenses services qu'il leur rendra.

S'engageant à maintenir l'« ordre public » (menacé par des menées selon lui « plus antinationales qu'antiallemandes »), il tire gloire d'avoir réclamé aux occupants la fin de la subordination directe de la police française et un peu d'autonomie. Mais en acceptant de les satisfaire de son mieux, comme il le précise, le 18 juin, dans une lettre adressée à son interlocuteur principal, Karl Oberg, chef des SS en France : « Vous connaissez la police française. Elle a sans doute ses défauts, mais aussi ses qualités. Je suis persuadé que, réorganisée sur des bases nouvelles et énergiquement dirigée, elle est susceptible de rendre les plus grands services. Déjà, dans de nombreuses affaires, vous avez pu constater l'efficacité de son action. Je suis certain qu'elle peut faire davantage encore. »

« Bousquet ayant demandé que tous les services de police soient réunis sous ses ordres, nous sommes entrés dans ses vues [contrairement aux vœux de Darquier de Pellepoix], parce que nous avions intérêt à ce que la police française soit réunie dans une seule main », précisera, plus tard, Karl Oberg. Ainsi René Bousquet présentera-t-il comme une victoire la suppression de la police antijuive de l'antisémite forcené qu'est le commissaire général aux Questions juives, Darquier de Pellepoix. Alors qu'Oberg avait bien compris que ce personnage zélé mais brouillon ne pesait pas lourd : ses sbires, peu nombreux et inexpérimentés, paraissaient dérisoires face à l'enjeu essentiel que constituait la collaboration du système policier français (y compris la gendarmerie et le Contrôle économique), mobilisé dans le culte de l'efficacité technique par René Bousquet, dont il note les « facultés extraordinaires de travail ». Et avec lequel il va vite entretenir des relations qu'il qualifie d'« amicales ». Les SS considèrent même que les revendications de René Bousquet constituent pour eux des atouts. Consulté à l'époque, Reinhard Heydrich, chef de l'Office central de sécurité du Reich, « a indiqué ses expériences en Tchécoslovaquie et a conclu qu'une large autonomie de la police et de l'administration réaliserait les meilleurs résultats », déclarera Karl Oberg, en 1950, lors de l'instruction de son procès.

Les SS décidèrent donc, sur une base de « camaraderie policière », de laisser quelque autonomie au secrétaire général à la police de Vichy, à condition qu'il dirige ses troupes « dans le même esprit que la police allemande, c'est-à-dire lutte contre le communisme, les saboteurs de tous ordres, les terroristes ». Le caractère hautement bénéfique de ce choix sera confirmé, un an plus tard, par Heinrich Himmler lui-même, après sa rencontre secrète – durant plus de cinq heures – avec le chef de la police française, à Paris, en avril 1943. « Le Reichsführer a été impressionné par la personnalité de Bousquet, et il partage maintenant manifestement la conception représentée jusqu'ici par Oberg, à savoir que Bousquet est un collaborateur précieux dans le cadre de la collaboration policière et qu'il serait un adversaire dangereux s'il était poussé dans l'autre camp », concluait de cette visite Rudolf Schleier, adjoint de l'ambassadeur d'Allemagne, Otto Abetz.

Il suffisait d'accorder au responsable de la police française le plaisir de protester de temps en temps, car, pour l'essentiel, il s'acquittait de ce que l'on attendait de lui. Ce que l'on a appelé les « accords Oberg-Bousquet » symbolise le marché de dupes auquel il faisait semblant de croire. Il s'agissait, en réalité, d'une « déclaration » unilatérale d'Oberg, présentée le 8 août 1942 – après « négociation » avec René Bousquet – devant tous les préfets régionaux, au cours d'un dîner fin. Le chef des SS en France reconnaissait, théoriquement, l'« indépendance » de la police et de la gendarmerie nationales, qui, notamment, ne devaient plus être obligées de fournir des otages ni des personnes arrêtées par les Français (sauf les auteurs d'attentats contre les Allemands). Déclaration sans effet : trois jours plus tard, à la suite de l'assassinat de 8 Allemands, la police française dut livrer 70 otages français, que les occupants exécutèrent, le 11 août (dont 57 arrêtés par les Français pour des délits d'opinion : distribution de tracts, aide aux évadés, suspicion de communisme...). Cela continuera régulièrement. Le 21 septembre, la police remettra même à la Gestapo, d'un seul coup, 116 personnes, immédiatement fusillées. La plupart avaient été également arrêtées pour de simples délits.

René Bousquet persistera à manifester ses bonnes dispositions ; ainsi, en avril 1943, lorsqu'il écrit à Oberg : « Le vœu que je forme est que la police française, dont jamais la tâche, techniquement et moralement, n'a été plus rude, en libre expression de son indépendance, qui est la marque la plus éclatante de la souveraineté de son gouvernement, puisse poursuivre avec une énergie farouche la lutte contre tous les adversaires de la sécurité intérieure française, contre tous les agents de l'étranger qui voudraient faire régner sur notre territoire l'anarchie et le désordre, contre tous les hommes qui, allant chercher leurs mots d'ordre à l'étranger, veulent servir une cause qui n'est pas celle de la France. »

René Bousquet joua ainsi un rôle déterminant dans la participation de la police aux opérations de déportation des Juifs. Dès mai 1942, il s'était déjà montré plus que coopératif en demandant à Reinhard Heydrich (venu lui annoncer l'évacuation prochaine des Juifs apatrides de la zone occupée) s'il ne pouvait pas également déporter les Juifs apatrides enfermés, depuis un an et demi, dans les camps de la zone sud. Les Allemands, qui s'avouent un peu surpris, saisissent l'offre : dès le 17 juillet, trois trains de 1 000 personnes partiront, chaque semaine, de la zone non occupée.

Le 2 juillet 1942 a lieu la rencontre décisive de René Bousquet et Karl Oberg pour la préparation des arrestations des 16 et 17 juillet, dans la région parisienne (rafle du Vél' d'Hiv'). Pour les occupants, il avait suffi, une fois de plus, de lui donner l'illusion provisoire que l'on cédait à l'une de ses demandes. En échange de l'ajournement des déportations de Juifs français, René Bousquet propose de « faire arrêter les Juifs étrangers dans toute la France ». Les Allemands, qui n'espéraient pas que les choses se passeraient si bien et voyant tout l'intérêt de procéder par « étapes », sautent sur l'occasion. « Vu que les Juifs de nationalité française ne devaient, pour le moment, pas être arrêtés, Bousquet se déclara prêt à faire arrêter les Juifs étrangers, dans toute la France, par une action réalisée en commun et en quantité souhaitée par nous », rapportèrent-ils comme une victoire. Cet engagement de René Bousquet à assurer l'exécution des rafles de Juifs étrangers sera approuvé, le 3 juillet, par Pierre Laval. Grâce à eux, la France est le seul pays d'Europe dans lequel des Juifs séjournant dans un territoire non occupé par les Allemands furent déportés.

Les rafles de la région parisienne (qui aboutirent, notamment, à l'épisode tragique des milliers d'enfants séparés de leurs parents dans les camps de Pithiviers et de Beaune-la-Rolande) se révèlent moins fructueuses que prévu : de nombreux Juifs, prévenus par certains policiers bienveillants ou des tracts de la résistance juive, y échappèrent. Le responsable de la police de Vichy s'efforce, donc, de faire mieux dans la zone sud. Afin d'augmenter le rendement de la grande rafle, prévue pour le 26 août, il adresse aux préfets, de sa propre initiative et par télégramme secret, de nouvelles instructions annulant les précédentes dispositions réglementaires, qui mettaient à l'abri des arrestations certaines catégories d'enfants. Désormais, ceux de moins de 18 ans et les pères et les mères ayant un enfant de moins de 5 ans ne sont plus épargnés. Le 22 août, il recommande aux préfets de sévir contre les fonctionnaires manquant de zèle : « Vous n'hésiterez pas à briser toutes les résistances que pourrez rencontrer dans les populations et à signaler les fonctionnaires dont les indiscrétions, la passivité ou la mauvaise volonté auraient compliqué votre tâche. » Il décide aussi que les opérations seront massives mais rapides, ainsi que le souligne Ernst Heinrichsohn, de la Gestapo, dans un rapport du 17 août : « Ces rafles sont de grande envergure, car M. Bousquet estime qu'il est préférable d'arrêter tous les Juifs en une seule grande rafle que de procéder à plusieurs rafles isolées, lesquelles permettraient aux Juifs de se cacher ou de fuir à destination des pays neutres frontaliers. » Malgré toutes ces précautions, les résultats ne satisfont pas le chef de la police, qui s'adresse, à nouveau, aux préfets, par télex, le 30 août : « Attire votre attention sur écart sensible entre nombre israélites étrangers recensés et nombre arrêtés. Stop. Poursuivre et intensifier opérations police en cours avec tout le personnel police, et gendarmerie disponible. » Certains enfants, réfugiés dans des foyers après l'arrestation de leurs parents, le 26 août, furent ainsi récupérés par les policiers français et rassemblés dans le camp de Rivesaltes, avant leur départ pour l'Allemagne.

Dans son concours à la déportation des Juifs, la logistique française fut déterminante : arrestations effectuées par les policiers, grâce à leur fichier ; transport et internement dans des camps de concentration français. Opérations énormes que les Allemands n'auraient jamais pu réaliser seuls. Cet engagement minutieux, voire tatillon, dans l'exécution des crimes nazis n'empêche pas René Bousquet de jouer un rôle essentiel de conseiller auprès de Pierre Laval. Quand, rituellement, vers 18 heures, le chef du gouvernement quitte l'hôtel du Parc pour sa résidence de Châteldon, trois personnes de confiance filtrent les coups de téléphone qu'il reçoit : Jean Jardin, Charles Rochat, secrétaire général du Quai d'Orsay, et René Bousquet… « J'étais le collaborateur le plus proche de Laval », confirmera-t-il, lui-même, après la guerre. Le chef du gouvernement lui fait souvent lire ses discours. René Bousquet précisera, en 1952, que, Laval lui ayant soumis le fameux discours contenant sa plus célèbre phrase – « Je souhaite la victoire de l'Allemagne parce que sans elle le bolchevisme s'installerait partout dans le monde » –, il l'avait mis en garde, jugeant celle-ci « excessive et inopportune ». Tout en ajoutant : « C'est très exactement ce que déclaraient quelques hommes d'État isolés mais lucides, en Europe et ailleurs, en cette même années 1942. » Et lorsque, à la suite des rafles de l'été 1942, quelques évêques et cardinaux se réveillent et protestent, c'est René Bousquet qui a l'idée de génie de les faire taire en menaçant les subventions et les privilèges fiscaux des écoles catholiques… Suggestion que Laval adoptera, en octobre, avec un succès certain auprès de la hiérarchie catholique.

Ce rôle de proche conseiller, doublé de celui de premier flic de France (on le surnomme alors « le Fouché de Laval »), en fait l'une des vedettes les plus remarquées du Tout-Vichy. Adorant se montrer, grand, portant un soin excessif à sa tenue vestimentaire, il reste le meilleur exemple de cette Collaboration de technocrates brillants, froids et arrogants. Ce qui lui vaut, outre de régulières condamnations à mort par la radio de Londres, l'inimité des vieux dinosaures pétainistes, tel Joseph Barthélemy, ministre de la Justice, évoquant dans ses mémoires cet homme « ambitieux et arriviste, fort joli garçon, élégant et admiré des femmes qui aiment les jolis garçons, surtout l'hiver quand le grand col de fourrure de sa pelisse faisait un cadre à sa beauté », et sa « joie enfantine à étaler son tableau de chasse, le nombre des arrestations ».

Mais aussi celle des ultras des partis et des journaux collaborationnistes, tel *Au pilori*, qui dénonce ce « bellâtre montalbanais » et ironise sur les « femmes de la haute société qui se font une gloire d'accepter les faveurs de ce don Juan de bazar toulousain ». Ils dénoncent ses amitiés francs-maçonnes, l'accusent d'être le « représentant occulte à Vichy de la centrale Sarraut » – cette « camarilla toulousaine radical-socialisante et parlementaire » – et vilipendent sa « mollesse » dans la répression, favorisant ainsi l'essor des maquis.

Malgré ces polémiques, sa proximité politique affective avec Laval durera jusqu'au bout : après la Libération, c'est lui qui rédige, à Fresnes, les notes dont celui-ci avait besoin pour la préparation de son procès et qui passe auprès de lui une partie de la nuit précédant son exécution. Il ne le reniera jamais, continuant même à écrire, dans les années cinquante, que son maître était, en réalité, animé par « une sorte d'exaltation vers le progrès humain qui allait très loin, dans sa jeunesse, enfoncer ses racines aux sources d'un socialisme dont il n'avait abandonné que l'expression partisane et strictement politique ».

Mais les conflits internes au petit monde de la collaboration vont provoquer sa chute. Le 2 décembre 1943, Maurice Sarraut est assassiné. Artisan du rapprochement entre certains radicaux et Laval, le vieux pacha du radicalisme était haï à la fois de la Résistance et des ultras. On soupçonne d'abord les communistes, puis il s'avère que les assassins sont des miliciens. Fidèle à son clan, René Bousquet fait de leur arrestation une affaire personnelle. La milice et les ultras hurlent à la trahison et demandent à Berlin sa révocation. Se sachant perdu, René Bousquet donne du panache à son départ, ordonne quelques libérations et détruit ses archives, avant de démissionner, le 31 décembre. Son remplaçant sera Joseph Darnand, chef de la Milice, pronazi zélé. Mais l'engagement hystérique de ce dernier ne sera pas le plus efficace : la majeure partie des déportations eurent lieu lors de la présence du technocrate Bousquet à la tête de la police, en 1942-1943 (60 000 Juifs déportés, contre 15 000 en 1944).

De cette responsabilité René Bousquet n'aura presque pas à répondre, après guerre, tant son procès illustrera le désir qu'avait la justice de ne pas insister sur le rôle réellement joué par l'élite des technocrates de la collaboration. Après trois ans et demi de prison et quelques mois de liberté provisoire, il sera l'un des derniers vichystes jugés par la Haute Cour de justice, en juin 1949. Contexte déterminant : cinq ans après la Libération, et en ce début de guerre froide, le gouvernement veut en finir non seulement avec les procès, mais aussi avec les condamnations. Au moment où s'ouvre le procès Bousquet, le MRP, l'une des trois composantes du pouvoir, menace même de quitter le gouvernement si le large projet de loi sur l'amnistie des crimes et délits des Français sous l'Occupation n'est pas discuté avant l'été. Comme le précise François Mitterrand, alors porte-parole du gouvernement Queuille, ce projet envisage un peu plus de deux mille grâces amnistiantes. Survivance désormais quasi archaïque, la Haute Cour brade : battant ses records, elle jugera dix-huit affaires en une année. Le Parti communiste a décidé de ne plus participer à ces dernières audiences de la Haute Cour (dont les jurés sont des parlementaires), la considérant, de par sa partialité, comme « incapable d'appliquer la justice ». Enfin, Jean Baylet, député radical, propriétaire de *La Dépêche du Midi* et ami personnel de René Bousquet, figure parmi les quinze jurés…

Le déroulement du procès, qui compte à peine trois audiences, du 21 au 23 juin, paraît aujourd'hui stupéfiant. René Bousquet en est le personnage principal, menant les débats, donnant une version toute personnelle des événements, adoptant une défense classique des vichystes (qui montent en épingle les petits conflits internes avec leurs collègues pour s'en distinguer), sans se voir vraiment contredit. Tout cela non sans un certain cran : « Je suis l'ami de M. Laval, et j'ai le courage de le dire, dans un temps où ses amis l'ont abandonné [...]. Je ne suis pas de ceux qui désertent l'amitié, même quand cette amitié est dangereuse. » Un seul journal, *L'Union de Reims*, le quotidien de la Marne, suit vraiment le procès : « De formules en formules, le monologue de l'intarissable Bousquet se poursuit dans une ambiance d'étuve. Et aussi, il faut bien le dire, dans une ambiance de franche cordialité [...]. Sûr de lui, impeccablement habillé, avec ce très léger accent du Sud-Ouest, l'ancien responsable de la police se permet d'amuser le jury de quelques subtiles expressions : “Il paraît que j'ai servi la politique de persécution raciale. Eh bien, messieurs, si j'ai soutenu cette politique, je l'ai soutenue comme la corde soutient le pendu et, véritablement, je crois que, si on peut parler, dans ce domaine, de ma collaboration, il faudrait plutôt penser à la collaboration du paratonnerre et de la foudre.” »

L'essentiel des débats porta sur la « mission Desloges », dont le procureur général précisa qu'il s'agissait du « seul point important de son réquisitoire » : René Bousquet avait apporté une aide administrative et technique aux nazis pour la préparation d'une opération massive visant à débusquer les radios résistantes en zone sud. Il mit à leur disposition le réseau radiotélégraphique de la police, 16 inspecteurs et délivra de fausses cartes d'identité françaises pour 280 policiers allemands. À un moment crucial, 9 postes de radio furent ainsi découverts, et 29 résistants arrêtés à Lyon, à Marseille et à Pau. Le colonel Paillole, chef des services de contre-espionnage, viendra rappeler, à la barre, les conséquences terribles de cette opération.

Les débats ne consacrèrent qu'une place dérisoire à la déportation des Juifs. « On a abordé, enfin, entre deux bons mots, le chapitre de la répression antijuive », écrivait le journaliste de *L'Union de Reims*. Cependant, la discussion révèle le caractère sommaire – ou bâclé – de l'instruction : sans difficulté, René Bousquet occulte grossièrement son rôle. Par un tour de passe-passe, il escamote notamment sa rencontre, décisive, le 2 juillet 1942, avec Karl Oberg et parle du « Conseil des ministres du 2 juillet », alors que celui-ci, qui entérinera ses engagements, eut lieu le lendemain. Personne ne relève... Le président conclut : « Monsieur le Procureur général, sur cette question [la répression antijuive], pas de questions ? – Aucune question, monsieur le Président. – Messieurs les Jurés, pas de questions ? » La séance sera d'ailleurs écourtée, les jurés devant aller voter au Parlement. Le compte rendu du *Monde* accorda cinq lignes à ce « débat » sur la participation de la police française au génocide : « Abordant ensuite la question juive, René Bousquet s'est défendu en disant qu'il avait essayé, de toutes ses forces, de limiter l'action du commissaire général Darquier de Pellepoix, tout en paraissant le soutenir. » L'un des témoins à décharge de ce procès fut même Jean Leguay, représentant de René Bousquet en zone occupée, qui sera, en septembre 1989, reconnu coupable de participation à des crimes contre l'humanité...

L'acte d'accusation était pourtant clair : « L'examen du rôle de Bousquet à l'égard des israélites fait ressortir que, si dans de nombreux cas il s'est efforcé d'éviter le pire, il a cependant consenti, sur le plan général, à servir, par son autorité de haut fonctionnaire, la politique de persécution raciale, à laquelle Vichy s'est associé et que les Allemands, seuls, n'auraient pu poursuivre que plus difficilement. » Le procureur ajouta qu'il avait « sciemment apporté une aide directe ou indirecte à l'Allemagne et à ses alliés et porté ainsi atteinte à l'unité de la nation, à la liberté des Français et à l'égalité entre ces derniers » et « sciemment accompli, en temps de guerre, des actes de nature à nuire à la Défense nationale ». Mais la volonté de l'absoudre fut plus forte. Pour cela, le parquet eut recours à une argumentation renversante : Laval et Bousquet « ne purent empêcher la déportation des étrangers de zone sud, sous la menace allemande d'arrêter tous les Juifs français de la région parisienne ; mais Bousquet obtint qu'elle fût faite par la seule police française »... Et il invoqua, lourdement, comme circonstances atténuantes, le témoignage d'une trentaine de prisonniers qu'il avait fait libérer et sa « déportation en Allemagne »... La Haute Cour rend son arrêt le 23 juin 1949, à 20 heures, après une heure de délibéré : « Considérant que pour si regrettable que soit le comportement de Bousquet en divers moments de son activité comme secrétaire général pour la police [...] il résulte de l'information et des débats la preuve qu'en de nombreuses circonstances Bousquet a, par ses actes, participé de façon active et soutenue à la résistance contre l'occupant. » Reconnu coupable de « crime d'indignité nationale » et condamné à cinq ans de « dégradation nationale », il est immédiatement relevé de cette peine par la Cour, pour « faits de résistance ».

Après trois ans de prison, René Bousquet va aussitôt réintégrer la filière radicale. Grâce à son vieux protecteur Albert Sarraut (ancien gouverneur de l'Indochine et huit fois ministre des Colonies sous la IIIe République), il intègre, en 1950, la Banque de l'Indochine (proche des radicaux) en tant que secrétaire général, avant de devenir, en 1952, directeur chargé du réseau international (il veillera, notamment, à la vente rapide des immeubles de la banque, à Saigon, pendant Diên Biên Phu). Puis directeur général adjoint (en 1960) et, enfin, censeur à Indosuez, après le rachat par Suez d'un Banque de l'Indochine en déroute, en 1975. Cette fusion provoque l'un des seuls petits incidents de sa carrière, un membre du directoire de Suez, ancien résistant, refusant un jour, en public, de lui serrer la main. Car, jusqu'alors, sa reconversion semblait parfaite. Il entre même au *Who's Who*, qui détaille le moindre de ses postes, avant et après guerre, mais ne fait charitablement allusion, pour 1942 et 1943, qu'à un titre de « conseiller d'État en service extraordinaire »... Il a même tenté un retour en politique, se présentant aux élections législatives, le 23 novembre 1958, dans la 3e circonscription de la Marne (Châlons-Vitry). Sous l'étiquette du Centre républicain d'André Morice, qui rassemble les radicaux antimendésistes. Il n'obtient que 9 % des voix contre le candidat gaulliste. Cet échec le pousse à regagner ses terres d'origine. Après la mort, en 1959, de Jean Baylet, député radical et propriétaire de *La Dépêche du Midi*, il s'installe dans la vie et le journal de sa veuve. Devenu officiellement administrateur de la *Dépêche*, il dirige, en réalité, le quotidien toulousain tout au long des années 60, surveillant de près sa ligne politique antigaulliste et y plaçant ses hommes. Il cherche, à nouveau, un point de chute électoral en Tarn-et-Garonne. Une brouille avec Évelyne Baylet met brutalement fin à ses projets, et il se consacre à Indosuez.

En octobre 1978, l'interview de Darquier de Pellepoix publiée par *L'Express* bouleverse cette tranquille reconversion. Son ancien collègue, commissaire général aux Questions juives, révèle, en effet, à la France entière que le coorganisateur de la rafle du Vél' d'Hiv' est devenu un brillant banquier parisien. La polémique est vive. Antoine Veil, P-DG d'UTA, avoue découvrir, à ce moment-là, l'identité de l'homme « froid et désagréable » – mais dont il écoutait toujours les « interventions brillantes et utiles » – qui représente, depuis sept ans, Indosuez dans son conseil d'administration. René Bousquet est contraint de démissionner. Et disparaît, subitement, de l'édition suivante du *Who's Who*... Il ne gardera, un temps encore, que ses fonctions d'administrateur des Cristalleries de Baccarat, société appartenant à René de Chambrun, gendre de Pierre Laval.

René Bousquet est, aujourd'hui, l'objet d'une plainte pour crimes contre l'humanité déposée par Serge Klarsfeld au nom de l'Association des fils et filles de déportés juifs de France. Dernière étape d'une complexe opération de justice – et, surtout, de mémoire – que celui-ci a entreprise, il y a vingt ans, pour provoquer une série de procès symboliques mettant au jour les épisodes français de la « solution finale ». Le rôle des occupants (avec les procès des SS Kurt Lischka et Herbert Hagen, en 1980, et de Klaus Barbie, en 1987), celui des activistes sans scrupules (avec les poursuites contre le milicien Paul Touvier), des exécutants consciencieux (avec l'inculpation, en 1982, de Maurice Papon, ancien secrétaire général de la préfecture de la Gironde). Et, enfin, avec René Bousquet, celui des cadres officiels de Vichy. Cette plainte, qui se fonde sur des faits nouveaux, non évoqués (et pour cause) au procès de 1949, devrait logiquement aboutir, si la justice ne joue pas la lenteur, ainsi qu'elle l'a volontairement fait, laissant Jean Leguay, adjoint de René Bousquet, mourir tranquillement, le 2 juillet 1989, dix ans après avoir été inculpé de crimes contre l'humanité...

Toujours aussi sûr de lui, René Bousquet ne s'inquiète pas outre mesure. Une plainte ? « Oui, j'ai lu ça dans les journaux, comme tout le monde ! répond-il, goguenard. Mais, vous savez, ont vit aujourd'hui dans une société où n'importe qui peut porter plainte contre n'importe qui ! »

Éric Conan
28 septembre 1990

René Bousquet : mort d'un collabo

Il n'y aura pas de procès de Vichy. L'assassinat de l'ancien secrétaire général à la police de Pétain éteint l'action de la justice au moment même où, après bien des lenteurs, la procédure intentée contre Bousquet était sur le point d'aboutir. Éric Conan raconte comment et pourquoi cet homme intelligent et sûr de lui, coresponsable de la mort de milliers de Juifs, avait pu poursuivre, dans le privé, une brillante carrière.

C'est au 34, avenue Raphaël, dans le XVIe arrondissement de Paris, où il a été assassiné mardi dernier, que nous avions rencontré René Bousquet en avril 1990. Le vieil homme ne prenait pas de précaution particulière. Son nom et son adresse n'ont jamais quitté le Minitel et il ouvrait lui-même la porte en l'absence de son domestique asiatique. Malgré son âge et une récente opération, l'ancien grand commis de l'État restait droit, fier, avec un regard direct, intelligent. Et sûr de lui. À l'époque, il faisait l'objet d'une plainte pour crime contre l'humanité. Nous lui avions demandé ce qu'il en pensait. Il répondit, très goguenard : « Oui, j'ai lu ça dans les journaux, comme tout le monde ! Mais vous savez, on vit aujourd'hui dans une société où n'importe qui peut porter plainte contre n'importe qui ! » Alors que nous lui faisions remarquer que les plaintes pour crime contre l'humanité étaient peu fréquentes, il sourit : « C'est pareil, on mélange tout ! » Interrogé sur une inculpation possible, il sourit à nouveau en précisant, l'air entendu : « Attendez, attendez, vous verrez bien s'il y a un procès... » Il affichait une sûreté de soi doublée d'un léger mépris face à cette hypothèse : « Si l'on m'emmerde, eh bien, on recommencera comme au procès de 1949 : je me défendrai ! Et j'ai de quoi me défendre ! Mais cela m'étonnerait beaucoup qu'il y ait un procès... »

Il est difficile de savoir d'où lui venait cette confiance en l'avenir, mais René Bousquet doutait de devoir un jour répondre de ses activités de chef de la police de Vichy, d'avril 1942 à décembre 1943. Mais il y était prêt. Plus sans doute que ne l'était la France elle-même. Car c'est bien la conjonction d'une extraordinaire lenteur de la justice – parfois encouragée et justifiée au plus haut niveau de l'État – et de son assassinat qui permet au pays d'échapper définitivement à l'évocation judiciaire des crimes de Vichy. Le bilan, accablant pour la mémoire française, se trouve désormais figé dans une caricature définitive de justice à deux vitesses. Alors que des procédures visant des Français piétinent depuis près de quinze ans, il a suffi de quatre ans pour régler le cas de l'Allemand Klaus Barbie, « récupéré » dans des conditions juridiques discutées en Guyane en 1983, et spectaculairement jugé en 1987.

Il n'y aura donc pas de procès de Vichy. Car le renvoi de Paul Touvier en cour d'assises, récemment décidé par la cour d'appel de Versailles, ne peut déboucher – courant 1994 – que sur le procès d'un petit soldat du vichysme militant, membre de cette cohorte d'idéologues vociférants mais de peu de pouvoir. Le vrai « problème » de Vichy réside plutôt dans la responsabilité historique (et éventuellement judiciaire) de l'État, de ses institutions et de ses hauts fonctionnaires qui ont pris ou assumé les décisions d'importance dont certaines furent tragiques. Deux personnalités pouvaient répondre de cette politique : René Bousquet, ami de Pierre Laval et chef de la police avec rang de ministre, et Jean Leguay, son adjoint pour la zone occupée. Coorganisateur de la rafle du Vélodrome d'Hiver, Jean Leguay fut inculpé en mars 1979. La procédure piétina pendant dix ans, jusqu'à sa mort en juillet 1989. Restait René Bousquet, déjà jugé en 1949. Son dossier bénéficia d'une lenteur institutionnelle identique et fut même l'objet d'une mise au point officielle, par la voix très autorisée du secrétaire d'État à la justice Georges Kiejman, déclarant le 19 octobre 1990 : « Au-delà de la nécessaire lutte contre l'oubli, il peut paraître important de préserver la paix civile. Il y a d'autres moyens qu'un procès pour dénoncer la lâcheté du régime de Vichy. » Pour la première fois, la gêne manifestée à tous les niveaux de ces procédures trouvait une rationalisation politique : l'évocation précise du dossier de Vichy compromettrait la « paix civile ».

Un vieux malentendu

Le risque était parfaitement apprécié par Georges Kiejman. Car il y a un vieux malentendu français sur Vichy. La mémoire courante présente souvent ce régime comme un ramassis d'idéologues d'extrême droite, isolés et criminels. La réalité est tout autre : le pari de Pétain et Laval était de négocier une place pour la France dans une Europe vouée à la victoire nazie. Tel fut l'enjeu de l'offre de collaboration faite par les dirigeants français. Certains pouvaient y adhérer par complicité idéologique, mais beaucoup le firent alors, notamment dans le sillage de Pierre Laval, au nom d'une conception extrême du « réalisme politique ». C'est pourquoi la vérité de Vichy réside moins dans l'activité bruyante mais sans grandes conséquences pratiques d'aboyeurs du style de Brasillach, Doriot ou Touvier, que dans la mise à la disposition des occupants, par l'élite dirigeante française, des moyens administratifs et policiers nécessaires à la chasse aux résistants, aux Juifs et aux étrangers. Certains aiment faire le parallèle entre René Bousquet et Jean Moulin pour évoquer le mystère des destins personnels révélés pendant l'Occupation. Leur proximité de carrière est flagrante avant guerre. Issus tous deux de milieux radicaux du Sud-Ouest, très brillants, réellement courageux et très ambitieux : jeunes prodiges de la préfectorale, l'un détrônera même l'autre du titre de plus jeune préfet de France. La parenthèse de la guerre les opposera totalement. Mais dotée d'une étonnante continuité, la vie de René Bousquet, aussi bien remplie avant qu'après l'Occupation, constitue une belle tranche de notre histoire récente.

Héros national à 21 ans

La carrière de ce fonctionnaire modèle de la IIIe République démarre en trombe. Elle commence dans l'exceptionnel et s'y maintiendra. Son droit à peine fini, ce fils d'un notaire radical-socialiste de Montauban est déjà chef de cabinet du préfet du Tarn-et-Garonne quand les inondations dramatiques de mars 1930 le transforment en héros national : avec un ami (qui périra), ce sportif sauve personnellement plusieurs dizaines de personnes de la noyade. Le président Doumergue remettra à ce jeune homme de 21 ans la médaille de chevalier de la Légion d'honneur et la Médaille d'or des belles actions. Cette distinction précoce lui vaut d'être intégré dans le clan des empereurs du radical-socialisme toulousain : Maurice Sarraut (sénateur et patron de la *Dépêche*) et son frère Albert (député et ministre quasi permanent sous la IIIe). Ils vont accélérer sa carrière. En faisant des jaloux. Sa nomination comme sous-préfet à 26 ans sera attaquée, puis reconfirmée. Après qu'il eut transité dans les cabinets des ministres radicaux, en 1936, Roger Salengro, ministre de l'Intérieur du Front populaire, choisit ce jeune – mais déjà grand – commis du radicalisme pour lui confier la responsabilité du fichier central à la Sûreté nationale : sa réputation de républicain anticagoulard en fait alors un élément particulièrement « sûr ». Nommé, par Albert Sarraut, sous-préfet de Vitry-le-François en 1938, il devient, l'année suivante, secrétaire général de la préfecture de Châlons-sur-Marne, puis préfet, en 1940, après l'armistice. Et ensuite préfet régional (le plus jeune de France, à 31 ans), en septembre 1941. Du jamais vu : en trois ans, la carrière la plus fulgurante de l'histoire de la préfectorale.

Comme ses parrains les Sarraut, ce fonctionnaire prodige a accepté la mise en place de l'État français et œuvre, dans la Marne, à la « restauration de la souveraineté administrative ». Sans suivre totalement les obsessions pétainistes : il se distingue en maintenant en fonction les élus radicaux et francs-maçons, notamment le maire de Reims, révoqué par les Allemands en juillet 1940. *Je suis partout* déplore ainsi qu'à cause de lui « les francs-maçons [aient] gagné leur bataille de la Marne »... Il parvient habilement à épargner au département le système allemand de l'« Ostland » (colonisation économique). Il en profite aussi pour révolutionner les structures de la production et du négoce du champagne en mettant en place le Comité interprofessionnel des vins de Champagne, qui organise toujours le système actuel. Ces réussites lui vaudront de se voir proposer, au début de 1942, les ministères du Ravitaillement et de l'Agriculture. Il refuse par deux fois. À son retour au pouvoir, en avril 1942, Pierre

Laval, qui cumule le titre de chef du gouvernement et les portefeuilles des Affaires étrangères et de l'Intérieur, pense aussitôt à lui pour le secrétariat général à la police. Au moment précis où les SS prennent, en zone occupée, la responsabilité du maintien de l'ordre, jusqu'alors détenue par l'armée d'occupation. Pendant vingt mois, à la tête de toutes les forces de répression de Vichy, René Bousquet – qui jouit d'une délégation générale et permanente de signature du chef du gouvernement – va s'enivrer, à 33 ans, de cette caricature de « souveraineté de l'État » que fut le pari pétainiste. Les Allemands lui concéderont volontiers quelques symboles illusoires, en échange des immenses services qu'il leur rendra. S'engageant à maintenir l'« ordre public » (menacé par des menées, selon lui, « plus antinationales qu'antiallemandes »), il tire gloire d'avoir réclamé aux occupants la fin de la subordination directe de la police française et un peu d'autonomie. Mais en acceptant de les satisfaire de son mieux, comme il le précise, le 18 juin 1942, dans une lettre adressée à son interlocuteur principal, Karl Oberg, chef des SS en France : « Vous connaissez la police française. Elle a sans doute ses défauts, mais aussi ses qualités. Je suis persuadé que, réorganisée sur des bases nouvelles et énergiquement dirigée, elle est susceptible de rendre les plus grands services. Déjà, dans de nombreuses affaires, vous avez pu constater l'efficacité de son action. Je suis certain qu'elle peut faire davantage encore. » Ce piège de l'« autonomie » convenait tout à fait aux occupants, qui considéraient que les revendications de René Bousquet constituaient pour eux des atouts. Consulté à l'époque, Reinhard Heydrich, chef de l'Office central de sécurité du Reich, « a indiqué ses expériences en Tchécoslovaquie et a conclu qu'une large autonomie de la police et de l'administration réaliserait les meilleurs résultats », déclarera Karl Oberg en 1950, lors de l'instruction de son procès.

Les SS décidèrent donc, sur une base de « camaraderie policière », de laisser quelque autonomie au secrétaire général à la police de Vichy, à condition qu'il dirige ses troupes « dans le même esprit que la police allemande, c'est-à-dire la lutte contre le communisme, les saboteurs de tous ordres, les terroristes ». Le caractère bénéfique de ce choix sera confirmé un an plus tard, par Heinrich Himmler lui-même, après sa rencontre secrète – durant plus de cinq heures – avec le chef de la police française, à Paris, en avril 1943 : « Le Reichsführer a été impressionné par la personnalité de Bousquet, et il partage maintenant la conception défendue jusqu'ici par Oberg, à savoir que Bousquet est un collaborateur précieux dans le cadre de la collaboration policière et qu'il serait un adversaire dangereux s'il était poussé dans l'autre camp », concluait de cette visite Rudolf Schleier, adjoint de l'ambassadeur d'Allemagne, Otto Abetz.

René Bousquet joua ainsi un rôle déterminant dans la participation de la police aux opérations de déportation des Juifs. Le 2 juillet a lieu sa rencontre décisive avec Karl Oberg pour la préparation des arrestations des 16 et 17 juillet, dans la région parisienne (rafle du Vélodrome d'Hiver). Pour les occupants, il avait suffi, une fois de plus, de lui donner l'illusion provisoire que l'on cédait à l'une de ses demandes. En échange de l'ajournement des déportations de Juifs français, René Bousquet propose de « faire arrêter les Juifs étrangers dans toute la France ». Les Allemands, voyant tout l'intérêt à procéder par « étapes », sautent sur l'occasion. « Vu que les Juifs de nationalité française ne devaient, pour le moment, pas être arrêtés, Bousquet se déclara prêt à faire arrêter les Juifs étrangers, dans toute la France, par une action réalisée en commun et en quantité souhaitée par nous », rapportèrent-ils comme une victoire. Cet engagement de René Bousquet sera approuvé le 3 juillet par Pierre Laval. La France devint ainsi le seul pays d'Europe dans lequel des Juifs séjournant dans un territoire non occupé par les Allemands furent déportés.

« Brisez toutes les résistances »

La grande rafle parisienne se révélant moins fructueuse que prévu grâce à certains policiers bienveillants, René Bousquet augmenta le rendement prévu des rafles de la zone sud. D'une part, en supprimant un certain nombre d'exemptions, notamment relatives aux enfants. D'autre part, en recommandant par circulaire aux préfets de sévir contre les fonctionnaires manquant de zèle : « Vous n'hésiterez pas à briser toutes les résistances que vous pourrez rencontrer dans les populations et à signaler les fonctionnaires dont les indiscrétions, la passivité ou la mauvaise volonté auraient compliqué votre tâche. » Il décida aussi que les opérations seraient massives mais rapides, ainsi que le souligne Ernst Heinrichsohn, de la Gestapo, dans un rapport du 17 août : « Ces rafles sont de grande envergure, car M. Bousquet estime qu'il est préférable d'arrêter tous les Juifs en une seule grande rafle que de procéder à plusieurs rafles isolées, lesquelles permettraient aux Juifs de se cacher ou de fuir à destination des pays neutres frontaliers. » Dans le concours qu'elle apporta à la déportation des Juifs, la logistique française fut déterminante : arrestations effectuées par les policiers, grâce à leur fichier, transport et internement dans des camps de concentration français.

Cet engagement précis, minutieux, à la tête de toutes les polices de France n'empêche pas René Bousquet de jouer un rôle essentiel de conseiller auprès de Pierre Laval. Quand rituellement, vers 18 heures, le chef du gouvernement quitte l'hôtel du Parc pour sa résidence de Châteldon, seules trois personnes de confiance filtrent ses coups de téléphone : Jean Jardin, Charles Rochat, secrétaire général du Quai d'Orsay, et René Bousquet... « J'étais le collaborateur le plus proche de Laval », confirmera-t-il après la guerre. Ce rôle, doublé de celui de premier flic de France (on le surnomme alors le « Fouché de Laval »), en fait l'une des vedettes du Tout-Vichy. Adorant se montrer, grand, portant un soin extrême à sa tenue vestimentaire, il est l'un des meilleurs exemples de cette collaboration de technocrates brillants et froids. Ce qui lui vaut, outre de régulières condamnations à mort par la radio de Londres, l'inimitié des vieux dinosaures pétainistes, tel Joseph Barthélemy, ministre de la Justice, qui évoquera dans ses mémoires cet homme « ambitieux et arriviste, fort joli garçon, élégant et admiré par les femmes qui aiment les jolis garçons, surtout l'hiver quand le col de fourrure de sa pelisse faisait un cadre à sa beauté », et sa « joie enfantine à étaler son tableau de chasse : le nombre des arrestations ». Bousquet ne trouvera pas non plus grâce auprès des ultras des journaux collaborationnistes, tel *Au pilori*, qui dénonce ce « bellâtre montalbanais » en ironisant sur les « femmes de la haute société qui se font une gloire d'accepter les faveurs de ce don Juan de bazar toulousain ».

Les conflits internes au petit monde de la collaboration vont provoquer sa chute. Après l'assassinat de Maurice Sarraut par des miliciens, René Bousquet conçoit leur arrestation comme une affaire personnelle. La Milice et les ultras hurlent à la trahison et demandent à Berlin sa révocation. Se sachant perdu, la guerre prenant une tournure nouvelle, René Bousquet donne du panache à son départ, ordonne quelques libérations et détruit ses archives avant de démissionner, le 31 décembre 1943. Il sera immédiatement remplacé par Joseph Darnand, chef de la Milice et pronazi zélé.

La proximité politique et affective de René Bousquet et Pierre Laval durera jusqu'au bout. Après la Libération, c'est lui qui rédige, à Fresnes, les notes dont l'ancien chef du gouvernement a besoin pour la préparation de son procès et il passe auprès de lui une partie de la nuit précédant son exécution.

Après trois ans et demi de prison et quelques mois de liberté provisoire, René Bousquet sera l'un des derniers vichystes jugés par la Haute Cour de justice, en juin 1949. Cinq ans après la Libération et en pleine guerre froide, le gouvernement veut en finir avec l'épuration, et son procès illustre le désir qu'avait alors la justice politique de ne pas insister sur le rôle joué par l'élite des technocrates de la collaboration. Procès stupéfiant : il ne dure que trois jours, la presse ne le couvre pratiquement pas, et les débats sont menés par René Bousquet lui-même, qui enchaîne formule sur formule : « Il paraît que j'ai servi la politique de persécution raciale. Eh bien, messieurs, si j'ai soutenu cette politique, je l'ai soutenue comme la corde soutient le pendu et, véritablement, je crois que, si on peut parler, dans ce domaine, de ma collaboration, il faudrait plutôt penser à la collaboration du paratonnerre et de la foudre. » Par un habile tour de passe-passe, il escamote l'accord Oberg-Bousquet du 2 juillet, préparatoire à la rafle du Vélodrome d'Hiver (c'est cette anomalie, considérée comme un « fait nouveau » absent du procès de 1949, qui rendra judiciairement possible son inculpation en 1991). On lui reprochera surtout l'aide apportée aux Allemands dans l'arrestation d'opérateurs radio de la Résistance en zone sud. Reconnu coupable de « crime d'indignité nationale » et condamné à cinq ans de « dégradation nationale », il est immédiatement relevé de cette peine par la cour pour « faits de résistance », sous forme d'informations données à des maquis à la fin de la guerre.

Une tranquille reconversion

Après ces péripéties historiques, la belle carrière recommence très vite. Toujours grâce à la filière radicale. Son vieux protecteur Albert Sarraut (ancien ministre des Colonies) lui fait intégrer, dès 1950, la Banque de l'Indochine (proche des radicaux), dont il deviendra directeur du réseau international en 1952, puis directeur général adjoint en 1960. La fusion de la Banque de l'Indochine et de Suez, en 1975, provoque l'un des seuls petits incidents de sa carrière, un membre du directoire de Suez, ancien résistant, refusant un jour, en public, de lui serrer la main. En marge de cette carrière d'administrateur, il tentera plusieurs reconversions. L'une fut brève : il se présente aux élections législatives de novembre 1958 dans la Marne, sous l'étiquette du Centre républicain d'André Morice, qui rassemble les radicaux antimendésistes. Il n'obtient que 9 % des voix contre le candidat gaulliste. L'autre fut plus sérieuse. Après la mort, en 1959, de son ami Jean Baylet, député radical et propriétaire de *La Dépêche du Midi*, il s'installe dans la vie et le journal de sa veuve. Devenu officiellement administrateur de la *Dépêche*, il dirige, en réalité, le quotidien toulousain tout au long des années 60, surveillant de près sa ligne politique antigaulliste, y plaçant ses hommes et évinçant les opposants (notamment Jean-Pierre Amalric). Alors qu'il cherche à nouveau un point de chute électoral, une brouille avec Évelyne Baylet met fin à ses projets et il se consacre désormais à Indosuez.

En octobre 1978, l'interview de Darquier de Pellepoix dans *L'Express* bouleverse cette tranquille reconversion. L'ancien commissaire général aux Questions juives révèle que le coorganisateur de la rafle du Vélodrome d'Hiver est devenu un brillant banquier parisien. La polémique est vive. Antoine Veil, P-DG d'UTA, avoue ne découvrir qu'à ce moment-là l'identité de l'homme « froid et désagréable » – mais dont il écoutait toujours les « interventions brillantes et utiles » – qui représente, depuis sept ans, Indosuez dans son conseil d'administration. Contraint de démissionner, Bousquet disparaît de l'édition suivante du *Who's Who*... Il ne gardera, un temps encore, que ses fonctions d'administrateur des Cristalleries de Baccarat, société appartenant à René de Chambrun, gendre de Pierre Laval.

Après l'inculpation de Jean Leguay, en 1979, René Bousquet était allé témoigner auprès du juge d'instruction en faveur de son adjoint en précisant qu'il ne faisait qu'exécuter ses ordres. Après la mort de Jean Leguay, Serge Klarsfeld, au nom de l'Association des fils et filles de déportés juifs de France, déposa plainte contre René Bousquet, qui fut inculpé le 1er mars 1991. La procédure suivit son cours sans excès de vitesse. Le juge d'instruction, déjà en charge du dossier Touvier, et par ailleurs submergé (cambriolages, proxénétisme, stupéfiants), demanda d'être déchargé des affaires courantes pour tenir les délais dans l'affaire Bousquet, comme ce fut le cas à Lyon pour Klaus Barbie. Cela lui fut refusé.

Ensuite, une invraisemblable histoire a fait piétiner l'instruction pendant de longs mois : un seul traducteur avait été nommé pour traduire mille pages d'allemand. Tâche dont il ne s'acquittait même pas... C'est à l'occasion de la nomination d'un nouveau juge d'instruction, fin 1992, que cette mauvaise volonté institutionnelle fut dépassée, cinq traducteurs étant requis pour effectuer le travail en deux mois.

De son côté, le procureur avait déjà rédigé un projet de réquisitoire qui concluait au renvoi de René Bousquet devant une cour d'assises pour y répondre de faits qui « ont consisté en actes inhumains et persécutions commis de façon systématique au nom et pour le compte d'un Etat pratiquant une politique d'hégémonie idéologique contre des personnes en raison de leur appartenance à une collectivité raciale ou religieuse et ont ainsi revêtu le caractère de crime contre l'humanité ». Pour signer la version officielle de ce réquisitoire, le procureur n'attendait plus que le juge lui communique la totalité de son dossier d'instruction, désormais en l'état. Le juge venait de convoquer René Bousquet, pour lui signifier, selon les nouvelles règles de procédure, qu'il transmettait son dossier au parquet et pour lui notifier les « présomptions de charge ». Le rendez-vous avait été fixé au vendredi 11 juin…

Éric Conan
16 juin 1993

La carrière exemplaire d'un homme avisé

Du cabinet d'un radical en 1931 au portefeuille du Budget en 1980, en passant par la préfecture de la Gironde et la Préfecture de police, Maurice Papon a su se rendre utile à tous.

En juin 1944, quelques jours après le débarquement de Normandie, Maurice Papon, secrétaire général de la préfecture de la Gironde, assiste, dans la cathédrale Saint-André, à Bordeaux, au service funèbre pour le repos de l'âme de Philippe Henriot. Il y écoute l'hommage rendu par Mgr Feltin au chef milicien, chargé de la propagande à Vichy et exécuté à Paris par un commando de résistants : « Que son sacrifice, joint à nos prières, écarte de la France les troubles intérieurs et les meurtres ! »

Quelques troubles intérieurs et quelques meurtres plus tard, Bordeaux est libéré et Maurice Papon participe à la fête avec les libérateurs. Il est même rapidement promu préfet et seconde le commissaire de la République nommé par Charles de Gaulle : il l'initie aux subtilités du contexte bordelais. Il va ainsi jusqu'à le représenter à un meeting du Front national (organisation de résistance procommuniste) où, après que la foule a chanté l'hymne soviétique, il prend la parole pour évoquer les morts et les déportés, ceux qui ont souffert ou souffrent encore dans les geôles allemandes : « Tous les dévouements sont nécessaires pour que la France vive. » Maurice Papon appartient à cette catégorie de hauts fonctionnaires qui ont bénéficié des promotions offertes par le régime de Vichy tout en étant assez avisés pour donner des gages à la Résistance quand la guerre s'est mise à changer de tournure, au cours du printemps 1943.

Sa vie professionnelle, entièrement vouée au service de l'État, commence à 21 ans. En 1931, ce membre des Jeunesses radicales-socialistes, militant de la Ligue d'action universitaire républicaine et socialiste (dirigée à Paris par Pierre Mendès France), entre dans le cabinet de Jacques-Louis Dumesnil, ministre radical de l'Air. Il sera, en 1936, attaché de cabinet de François de Tessan, ministre radical du gouvernement de Front populaire de Léon Blum. La guerre, la défaite et l'avènement de Vichy bouleversent la haute fonction publique. Plus de la moitié du corps préfectoral est révoquée et des avancements de carrière sont offerts aux éléments qui ne sont pas considérés comme suspects et qui savent se montrer à la hauteur des urgences. Ce fut le cas de nombreux cadres proches des radicaux. Ce fut le cas de Maurice Papon. Sous-chef de bureau en 1940, il bénéficiera de cinq promotions en un peu plus d'un an et deviendra sous-préfet en février 1941.

En mai 1942, Pierre Laval nomme Maurice Sabatier préfet régional d'Aquitaine. Celui-ci s'installe avec son équipe. Parmi elle, Maurice Papon (31 ans), qui fut son second au ministère de l'Intérieur en 1936 et en 1940. Il le nomme secrétaire général de la préfecture, mais avec des attributions qui outrepassent les pouvoirs habituels afférents à ce titre (notamment des délégations de signature) et qui lui permettront souvent de court-circuiter le préfet délégué pour la Gironde, Louis Boucoiran. Maurice Sabatier lui confie ainsi l'ensemble des services liés à la guerre et à l'Occupation, notamment celui des réquisitions, des réfugiés et des « affaires juives ».

En moins de deux ans, de juillet 1942 à mai 1944, quatre rafles auront lieu à la demande des occupants et dix convois quitteront le camp de Mérignac, près de Bordeaux, emportant 1 645 personnes (dont 240 enfants) pour Drancy, d'où ils seront transportés vers les camps d'extermination nazis. Il n'y aura que quelques dizaines de survivants parmi les adultes. Le réquisitoire retient la participation de Maurice Papon pour quatre de ces convois. Il se montre efficace, mais sans intention idéologique particulière. Administrant techniquement rafles et départs de convois, formés par Vichy à la demande des Allemands, comme un préfet remplit ces nombreuses tâches qui font sa vie quotidienne : inauguration de bâtiments publics, déviation de circulation, réception d'une délégation d'organisations agricoles. Au début, il s'en acquitte avec ce sérieux administratif qui mêle souvent indifférence et zèle. Puis avec plus de distance, déployant des efforts pour sauver ce qu'il appelle les « Juifs intéressants ». Voire, enfin, avec réticence, comme lors de la dernière rafle, en 1944.

Les événements de l'année 1943 ont fait réfléchir tous les esprits avisés. Maurice Papon en est un. Les rapports allemands enregistrent à leur manière cette métamorphose. En avril 1943, l'un d'entre eux précise que le secrétaire général de la préfecture « collabore sans problème avec la Feldkommandantur. Il est rapide et digne de confiance. Il n'y a jamais eu de plainte élevée contre lui ; ce qui laisse supposer qu'il est un représentant sincère de la politique du gouvernement actuel ». En décembre, l'avis a changé : « Papon doit être considéré comme proaméricain et on doit renoncer à l'idée d'un travail en commun entre lui et l'Allemagne. » En mai 1944, à une époque où la fin apparaît proche, Maurice

Papon a l'habileté d'abandonner les importantes délégations de signature dont il jouissait au profit du préfet délégué, qui sera le seul épuré de la préfecture après la Libération.

Depuis novembre 1943, Maurice Papon, sollicité par un ancien collègue de travail passé à la Résistance, informe et même héberge régulièrement chez lui Roger Bloch, un fonctionnaire révoqué parce que Juif et qui appartient au réseau de renseignement Kléber. Le travail de Roger Bloch, clandestin voyageant sous une fausse identité, consiste à entrer en contact avec des fonctionnaires « sûrs » pour qu'ils lui livrent des renseignements de type militaire. Maurice Papon sera l'un de ses informateurs sur le créneau si sensible de la façade atlantique.

Ces contacts permettront à Maurice Papon, quelques jours avant la Libération, de se mettre au service de Gaston Cusin, choisi par Alger pour prendre les fonctions de commissaire de la République de Bordeaux. Celui-ci le nomme au grade de préfet le 23 août 1944 et en fait son directeur de cabinet. Le 7 octobre 1944, *Sud-Ouest* présente l'ancien secrétaire général de la préfecture de la Gironde comme un « résistant de la première heure ». Cette réintégration administrative au plus haut niveau sera confirmée par le gouvernement après avis de la commission d'épuration du ministère de l'Intérieur, statuant à l'unanimité, et ce malgré quelques protestations du comité de libération local.

Après la Libération, Maurice Papon, qui a reçu des mains de Jules Moch la croix de chevalier de la Légion d'honneur pour services rendus pendant la guerre, poursuivra une carrière qui le mènera de la préfecture de la Corse (1947) au secrétariat général du protectorat du Maroc (1954), en passant par la préfecture de Constantine (1949). Carrière ascensionnelle entrecoupée de deux expériences de membre de cabinet dans deux ministères socialistes. En 1958, peu avant la chute de la IVe République, le gouvernement du radical-socialiste Félix Gaillard couronne ce parcours en le nommant préfet de police de Paris. Bernard Lecache, président de la Licra, le félicitera personnellement pour cette « nomination qui rassurera tous les démocrates, dont les antiracistes ». C'est à cette époque qu'il obtient son attestation d'appartenance aux Forces françaises combattantes au titre d'« agent occasionnel » à partir du 1er janvier 1943.

Les ministres de l'Intérieur du général de Gaulle, dont l'inamovible Roger Frey, le maintiennent à ce poste jusqu'à ce qu'il se lance en politique, se faisant élire en 1968 député gaulliste du Cher. Puissant président, puis rapporteur général, de la commission des Finances de l'Assemblée nationale, il fera son entrée dans le gouvernement Barre, en 1978, comme ministre du Budget. Consécration finale, trois ans avant le déclenchement de l'affaire.

Éric Conan
14 décembre 1995

Le casse-tête juridique

Maurice Papon comparaît, accusé de crimes contre l'humanité. Pour en arriver là, les magistrats ont dû se livrer à nombre de contorsions.

La notion de crime contre l'humanité sera au cœur des débats de Bordeaux. Depuis des années, la justice française ne cesse d'en modifier la définition au gré des enjeux de mémoire, en bricolant et sans hésiter à se contredire. Après la version Barbie et la version Touvier, elle a mis au point une version Papon. Personne n'est dupe, comme le remarque, avec une ironie lucide, l'un des avocats des parties civiles : « Les magistrats ne changent pas : sous l'Occupation, ils faisaient ce que Pétain leur demandait ; aujourd'hui, ils font ce que l'opinion leur demande ! Mais l'important, c'est que Papon soit renvoyé en cour d'assises. »

Comme lors du procès de Versailles, où la cour d'assises des Yvelines a dû quelque peu malmener la vérité historique pour condamner Paul Touvier, celui de Bordeaux risque de susciter un malaise lorsque seront évoquées les contorsions juridiques qu'a nécessitées la procédure. Et l'on peut compter sur l'avocat de Maurice Papon, Jean-Marc Varaut – excellent connaisseur de la notion de crime contre l'humanité et historien du procès de Nuremberg – pour exploiter ces travers judiciaires. Ceux-ci résultent pour l'essentiel de la jurisprudence des magistrats de la Cour de cassation : à force de louvoyer, depuis dix ans, pour répondre aux demandes du moment, ils ont fini par aboutir à une absurde définition pénale du crime contre l'humanité, dont l'application à Maurice Papon se révèle problématique.

Les mésaventures de ce concept juridique ont commencé en 1985, dans le cadre de la procédure Barbie. La Cour de cassation redoutait à cette époque que son avocat, Jacques Vergès, ne dépose des plaintes concernant les crimes commis par des Français en Algérie. Elle a donc limité la définition donnée par les statuts du tribunal de Nuremberg, en émettant une condition restrictive : pour être dit « contre l'humanité », le crime doit obligatoirement être commis « au nom d'un État pratiquant une politique d'hégémonie idéologique ». Notion floue qui aurait permis, si nécessaire, d'exclure l'armée française des années 50 et 60 de son champ d'application. Parallèlement, elle travestissait la définition en ne l'appliquant plus aux seules victimes de persécutions antisémites, mais aussi aux résistants.

La deuxième étape date de novembre 1992. La Cour de cassation doit alors se prononcer sur le célèbre arrêt de la chambre d'accusation de Paris du 13 avril 1992, qui avait provoqué un scandale en accordant un non-lieu général en faveur de Paul Touvier. Les juges estimaient que Vichy ne pratiquait pas une telle « politique d'hégémonie idéologique ». La Cour de cassation voulait casser ce non-lieu qui avait suscité une forte émotion dans le pays. Mais, pour ne pas prendre position sur la délicate question de Vichy, elle choisit la tangente : révisant à nouveau sa jurisprudence, elle fit une lecture étroitement historique de la notion, affirmant qu'un crime contre l'humanité ne pouvait avoir été commis que par un pays européen de l'Axe (Allemagne ou Italie) ou en complicité avec un tel pays. Ce qui permettait de contourner la question de savoir si Vichy pouvait être tenu pour auteur autonome de crimes contre l'humanité… Le paradoxe éclata à Versailles : Paul Touvier, auteur principal d'un crime français – il était poursuivi pour avoir décidé, seul, de faire fusiller sept otages juifs – ne put être condamné que parce que l'on considéra, au mépris de la vérité historique, qu'il était complice d'un crime que les Allemands, dont il partageait l'idéologie, lui auraient demandé d'accomplir !

Le cas Papon constituait un nouveau défi. Rien, dans le comportement de ce membre de la hiérarchie de l'appareil étatique, ne permettait d'établir cette complicité directe et intentionnelle avec les nazis que requiert la Cour de cassation. L'avocat général chargé en 1995, au terme de l'instruction, de rédiger le réquisitoire au parquet de Bordeaux ne vit, en droit, pas d'autre possibilité que de conclure au non-lieu. Le problème fut soumis à la chancellerie. Paniqué à l'idée du scandale qu'une telle décision produirait, et en songeant que beaucoup ne manqueraient pas de lui prêter l'intention d'avoir voulu éviter le procès d'un ancien trésorier du parti gaulliste, Jacques Toubon, alors garde des Sceaux, donna ordre au parquet de Bordeaux de se débrouiller pour conclure au renvoi devant la cour d'assises.

Le procureur général, confronté à l'obligation jurisprudentielle de mettre en évidence l'adhésion personnelle de Maurice Papon à la politique de l'occupant, n'avait à sa disposition qu'un dossier d'instruction révélant un haut fonctionnaire ambitieux mais prudent. Maurice Papon administrait « techniquement », selon son expression, rafles et départs de convois formés par Vichy à la demande des occupants, comme un préfet s'acquitte de ces nombreuses tâches qui font sa vie quotidienne : inauguration de bâtiments publics, déviations routières, réception de délégations agricoles. « Suffisamment habile pour ne jamais se compromettre », comme le nota, un jour, un officier allemand. Au début, Papon œuvre avec ce sérieux administratif qui mêle souvent indifférence et souci du détail. Puis avec plus de distance, déployant des efforts pour sauver ce qu'il appelle les « Juifs intéressants ». Voire, enfin, avec réticence, comme lors de la dernière rafle, en 1944.

Pour le parquet, la voie était donc étroite. Son réquisitoire du 19 décembre 1995 estime que Maurice Papon « s'est associé, au sein d'un processus complexe de participation, aux opérations antijuives décidées par l'autorité allemande, dont il n'ignorait pas que l'un des objectifs était la déportation en Allemagne ». Mais il admet qu'il était « dans l'ignorance de la Solution finale ». Quant à « l'élément intentionnel », le parquet se rabat sur un raisonnement fragile : le simple fait d'assumer sa fonction de secrétaire général doit être considéré comme le signe implicite de sa volonté de favoriser les projets de l'occupant.

L'arrêt de renvoi de la chambre d'accusation du 18 septembre 1996 choisit une autre argumentation. Il affirme que Maurice Papon « a eu dès avant sa prise de fonctions [juin 1942] une connaissance claire, raisonnée, circonstanciée et continue du dessein formé par les nazis d'attenter à la vie de ces personnes ». Ce qui, pour cette date, constitue une affirmation simpliste et très discutable, selon les historiens de la période.

L'avocat de Maurice Papon, dans un dernier recours, porta donc une nouvelle fois le débat devant la Cour de cassation, en indiquant que l'arrêt de la chambre d'accusation n'avait pas établi, chez l'inculpé, la volonté de se faire personnellement l'agent de la politique nazie d'extermination des Juifs, comme l'exige sa jurisprudence. Coincée, la Cour de cassation n'hésita pas à modifier une fois de plus sa jurisprudence pour s'adapter au cas Papon ! Elle répond en effet, dans sa décision du 23 janvier 1997, qu'il n'est plus nécessaire que « le complice du crime contre l'humanité ait adhéré à la politique d'hégémonie idéologique des auteurs principaux »…

Jusqu'à l'absurde

Ce nouveau renversement de jurisprudence permet donc la tenue du procès de Bordeaux, mais atteint l'absurde, puisque, ainsi, la justice exige moins de conditions d'incrimination du complice que de l'auteur principal… Cet « évolutionnisme » de la Cour de cassation a suscité quelques remous parmi les juristes. Le *Recueil Dalloz* vient de publier un long article du Pr Delmas Saint-Hilaire estimant que la décision n'était pas « fondée juridiquement » : « Le renvoi en cour d'assises de l'ancien secrétaire général de la préfecture de la Gironde supposait réunies des charges suffisantes susceptibles d'établir l'existence, chez celui-ci, de la volonté de se faire personnellement l'agent de la politique nazie d'extermination de la communauté juive : en ne l'exigeant pas, la Cour de cassation a rendu, à notre avis, une décision contestable et d'autant plus critiquable que, procédant par voie d'affirmation, elle ne comporte pas de motivation[1]. »

Les débats de Bordeaux risquent d'être d'autant plus vifs que les avocats des parties civiles sont divisés. Beaucoup « collent » à l'arrêt de la chambre d'accusation, notamment sur la question de la connaissance qu'avait Papon du sort final des déportés, tandis que d'autres, qui redoutent sa fragilité juridique, adoptent une position proche de celle, plus solide, du réquisitoire, laissant à l'accusé le bénéfice

1. *Recueil Dalloz* 1997, 30e cahier.

du doute quant au destin exact des déportés, pour insister sur les conditions tragiques des départs des femmes et des enfants, qui ne pouvaient le tromper sur leur sort.

De même, certains avocats s'efforcent de prévenir les arguments de la défense – son client n'était qu'un membre d'une administration préfectorale à laquelle il obéissait – en dessinant un super-Papon omnipotent, voire le « véritable et autoritaire patron » de la préfecture de la Gironde, comme n'hésite pas à l'écrire Me Gérard Boulanger. Me Arno Klarsfeld, qui représentera à Bordeaux l'Association des fils et filles des déportés juifs de France, présidée par son père, Serge, s'oppose à cette dérive : « Il faut respecter la vérité historique et ne pas noircir Papon plus qu'il ne doit l'être. Sa volonté criminelle n'est pas celle d'un Barbie ou d'un Touvier et sa marge de manœuvre politique n'est pas non plus celle d'un Leguay ou d'un Bousquet. Mais, à travers lui, doit être condamnée une administration prête à accomplir les pires ignominies, du moment qu'elle se trouve couverte par sa hiérarchie. »

Ce débat en entraîne un autre, tout aussi animé, concernant la peine que peuvent prononcer les jurés. En suggérant qu'elle ne devait pas être aussi lourde que celle de Barbie ou de Touvier (la perpétuité), Serge et Arno Klarsfeld ont provoqué l'ire de la plupart de leurs confrères avocats des parties civiles. Certains d'entre eux, qui vont vivre leur premier procès face à un inculpé de crimes contre l'humanité, ont en effet l'impression de se grandir en s'imaginant que l'on va juger un petit Eichmann. Or les nuances de Serge Klarsfeld sont dans la logique de son action depuis plus de vingt ans : « Ceux qui protestent n'étaient pas là, dans les années 70, lorsque nous cherchions les responsables allemands de la Solution finale en France – Kurt Lischka, Herbert Hagen, Ernst Heinrichson – que nous avons réussi à faire condamner au procès de Cologne, en 1980. Ils n'étaient pas là lorsque nous nous efforcions de faire extrader Klaus Barbie, inculper René Bousquet et arrêter Paul Touvier ! »

Pour Serge Klarsfeld, Maurice Papon n'est que « le dernier maillon d'une chaîne de responsabilités » qu'il s'est attaché à mettre en évidence depuis deux décennies. Le procès de Bordeaux doit donc, selon lui, mettre l'ancien secrétaire général de la préfecture de la Gironde à sa vraie place. Par « équité » : « Je ne ressens pas à l'égard de Maurice Papon ce que je ressentais à l'égard de ceux qui ont été à l'origine du crime. » Et par « pédagogie » : pour faire la distinction « entre ceux chez qui réside l'impulsion criminelle et ceux dont le concours, si efficace et haïssable soit-il, n'aurait sans doute pas été fourni en d'autres circonstances ».

Éric Conan
2 octobre 1997

Procès Papon.
Entre le droit et la mémoire

En droit, l'élargissement de Maurice Papon est moins exceptionnel que la liberté dont il a joui jusqu'ici.

En permettant à Maurice Papon de comparaître en homme libre pendant son procès, la cour d'assises de la Gironde a fait éclater le malentendu qui entoure les relations entre justice et mémoire : un vieux quiproquo auquel, par mégarde, beaucoup avaient fini par s'habituer. Qu'attendent les parties civiles et leurs avocats, qui ont fait choix de la voie judiciaire pour évoquer les tragédies de l'Occupation ? Qu'elle permette de rendre justice aux parents et proches des victimes et que les débats d'audience – et leurs verdicts – inscrivent les événements évoqués dans la mémoire institutionnelle du pays. Ce choix de la médiation judiciaire implique des conditions : le droit pénal a son autonomie, ses règles, ses principes, qui sont autant de risques. Il est vrai que l'émotion qui accompagne ces procédures a la plupart du temps poussé les magistrats – convaincus ou intimidés – à privilégier l'exercice de mémoire sur le formalisme juridique. La jurisprudence de la Cour de cassation en matière de crime contre l'humanité constitue un bon exemple de ce penchant. Mais il y a des exceptions. Pour des raisons idéologiques, certains magistrats peuvent faire acte de militantisme, comme on l'a vu avec l'arrêt de non-lieu général accordé à Paul Touvier en 1992, qui constituait un plaidoyer révisionniste en faveur du régime de Vichy. Et la démarche judiciaire doit aussi compter avec des magistrats inflexibles sur le respect du droit, qui entendent juger normalement ces affaires exceptionnelles. C'est ce qui s'est passé à Bordeaux.

Car, en droit, cette mise en liberté n'a rien d'« exceptionnel », contrairement à ce que l'on a beaucoup entendu. Elle n'est que le prolongement de la liberté – elle, bien exceptionnelle – dont a joui pendant quatorze ans un inculpé pour complicité de crimes contre l'humanité. Sur le plan de la procédure, l'arrêt de la cour d'assises paraît logique : si, pendant ces longues années, le parquet n'a jamais estimé nécessaire d'incarcérer l'accusé, il n'y a aucun motif nouveau pour le faire aujourd'hui. Cette décision constitue une critique cinglante de l'attitude du ministère public, qui dans ce dossier a traîné les pieds dans les premières années et fait du zèle dans les dernières, jusqu'à prononcer, sous la pression de certaines parties civiles, un contrôle judiciaire « de dernière heure » que la cour d'assises ridiculise en le qualifiant d'« inopérant ».

Cette décision, inattendue bien que prévisible, a divisé les avocats des parties civiles. Considérant la liberté de Maurice Papon comme une « insulte aux victimes », Arno Klarsfeld a annoncé – avant de se raviser – qu'il quittait un « procès qui a perdu son sens ». Le président lui a répondu par une leçon de droit : « Vous confondez des notions qui n'ont rien à voir et vous apportez de l'eau au moulin de ceux qui disent que la détention préventive est l'aliénation de la présomption d'innocence. » Deux des principaux avocats ont adopté une attitude inverse. Tout en regrettant sa « désinvolture » envers les victimes, Me Zaoui admet la « cohérence » de la décision. Et Me Boulanger, par ailleurs président de la Ligue des droits de l'homme de la Gironde, estime qu'il faut « dépasser la douleur par la raison » et approuver cet exemple de « justice républicaine »…

Toujours aussi peu sensible, Maurice Papon n'a pu s'empêcher de savourer la victoire de son avocat en paradant, incapable de concéder un peu d'humilité face à l'incompréhension des parties civiles. Pour elles, les conséquences symboliques de sa mise en liberté sont lourdes. À long terme : en cas de condamnation, il resterait libre pendant la durée de son pourvoi en cassation. Mais aussi à court terme : maître du calendrier du procès, Maurice Papon peut, étant donné son état de santé, suspendre selon son bon plaisir le cours de débats dont il n'est désormais plus pressé de voir la fin.

Éric Conan
16 octobre 1997

La stratégie Klarsfeld

Les deux avocats l'ont prouvé avec l'affaire Castagnède : ils préfèrent la justice aux règles judiciaires.

Rendons ce mérite à Serge et Arno Klarsfeld : leur déstabilisation du président Castagnède ne relève ni de la bourde ni de l'irrationnel. Mais d'une offensive calculée face à un procès qui, en leur échappant, fait éclater les contradictions de leur rapport avec la justice. L'attitude d'Arno Klarsfeld à l'audience – insolences et provocations échevelées qui lui vaudraient une exclusion dans tout autre procès – n'est pas seulement destinée aux pages de *Gala* : elle symbolise la posture militante de Serge Klarsfeld, dont l'œuvre de mémoire a fait le choix de la justice tout en refusant les règles judiciaires.

Jusqu'ici, cette contradiction n'avait pas trop souffert : même si elle a souvent traîné les pieds, la justice n'a, en fait, cessé de se plier aux demandes de Serge Klarsfeld. Les adaptations successives de la Cour de cassation en matière de crimes contre l'humanité en constituent le symbole. Et le dossier Papon a illustré cet accommodement des juges. Alors qu'on ne lui accordait qu'un intérêt « anecdotique » quand un procès Bousquet était envisageable, l'ancien secrétaire général de la préfecture de la Gironde a fait figure de client judiciaire de substitution après l'assassinat de l'ancien secrétaire général à la police, en 1993. Tout alla vite et bien.

Serge Klarsfeld fit part de la satisfaction que lui procurait la juge d'instruction Annie Léotin. Le parquet, après hésitation, renonça au non-lieu en 1995. En 1996, les trois magistrats de la chambre d'accusation – parmi lesquels Annie Léotin – rendirent un arrêt accablant pour Maurice Papon au prix de quelques libertés avec la vérité, tant judiciaire qu'historique. Et, enfin, en 1997, la Cour de cassation valida tout cela au moyen d'un nouveau revirement de jurisprudence.

Mais voilà qu'à Bordeaux l'« affaire Papon » se transforme en « procès Papon ». Car la stratégie judiciaire de Serge et d'Arno Klarsfeld se heurte non pas à un magistrat qui « agit dans le sens de l'acquittement », comme ils l'affirment, mais à l'effet de vérité d'un débat judiciaire. Le maintien en liberté de Maurice Papon, dénoncé comme signe de partialité en sa faveur, constitue en réalité un indice tout aussi inquiétant pour les avocats des parties civiles : ils sont tombés sur des magistrats qui ont préféré flatter le droit – la mise en liberté – plutôt que la demande sociale et médiatique, qui réclamait la détention.

La panique – le spectre de l'acquittement – qui vient de saisir Serge Klarsfeld a la même origine. Non pas la « partialité » de Jean-Louis Castagnède, mais au contraire son intégrisme juridique et son indifférence aux pressions : avec cet homme, tout est possible. Car, après quatre mois de débats, le bilan se révèle être mitigé pour l'accusation. Arno Klarsfeld, qui en faisait le moment clé du procès, n'a pas réussi à confondre Maurice Papon lors de l'évocation de la déportation tragique des enfants en août 1942. Quant à l'arrêt de renvoi, il est aujourd'hui en lambeaux, la plupart de ses affirmations, fantaisistes, n'ayant pas survécu au débat contradictoire. Enfin, Jean-Louis Castagnède ne cache plus son agacement face aux lacunes de l'instruction, aux contradictions du parquet et aux nombreux témoignages reconstruits ou arrangés qu'il démasque avec un tact forcé.

Bien que quelques têtes froides essaient de raisonner leurs confrères, en assurant que la condamnation de Maurice Papon ne fait pas de doute parce que des jurés ne prendront pas le risque de l'opprobre que leur vaudrait un acquittement, l'expérience acquise par Serge Klarsfeld l'a convaincu du danger : il n'a « pas confiance dans ce président ». C'est pourquoi la révélation, par son propre fils Arno, de la parenté lointaine du magistrat avec des victimes lui est apparue comme une catastrophe : elle met paradoxalement le président Castagnède en situation de pouvoir assumer plus « facilement » le projet d'acquittement qui lui est prêté. D'où cette tentative avortée pour évincer un magistrat soupçonné de ne pas jouer le jeu. Jean-Louis Castagnède, lui, se croyait dans un vrai procès.

Éric Conan
5 février 1998

Peine graduée ou maximale ?

Les plaidoiries de Mes Klarsfeld et Zaoui s'opposent

Vingt-deux avocats se sont succédé pour demander la condamnation de Maurice Papon. La plupart ayant peu assisté au procès, les jurés ont eu droit à quelques plaidoiries ridicules ou sans rapport avec les cinq mois d'audience. Car il n'est plus possible de plaider contre l'accusé tel qu'il était décrit par l'arrêt de renvoi : un fonctionnaire tout-puissant, connaissant le sort des déportés et allant au-devant des exigences nazies. Gommant cette silhouette, les débats ont laissé dans le box un autre Papon : un rouage important, mais plutôt passif, ayant compromis son honneur par sa présence plus que par ses initiatives.

Serge Klarsfeld avait raison de ne lui reprocher qu'un « rôle quasi anecdotique » et de préférer une lettre d'excuses à un procès. Ce n'était pas le bon client pour un « procès symbolique », et la panique de l'acquittement a saisi quelques avocats. Que faire ? Deux options sont proposées pour s'adapter à cet accusé grisâtre : créer une nouvelle catégorie de criminels – les petits criminels contre l'humanité – redevables d'une peine légère, ou instaurer un nouveau « volet » du crime contre l'humanité – le « crime administratif » – propre à la fonction publique.

La « peine graduée » a été réclamée par Me Arno Klarsfeld. Avec son style habituel, fait de mépris pour le travail judiciaire – il est arrivé à Bordeaux avec ses militants le jour de sa plaidoirie et en est reparti le lendemain – mais de respect pour la vérité historique. Son très beau texte, mêlant émotion et exactitude, fut une leçon de rigueur pour nombre de ses confrères. Son honnêteté le pousse au bon sens : il ne serait pas « équitable » de traiter Maurice Papon comme un Barbie ou un Touvier. Me Klarsfeld propose de renoncer à la peine maximale, expliquant hors audience que de cinq à dix ans de prison mettraient le « complice » à sa vraie place, aux côtés du nazi, auteur principal du crime, et de son clone triste, le milicien.

« Le crime suprême ne peut être sanctionné que par la peine maximale. Mieux vaut un acquittement qu'une peine intermédiaire ! » rétorque Me Michel Zaoui. Durant cinq mois, lui et son confrère Alain Lévy furent les piliers des parties civiles. Leur revenait la lourde charge de plaider en dernier. À partir d'une remarquable synthèse des faits établie par Me Lévy, Me Zaoui a insisté sur le rôle indispensable de personnages tels que Maurice Papon pour que le crime contre l'humanité puisse se commettre. Contournant l'absence d'intention criminelle chez l'accusé et le maigre bilan factuel de l'accusation, l'avocat a soutenu que l'ancien secrétaire général de la préfecture de la Gironde ne devait pas répondre d'actes, dilués, insaisissables, mais de la fonction qu'il occupait dans une « chaîne de responsabilités ». Un processus qui « donne l'impression de ne pas savoir à quel moment le crime intervient tout en ayant conscience que le crime est là ». À son niveau hiérarchique d'« osmose » avec le préfet, le simple fait de rester en poste, de ne pas démissionner engage la responsabilité de Maurice Papon : « Agir à ce point, c'est vouloir. » Une démonstration forte, car elle rend bien compte du rôle particulier de l'administration, mais fragile, parce qu'elle exige des jurés qu'ils « [sortent] des règles applicables au crime de droit commun » : Me Michel Zaoui aura eu jusqu'au bout le mérite de ne pas s'être dérobé aux impasses juridiques de ce procès.

Éric Conan
19 mars 1998

Tout ça pour ça !

L'arrêt de la cour d'assises de Bordeaux illustre une fois de plus que droit, mémoire et Histoire ne font pas bon ménage.

« Une peine de dix ans de prison pour un homme de 87 ans et cinquante-cinq ans après les faits, c'est une grande victoire ! Et, croyez-moi, cela n'a pas été facile ! » Les premières paroles d'Arno Klarsfeld après le verdict de Bordeaux mettent un terme aux inquiétudes de son père, Serge Klarsfeld, qui n'a jamais voulu du procès Papon parce qu'il pensait que le « rôle quasi anecdotique » du secrétaire général de la préfecture de la Gironde rendait sa condamnation aléatoire. Ce procès ayant fini par s'ouvrir à cause de l'obstination de Me Gérard Boulanger, Serge et Arno Klarsfeld s'étaient résolus à y participer, mais pour « éviter le pire ».

Le verdict de la cour d'assises constitue leur triomphe, la peine prononcée étant celle – « au moins dix ans » – qu'ils avaient réclamée par voie de presse. Ils auront, à cette fin, utilisé tous les moyens, méprisant le débat judiciaire – Arno Klarsfeld n'était même plus présent aux audiences au cours des dernières semaines – au profit d'une intense pression médiatique et psychologique sur la cour d'assises et sur son président. Serge Klarsfeld a d'ailleurs attribué le verdict final à son agit-prop, qui a, selon lui, obligé Jean-Louis Castagnède, accusé d'« œuvrer à l'acquittement », à « prendre une direction différente de celle qu'il voulait imprimer au procès ».

Maurice Papon est donc condamné et, chez les parties civiles qui demandaient la perpétuité, le soulagement général l'a emporté sur la déception. L'essentiel est d'avoir évité cet acquittement dont le pressentiment, au cours des dernières semaines, obsédait ceux qui suivaient les audiences de Bordeaux. Pour les familiers du dossier Papon, cette envie – réprimée – d'acquittement apparaît nettement dans les détails du verdict. Il reprend en effet le réquisitoire du parquet de 1995, rédigé par l'avocat général Defos du Rau, dont la conclusion prévue – une requête de non-lieu – fut modifiée par le procureur général Henri Desclaux, qui demanda le renvoi devant les assises. Comme ce réquisitoire, le verdict ne retient plus que quatre convois (sur dix) à la charge de Maurice Papon, et surtout l'acquitte de l'incrimination essentielle de « complicité d'assassinat », admettant sur ce point la démonstration de Me Jean-Marc Varaut.

Pour l'accusation, c'est un démenti cinglant : il ne reste rien de l'arrêt de renvoi de la cour d'appel de Bordeaux, qui, au prix d'affirmations inexactes et fantaisistes, inventait un secrétaire général au fait des projets des nazis et empressé d'aller au-devant d'eux. La cour d'assises adresse aussi un pied de nez magistral au procureur général Henri Desclaux et à l'avocat général Marc Robert, qui, à l'audience, avaient renié leur réquisitoire de 1995 pour défendre la thèse peu crédible de la cour d'appel. Avec eux, c'est tout un portrait de l'accusé – fonctionnaire zélé et assassin d'enfants – qui est rejeté par la cour d'assises. Mais les jurés ne voulaient pas aller jusqu'à l'acquittement. Écartelés entre la demande de condamnation cristallisée sur la personne de Maurice Papon par des victimes dont la souffrance et les paroles restent les moments forts des audiences et les arguments de droit de

Jean-Marc Varaut, ils étaient, de surcroît, pris au piège du symbolisme de ce procès : on n'a cessé de leur répéter que la condamnation de Vichy dépendait de celle de Maurice Papon. D'où ce compromis, qui, « en ne voulant décevoir personne, déçoit tout le monde », comme l'a dit l'Union des étudiants juifs de France. Ce verdict illustre une fois de plus l'impossibilité pour la justice de faire correspondre le droit, la mémoire et l'Histoire.

Sur le plan du droit, la décision de la cour d'assises manque de logique. Elle a, en effet, acquitté Maurice Papon de la « complicité d'assassinat » au motif que, s'il avait conscience que les Juifs allaient vers un « sort cruel » et, pour beaucoup d'entre eux, vers la « mort », il n'avait pas connaissance du « plan concerté » nazi. Mais, pour qu'il soit – un peu – condamné, la cour estime en revanche que les « arrestations » et les « séquestrations » auxquelles il a pris part peuvent être qualifiées de crimes contre l'humanité parce qu'il savait qu'elles s'intégraient dans un plan concerté... Les juges ont esquivé le vrai débat de droit que leur offrait la confrontation entre Jean-Marc Varaut, qui considérait que la complicité de crime contre l'humanité nécessitait une adhésion personnelle aux objectifs des nazis, et Michel Zaoui et Alain Lévy, qui demandaient à la cour d'assises d'innover en affirmant que la culpabilité, ne devant pas s'apprécier acte par acte, comme dans une affaire de droit commun, résultait de la participation consciente et assumée à un processus collectif dont l'aspect criminel était évident. Mes Zaoui, Lévy et Varaut, qui n'ont pas ménagé leur présence ni leurs efforts pour présenter cette alternative de haute tenue à la cour, apparaissent comme les grands perdants de ce procès. Après avoir assumé l'essentiel du débat judiciaire, ils découvrent que leur énorme investissement fut vain, la cour d'assises ne semblant pas partager leur amour du droit.

Pour ce qui est des leçons de Bordeaux, le symbolisme du procès est pris en défaut, comme le note le correspondant du quotidien israélien *Haaretz* : « Les organisations juives se sont rendu compte qu'elles avaient commis une grave erreur en présentant le procès de Maurice Papon comme celui de Vichy. » Au terme de six mois de débats, la plupart des avocats ont eu beau insister dans leurs plaidoiries sur le fait qu'il ne s'agissait pas d'histoire, mais du « procès d'un homme », il était trop tard. Comment justifier alors de l'importance de ce procès filmé pour l'Histoire s'il ne concerne qu'un individu ?

Enfin, si l'on veut bien ne pas faire semblant de l'ignorer, l'énoncé du verdict a une signification historique contraire au but recherché. « Cette condamnation symbolique démontre que le peuple français tient les gouvernants de Vichy et leurs fonctionnaires pour pleinement responsables de la déportation des Juifs de France », a précisé un communiqué du Crif. Cela voudrait-il donc dire que les « gouvernants de Vichy » ne seraient coupables que de complicité d'« arrestations » et de « séquestrations » ? C'est une formidable régression par rapport aux acquis d'une historiographie qui a établi à l'encontre du régime de Pétain une responsabilité bien supérieure. En effet, si l'on peut, comme l'a fait la cour d'assises, accorder à Maurice Papon le bénéfice du doute quant à sa connaissance de la Solution finale, les historiens nous ont appris depuis longtemps qu'un Pierre Laval ou un René Bousquet ne pouvaient, eux, prétendre à cette ignorance en 1943 ou en 1944. Persister à vouloir donner une valeur symbolique au verdict de Bordeaux conduit paradoxalement à « dédouaner Vichy », comme l'a noté Me Raymond Blet.

À cette régression historique s'ajoute une régression politique par rapport au discours prononcé par Jacques Chirac en 1995. Lequel avait le mérite supplémentaire de condamner tout à la fois la participation de Vichy au judéocide nazi et sa propre politique antisémite. Or ce fut l'une des leçons de Bordeaux que de constater que le statut des Juifs, l'« aryanisation » et la mise au ban de toute une partie des Français par des Français paraissent beaucoup plus incompréhensibles et aussi condamnables que l'organisation de convois de déportés. Le président Castagnède a maintes fois souligné que cet apartheid antijuif, qui pèse lourd dans le poids de ces années noires, ne pouvait relever de la sanction judiciaire. C'est pourquoi Serge Klarsfeld, estimant la déclaration qu'il avait obtenue de Jacques Chirac en 1995 bien plus significative que ce procès ambigu, vient de l'éditer et de la faire distribuer un peu partout. Il est en effet probable que ce discours prononcé par le plus haut magistrat de l'État passera mieux à la postérité qu'un procès avec lequel les historiens pourraient se montrer, plus tard, aussi sévères que nous le sommes aujourd'hui envers ceux de l'épuration.

Éric Conan
9 avril 1998

Demjanjuk ou le terrible doute

L'Ukrainien condamné à mort n'était sans doute pas bourreau à Treblinka, mais à Sobibor. En Israël, la Cour suprême est bien embarrassée.

« C'est formidable, non, un avocat qui peut démontrer à cent pour cent l'innocence d'un client présenté comme l'un des plus grands criminels de l'Histoire ? » Dans son très modeste cabinet de Levantin Street, à Tel-Aviv, l'avocat Yoram Sheftel jubile franchement. Il a de quoi. Son client s'appelle John Demjanjuk. Accusé d'être « Ivan le Terrible », le garde sadique du camp d'extermination de Treblinka (Pologne), il est depuis cinq ans enfermé à la prison d'Ayalon, et a été, en 1988, condamné à mort par la justice israélienne. Cette semaine, la Cour suprême se réunit, en dernière instance, à Jérusalem. À la lumière des documents produits par Yoram Sheftel, elle conclura vraisemblablement que John Demjanjuk a bien été, en 1942 et 1943, l'un des nombreux gardes-chiourme ukrainiens employés par les nazis allemands dans les camps de la mort. Mais à Sobibor (Pologne). Et pas à Treblinka.

Une erreur judiciaire, donc ? Elle serait énorme. Car il a fallu quatorze ans de procédures et d'enquêtes pour dénicher témoins et documents au fin fond de l'Amérique du Sud, de la Pologne, de la Crimée… Plus deux procès à Cleveland

(Ohio) pour déchoir Demjanjuk de la nationalité américaine et l'extrader en Israël. Après la condamnation et l'exécution, en 1962, d'Adolf Eichmann, l'organisateur froid de la Shoah, Israël voulait, en jugeant Ivan, instruire le procès exemplaire d'un atroce et minuscule rouage de la machinerie nazie. Aujourd'hui, à Tel-Aviv, le monde politique et la presse observent un silence prudent. Même silence à Washington, à l'OSI (Office of Special Investigation), le service américain chargé de la recherche des anciens nazis, qui a diligenté l'enquête contre Demjanjuk. Cela ne durera pas. Yoram Sheftel entend bien faire éclater sa seconde bombe. Il affirme : « Ce n'est pas une erreur judiciaire, c'est une manipulation. Dès 1978, les États-Unis et Israël détenaient les preuves que mon client n'était pas Ivan le Terrible. »

Sheftel a été, notamment, l'avocat de Meyer Lansky, le légendaire trésorier de la mafia américaine. Et chacun sait que l'argumentation d'un avocat n'est pas, *a priori*, parole d'Évangile. Mais les documents dont il distribue des photocopies avec allégresse paraissent sans équivoque. Il raconte : « En 1990, des Polonais m'ont indiqué une piste en Crimée. » Il a effectivement beaucoup d'informateurs en Pologne. Il a même retrouvé de très vieilles prostituées de village censées avoir vendu leurs charmes à Ivan le Terrible. Mais n'a pas convaincu. En 1990, son voyage en Crimée est plus profitable. Il y rencontre le juge Tatunik, président du district de Sinveropol. Tatunik, en 1986, a envoyé devant le peloton d'exécution un autre garde de Treblinka, Fedor Fedorenko, extradé, lui aussi, des États-Unis. Pour monter ce procès, Tatunik a trouvé, dans les archives du KGB, des jugements de vingt et un collègues de Fedorenko. Ils ont parlé d'Ivan le Terrible, l'homme chargé de mettre en marche les moteurs des chambres à gaz, devenu célèbre pour l'énergie avec laquelle il fracassait les têtes à coups de tuyau de plomb. Ils précisent son nom : « Ivan Marczenko ». Pas Demjanjuk. Et le décrivent : une solide stature, un visage rond – comme Demjanjuk – et une cicatrice sous le menton. Demjanjuk, lui aussi, a une cicatrice – mais dans le dos. Sheftel déniche même une photo de Marczenko, flanqué de son copain Tkatchuk, prise au camp d'entraînement de Trawniki, en Pologne. Ce n'est visiblement pas Demjanjuk. « Avant l'effondrement de l'URSS, un petit avocat israélien ne pouvait pas avoir accès aux archives du KGB », dit Sheftel. Et il ajoute, en sortant une brassée de photocopies de télégrammes : « En revanche, voici la preuve que les Soviétiques avaient, dès 1978, fait parvenir ces documents aux Américains, qui avaient averti les Israéliens. » Les documents sont en effet troublants. Mais l'ancien directeur de l'OSI Allan Ryan, aujourd'hui conseiller juridique de Harvard, qui a mené toute l'affaire contre Demjanjuk, affirme à *L'Express* : « En 1979, j'ai demandé par écrit ces documents aux Soviétiques. Je ne les ai jamais obtenus. »

Question : comment en est-on arrivé à un tel gâchis ? La réponse se promène entre l'histoire des anciens nazis baltes ou ukrainiens naturalisés américains et les rapports longtemps difficiles entre les États-Unis et l'Union soviétique.

Le cas de Demjanjuk, sur ce point, est exemplaire. Au début de la guerre, il a à peine 20 ans. Il est, comme tout Ukrainien ou Balte qui se respecte, très antirusse, antisoviétique. Et, en plus, antisémite. Enrôlé dans l'armée soviétique, il est rapidement fait prisonnier par les Allemands, qui lui proposent un stage de formation au camp de Trawniki avant de devenir garde dans les camps où sont enfermés les Juifs. Pourquoi refuser ? En 1945, le vent tourne : il jette son uniforme nazi aux orties et va chercher refuge chez les Américains. En plaidant qu'il est un pauvre fermier ukrainien pourchassé par les communistes. En 1952, Ivan se rebaptise John et devient un citoyen américain modèle : il est métallo à l'usine Ford de Cleveland. Une quiétude qui durera trente-cinq ans. Pour lui, comme pour les quelque dix mille pseudo-fermiers baltes réfugiés aux États-Unis. De temps en temps, des membres des organisations juives américaines repèrent l'un de leurs anciens tortionnaires, devenu – ça ne s'invente pas – boucher à Philadelphie ou portier de nuit dans le Massachusetts. En 1979, pour éliminer ces hôtes indésirables, l'Amérique se décide à créer l'OSI : on recrute une bande de jeunes juristes purs et durs, modèle Eliot Ness. Leur boulot est difficile, car la droite américaine leur reproche immédiatement de collaborer, pour leurs enquêtes, avec le KGB.

L'information sur la vraie nature de l'ouvrier Demjanjuk est effectivement arrivée aux États-Unis par l'entremise du KGB. Probablement parce que le métallo de Cleveland s'était, en 1975, senti assez rassuré sur son sort pour écrire à sa mère, en Ukraine. Les Soviétiques, alertés, avaient retrouvé sa carte d'identité du camp de Trawniki, indiquant qu'il avait ensuite été affecté comme garde à Sobibor. Ils la font parvenir aux Américains.

L'affaire démarre. Problème : aucun survivant de Sobibor ne reconnaît Demjanjuk en photo. En revanche, quinze survivants de Treblinka croient identifier Ivan le Terrible. Les témoignages sont plausibles : à l'époque, en 1977, ces survivants ont une soixantaine d'années. Et, dans son livre consacré à l'affaire Demjanjuk, *Quiet Neighbours* (« Des voisins si tranquilles »), Allan Ryan assure que ces témoins ont reconnu Demjanjuk par hasard, sur des photos où l'on recherchait Fedorenko. Une affirmation que conteste aujourd'hui Sheftel en brandissant l'annonce, passée à l'époque dans les journaux israéliens, où il est effectivement fait appel aux survivants de Treblinka pour tenter de reconnaître Fedorenko *et* Demjanjuk.

Demjanjuk n'arrange pas son cas, car il nie tout et ment sur tout. Sa carte d'identité de Trawniki ? « Un faux grossier forgé par le KGB pour opposer les Juifs et les Ukrainiens. » Il jure avoir passé toute la guerre dans un camp de prisonniers en Pologne (qui se révèle avoir été investi par les Soviétiques dès 1942). Puis il affirme qu'il a rejoint l'armée de Vlassov (à l'époque, elle n'était pas encore constituée). Tout, plutôt que de se retrouver, comme son copain Fedorenko, renvoyé des États-Unis et fusillé en Ukraine.

Ainsi, en 1986, les Israéliens ont apparemment hérité d'une instruction pourrie. Et maintenant ? Le procureur Michael Shaked, coincé, s'apprête à plaider que « pousser des enfants juifs dans des chambres à gaz à Sobibor ou à Treblinka ne fait pas de différence ». Moralement, certes. Mais légalement il est difficile de changer de chef d'accusation. Surtout au niveau de la Cour suprême. Alors, lancer un second procès, centré sur Sobibor ? Pas facile. Une seule personne, un gardien nommé Danilchenko, a identifié Demjanjuk et, plus tard, dans un autre camp, à Flossenburg. Mais il est mort en 1985.

À Tel-Aviv, pourtant, on ne perd pas tout à fait le sens de l'humour. On suggère d'envoyer Demjanjuk… en Ukraine. Dans cette histoire de fous, ce n'est pas l'hypothèse la moins vraisemblable. À propos, qu'est devenu le « vrai » Ivan le Terrible ? Marczenko a été vu pour la dernière fois, en 1945, à Trieste. Il cherchait à y embarquer pour l'Australie. Il a aujourd'hui 80 ans. Si, du moins, il est encore vivant.

Michèle Georges avec Philippe Coste
16 janvier 1992

Ivan Demjanjuk.
Procès pour l'Histoire

Ce vieillard d'origine ukrainienne, qui a longtemps vécu aux États-Unis, a-t-il été l'un des gardiens du camp nazi de Sobibor ? L'affaire défraie la chronique depuis plus de trente ans. Elle va connaître son dénouement devant un tribunal allemand.

« Ici se trouvaient les baraques des SS et celles des gardes ukrainiens. Là, dans ce bâtiment, on coupait les cheveux des femmes, avant de les pousser vers les chambres à gaz, juste à côté. » De l'index, Jules Schelvis, 89 ans dans deux mois, désigne l'un après l'autre les édifices miniatures qu'il a assemblés sur un plateau de bois, en suivant les croquis tracés par les (rares) survivants et par les anciens serviteurs de ce camp de la mort. Tout y est : les wagons à bestiaux, les barbelés, les miradors, même les arbres. Dans un coin de sa maquette, il a tracé sept lettres : S O B I B O R. L'une des trois usines à broyer des vies, avec Treblinka et Belzec, que le régime hitlérien avait édifiées dans l'est de la Pologne. Le 4 juin 1943, un train venu des Pays-Bas s'est arrêté à l'entrée de ce camp. Jules a mis pied à terre, avec sa jeune femme, Rachel, et la famille de celle-ci. Lui seul a survécu, sélectionné avec quatre-vingts autres hommes pour devenir

Arbeitsjude – « travailleur juif ». Rachel et les siens ont été gazés, comme 250 000 autres personnes à Sobibor.

Mécanicien doué et serviable, il mène une vie paisible dans l'Ohio

Le 30 novembre, Jules Schelvis se rendra à Munich (Allemagne) pour le procès d'un autre vieillard : John Demjanjuk, 89 ans, un retraité de Cleveland (États-Unis), accusé d'avoir été l'un des gardiens du camp de Sobibor. La justice allemande se plongera alors dans l'incroyable destin de ce paysan ukrainien, devenu citoyen américain, avant d'être rattrapé par son passé. Une à une, elle tournera les pages de cette folle histoire qui a inspiré au réalisateur Costa-Gavras son film *Music Box* (1989).

Tout commence le 21 juin 1976, quand Harold Jacobs, un agent des services américains de l'immigration (INS), appelle les responsables de l'émission de radio *L'Heure juive*, diffusée par WXEN, une station de Cleveland (Ohio). Il enquête sur un criminel de guerre d'origine ukrainienne installé à Seven Hills, une banlieue tranquille de la ville, et cherche des survivants de l'Holocauste.

Le suspect s'appelle John « Ivan » Demjanjuk. Arrivé sur le sol américain en février 1952, il a obtenu la nationalité américaine en 1958. L'agent Jacobs tient cette piste de Michael Hanusiak, rédacteur en chef du journal new-yorkais *Ukrainian News*, qui a dressé une liste de soixante-dix collaborateurs supposés du régime nazi vivant aux États-Unis. Selon lui, un certain « H. Danylchenko » aurait reconnu en 1949, lors de son procès en Ukraine, avoir été gardien de camp à Sobibor, puis à Flossenburg (Allemagne), en compagnie d'un dénommé Ivan Demjanjuk. Or Sobibor est le lieu où John Demjanjuk a déclaré avoir résidé de 1937 à 1943, dans la demande de visa qu'il a déposée au consulat américain de Stuttgart en 1951.

À Cleveland, l'enquêteur de l'INS fait chou blanc. Hormis deux excès de vitesse en vingt-cinq ans, RAS sur John Demjanjuk. Ouvrier chez Ford, père de trois enfants et paroissien assidu de la cathédrale orthodoxe Saint-Vladimir, il mène une vie paisible dans sa maison de brique de Meadowlane Road, entre son épouse Vera et leurs trois enfants. Mécanicien doué et serviable, il répare les voitures de ses voisins, les vélos des gamins. Le week-end, la famille cultive le douillet entre-soi d'une communauté d'exilés. On cuisine ukrainien. On parle ukrainien. Mais sans s'épancher sur son passé.

Demjanjuk est né loin, très loin de l'Ohio : du côté de Duboviye Makharintsy, un village d'Ukraine. « J'ai traversé trois ou quatre moments très durs dans ma vie », lâchera-t-il un jour. Au début des années 1930, il manque mourir de faim quand Staline collectivise les terres ukrainiennes. En 1940, l'Armée rouge l'enrôle pour combattre les nazis. Deux ans plus tard, celui qui se prénomme encore Ivan est capturé par la Wehrmacht. À Rovno, puis à Chelm (Pologne), il vit l'enfer des camps de prisonniers soviétiques. Bref, rien qui ne fasse *a priori* de lui un criminel de guerre.

L'enquête sur son passé se poursuit malgré tout en Israël, où l'INS expédie 17 photos d'Américains nés en Ukraine. Dix survivants de l'Holocauste pointent alors le cliché n° 16 : Demjanjuk. « C'est Ivan Grozny ! » s'exclament-ils. « Ivan le Terrible », un gardien d'un sadisme inouï qui officiait à... Treblinka. À Washington, les enquêteurs de l'Office for Special Investigations (OSI), créé pour faire la chasse aux criminels de guerre nazis installés aux États-Unis, pensent tenir leur premier criminel : Ivan, le bourreau de Treblinka.

Les médias se jettent sur l'affaire. Chez les Demjanjuk, à Cleveland, le téléphone n'en finit plus de sonner. Terrifiés, les enfants ne comprennent même pas les questions des journalistes. « On nous demandait notre avis, rapportera plus tard Irene, alors âgée de 17 ans. “Notre avis sur quoi ?” répondions-nous. Nous n'avions aucune idée de ce qui se passait. » La famille, soudée autour du *pater familias*, entame une grève de la faim. John Jr, 11 ans à l'époque, s'engage sans le savoir dans le combat de sa vie : prouver l'innocence de son père.

À la fin de 1979, l'OSI reçoit d'URSS deux documents troublants. Le premier est une copie de la pièce d'identité n° 1393, délivrée à un certain « Demjanjuk, Ivan » et signée Karl Streibel. Ce commandant SS dirigeait le centre d'entraînement de Trawniki (Pologne), où il transformait d'ex-soldats de l'Armée rouge en gardiens modèles. Le laissez-passer au nom de Demjanjuk mentionne deux affectations : le domaine agricole d'Okzow et le camp de… Sobibor, où il aurait été détaché le 27 mars 1943. À aucun endroit il n'est fait mention de Treblinka…

L'autre document est le procès-verbal de l'interrogatoire d'un Ukrainien nommé Ignat Danilchenko (le fameux H. Danylchenko de Michael Hanusiak), qui réitère ses déclarations de 1949 : oui, il a servi avec Demjanjuk pendant deux ans, à Sobibor, puis à Flossenburg. « Là, on nous a tatoué notre groupe sanguin à l'intérieur du bras gauche, juste au-dessus du coude », indique-t-il. À l'endroit précis où Demjanjuk porte la cicatrice d'un tatouage qu'il a fait effacer. Pourtant, aux yeux des limiers de l'OSI, les souvenirs des survivants israéliens pèsent plus lourd que les pièces fournies par l'URSS. Pour eux, la piste de Treblinka reste la bonne.

Demjanjuk, lui, affirme n'avoir jamais été gardien de camp. « Si quoi que ce soit de tout ça était vrai, j'aurais préféré avaler une boîte de comprimés plutôt qu'imposer une telle épreuve à ma famille », déclare-t-il à son beau-fils. Il dit avoir croupi dans le camp de prisonniers de Chelm jusqu'à son engagement, en 1944, dans l'armée Vlassov, l'unité de volontaires russes créée à la fin de la guerre pour épauler l'armée allemande.

Ses dénégations ne convainquent personne. Déchu de sa citoyenneté américaine, John « Ivan » Demjanjuk est extradé en février 1986 vers Israël, où son procès débute un an plus tard. « Il est très vite apparu haïssable, tant il ressemblait à la caricature de l'Ukrainien menant des pogroms contre les Juifs au XIXe siècle », se souvient l'historien Tom Segev. Le 18 février 1988, l'ancien ouvrier de Ford est condamné à mort par pendaison. « Je suis innocent ! » hurle-t-il en se signant par trois fois.

Le clan Demjanjuk ne baisse pas les bras. John Jr se jette à corps perdu dans la procédure d'appel engagée par les avocats de son père. La communauté ukrainienne soutient ses efforts à coups de millions de dollars. Des rubans jaunes, symboles de solidarité, sont noués aux arbres de Seven Hills. À la cathédrale Saint-Vladimir, on prie pour « John ». L'Histoire elle-même vole à son secours : au tournant des années 1990, le délitement du bloc communiste ouvre aux Occidentaux des archives jusque-là inaccessibles.

John Jr enquête alors de l'autre côté du rideau de fer. Il découvre ainsi, à la fin de décembre 1990, que d'anciens gardes de Treblinka, appelés à témoigner au procès d'un des leurs en 1986, ont évoqué le nom de l'opérateur des chambres à gaz : Ivan Marchenko. « Un homme aux cheveux et aux yeux noirs, qui avait 30 ans en 1943 », se souvient l'une de ses anciennes maîtresses. Or Demjanjuk avait 23 ans à l'époque, les cheveux blond foncé et les yeux gris.

Le procureur israélien Michael Shaked épluche, lui aussi, les archives russes et allemandes, dont il exhume les dépositions de nombreux gardes de Treblinka, ainsi que le dossier personnel de Marchenko qu'il soumet à la Cour suprême de son pays. Le 29 juillet 1993, celle-ci acquitte Demjanjuk au bénéfice du doute sur son identité.

Quelques semaines plus tard, Demjanjuk s'assied en *business class*, côté hublot, sur le vol El Al 001 entre Tel-Aviv et New York. Après sept ans de prison, il savoure sa liberté retrouvée. Arrivé à l'aéroport John Fitzgerald Kennedy, vêtu d'un gilet pare-balles, il embarque aussitôt à bord d'un petit Cessna afin d'échapper aux manifestants et aux journalistes. Direction : un aérodrome de l'Ohio, puis une destination secrète, le temps que l'émotion retombe. La justice américaine, contrainte de faire amende honorable, lui rend son passeport américain. Mais les enquêteurs de l'OSI préparent déjà leur revanche…

Grâce aux documents et aux témoignages qu'ils réunissent, une nouvelle procédure est ouverte contre Demjanjuk. Motif, cette fois : son rôle dans les camps de Sobibor et Flossenburg. Cloîtré dans sa maison de Meadowlane Road, le suspect ronge son frein tandis que ses détracteurs manifestent sous ses fenêtres : « 6 millions de témoins demandent que justice soit faite », ou : « Nazis, quittez l'Amérique », clament leurs pancartes.

Au fil des ans, ses défenseurs perdent combat sur combat, jusqu'au jour où le vieillard est de nouveau privé de sa citoyenneté, puis condamné à l'expulsion. L'obstination d'un juge va sceller son sort : l'Allemand Thomas Walther, 66 ans. Choqué que son pays ne se soit pas toujours montré implacable vis-à-vis des anciens bourreaux, il a choisi de finir sa carrière au Centre national d'enquêtes sur les crimes de guerre nazis, à Ludwigsburg.

En explorant le site Internet du ministère américain de la Justice, voilà qu'il tombe, en février 2008, sur une décision de la cour d'appel de Cincinnati. Celle-ci vient de rejeter le recours d'un dénommé John Demjanjuk contre son expulsion. Le magistrat se souvient : les doutes sur Treblinka, le procès en Israël... Intrigué, il poursuit ses recherches. Retrouve l'arrêt de février 2002 privant Demjanjuk de la nationalité « US ». Passe au crible les conclusions du juge américain, solidement étayées. Dès lors, il n'aura de cesse de faire comparaître le mécanicien de Cleveland devant un tribunal allemand.

Demjanjuk tue le temps en jouant aux cartes

De mars à novembre 2008, le magistrat et sa collègue Kirsten Goetze écument les archives à Jérusalem, Berlin, Washington, étudient les pièces à conviction, recoupent les témoignages. Une fois bouclée, leur enquête est transmise au parquet de Munich, la juridiction compétente. Au printemps 2009, l'Allemagne demande l'extradition de Demjanjuk. Vingt ans après la fausse piste de Treblinka, elle veut le juger pour complicité dans l'assassinat de 27 900 Juifs à Sobibor. Même si aucun des neuf survivants du camp ne l'a reconnu.

John Jr et les avocats de son père se démènent pour éviter l'extradition en invoquant la santé fragile du vieil homme, cloué à son fauteuil roulant. En vain : une vidéo diffusée par les autorités américaines montre l'intéressé se déplaçant seul et montant en voiture sans difficulté ! Le 12 mai 2009, un avion médicalisé le dépose à Munich, où il est incarcéré à la prison de Stadelheim dans l'attente de son procès. Depuis, il tue le temps en jouant aux cartes avec son codétenu turc.

Jules Schelvis, le rescapé, patiente lui aussi. Dans son petit appartement d'Amstelveen, au sud d'Amsterdam, il apporte des retouches à son modèle réduit de Sobibor. Bientôt, il sera l'un des témoins clés de l'accusation. Au fil de ses recherches, cet ancien imprimeur est en effet devenu le meilleur spécialiste de ce camp, auquel il a consacré un livre très documenté. Il affirme ne pas éprouver de haine ni de colère : « Peu importe la peine à laquelle Demjanjuk sera condamné. L'essentiel est qu'il soit jugé pour les actes qu'il a commis. »

Anne Vidalie
26 novembre 2009

Sur la piste des derniers nazis

Depuis plus de soixante ans, des centaines de criminels de guerre se cachent ou vivent au grand jour, sûrs de leur impunité. Pourtant, un homme les traque sans relâche : l'historien Efraïm Zuroff dirige, au Centre Simon-Wiesenthal, l'opération « Dernière Chance ». Pour que les assassins soient jugés pendant qu'il en est encore temps...

Ce jour de septembre 2006, l'auditoire rassemblé dans la synagogue de la rue Leo-Frankel, à Budapest (Hongrie), en reste bouche bée : venu spécialement de Jérusalem, Efraïm Zuroff, historien spécialiste de la Shoah, révèle devant un parterre de journalistes qu'un criminel de guerre hongrois, responsable du massacre de 1 200 Juifs, Serbes et tsiganes en 1942, vit tranquillement dans la capitale depuis 1996. Son nom ? Sandor Kepiro. « Vous vous demandez certainement où il peut bien se cacher, lance alors le chercheur. Il habite dans la maison d'en face ! »

Deux ans plus tard, l'ancien collaborateur des nazis, âgé de 94 ans, réside toujours à la même adresse. Finira-il un jour par rendre compte de ses crimes ? Efraïm Zuroff n'imagine pas qu'il puisse en être autrement. Directeur du bureau de Jérusalem du Centre Simon-Wiesenthal (une ONG juive internationale qui défend les droits de l'homme et la mémoire de la Shoah), l'historien est le dernier chasseur de nazis en activité. Depuis 2002, il pilote l'opération « Dernière Chance », une campagne mondiale destinée à identifier et localiser les ultimes assassins, encore en liberté. Puis à convaincre les États de les juger.

Actuellement, Zuroff, 60 ans, carrure imposante et verbe chaleureux, est sur les traces d'un tortionnaire particulièrement sadique. Le Dr Aribert Heim, ancien SS, était médecin chef au camp de concentration de Mauthausen (Autriche) en 1941. Il a tué des centaines de déportés en pratiquant sur eux des expériences atroces. Il prélevait des organes sans anesthésie et mesurait, chronomètre en main, la durée d'agonie des malheureux, après leur avoir injecté des cocktails de poison mortel dans le cœur. Aribert Heim, *alias* « Doktor Tod » (Docteur la Mort), en fuite depuis 1962, est le numéro 1 sur la liste des dix criminels nazis les plus recherchés par le Centre Simon-Wiesenthal.

Quand on retrouve Efraïm Zuroff, le 9 septembre, dans un petit hôtel de Munich, il rentre d'un rendez-vous crucial. Le matin même, à Innsbruck (Autriche), il est parvenu à rencontrer secrètement Waltraud Böser, 66 ans, la fille – illégitime – d'Aribert Heim. Cette dernière lui a juré n'avoir jamais revu son père. Elle aurait même découvert son passé tout récemment… Zuroff n'en croit pas un mot. Cette femme, qui vit au Chili, se rend régulièrement à San Carlos de Bariloche, une ville argentine proche de la frontière. C'est dans cette zone géographique que Heim pourrait se terrer. Le fugitif, qui aurait aujourd'hui 94 ans, est-il toujours vivant ? Un indice ne manque pas d'intriguer : 1,2 million d'euros en liquide et 800 000 euros en actions dorment sur un compte au nom de Heim, dans une banque berlinoise. Aucun héritier n'est venu réclamer sa part… « Nous n'avons pas de certitudes, reconnaît Efraïm Zuroff. Mais, s'il est toujours de ce monde, nous ferons tout pour débusquer ce salaud ! »

Des tueurs se cachaient parfois parmi les réfugiés

Cette traque planétaire est une course contre la montre. Mois après mois, des criminels nazis et leurs collaborateurs, presque tous nonagénaires, meurent de vieillesse. Beaucoup d'entre eux se cachent depuis plus de soixante ans sous de fausses identités. D'autres vivent paisiblement au grand jour, persuadés de leur impunité. Ou convaincus que le passé ne viendra plus les rattraper. Erreur : l'opération « Dernière Chance », étendue à une quinzaine de pays d'Europe et d'Amérique latine, porte ses fruits. Efraïm Zuroff a mis à profit sa profonde connaissance de l'histoire de la Shoah, qu'il étudie depuis près de quarante ans. Il procède par ordre, de façon méticuleuse.

D'abord faire parler les archives. Croiser d'innombrables fichiers : des noms de tueurs se cachaient parfois dans les listes de réfugiés pris en charge par les organisations de secours à la fin de la guerre. Ensuite, remonter chaque piste, une à une. Pour cela, le Centre Simon-Wiesenthal s'attache les services d'historiens dans les pays concernés : Lituanie, Argentine, Allemagne… « Il reste plusieurs centaines, peut-être des milliers de criminels de guerre dans la nature », estime l'historien allemand Stefan Klemp, rattaché depuis dix ans au Centre Wiesenthal.

Les enquêteurs de la « Dernière Chance » multiplient aussi les appels à témoins : annonces dans la presse, ligne téléphonique ouverte 24 heures sur 24, prime de 25 000 dollars (18 400 €) offerte pour un renseignement décisif. Aidé financièrement par Aryeh Rubin, un riche industriel et philanthrope américain, le Centre Wiesenthal, dont le siège est à Los Angeles, n'a que rarement versé ce type de récompense. Les affirmations farfelues sont vite écartées. Quant aux véritables témoins, ils sortent généralement d'un douloureux silence sans attendre de gratification. C'est, par exemple, grâce aux documents transmis par la famille d'une victime qu'Efraïm Zuroff a pu retrouver en 2005, en Australie, Karoly Zentai, 87 ans. Cet ancien officier hongrois « traqueur de Juifs » avait tabassé à mort un jeune homme en 1944. Zentai figure en septième position sur la liste « Dernière Chance ».

En 2006, l'historien identifie, à Budapest, Sandor Kepiro, ce responsable de massacres qui habite en face d'une synagogue. Kepiro, c'est le numéro 3. Ces six dernières années, environ cinq cents criminels de guerre, auteurs et complices de crimes contre l'humanité ont ainsi été « ciblés ». Les dossiers ont été transmis à la justice de leur pays d'origine et de résidence. Une centaine d'enquêtes ont été ouvertes. « Ces gens doivent répondre de leurs actes devant les tribunaux. Il s'agit non pas de vengeance, mais de justice, de respect pour les victimes et leurs familles, poursuit Zuroff. Cela permet aussi de réveiller les consciences et d'informer concrètement les jeunes générations sur la Shoah et l'ensemble des crimes du IIIe Reich. »

Le plus dur n'est pas de les localiser, mais de les punir

Né à Brooklyn, installé en Israël en 1970, le directeur du Centre Wiesenthal de Jérusalem a eu d'illustres prédécesseurs. À commencer par Simon Wiesenthal lui-même. Rescapé des camps, ce véritable « gardien de la mémoire » du génocide juif avait consacré plus de cinquante ans de sa vie à retrouver un millier de bourreaux hitlériens. Il est décédé en 2005. De leur côté, l'avocat et historien Serge Klarsfeld et sa femme, Beate, ont pourchassé et fait condamner les responsables de la déportation des Juifs de France, dans les années 1970 et 1980. Serge Klarsfeld approuve le principe de l'opération « Dernière Chance » : « Il est insupportable que les auteurs de crimes imprescriptibles puissent compter sur une impunité. » Mais il est beaucoup plus réservé sur la portée historique et l'efficacité d'éventuels procès. « Les principaux tortionnaires sont morts ou ont été condamnés, souligne-t-il. Aujourd'hui, il ne reste que des criminels auxiliaires, très âgés, contre lesquels on ne dispose pas toujours de preuves écrites irréfutables. »

Zuroff, lui, ne l'entend pas ainsi. « Quand on arrête un chef de gang, doit-on cesser de poursuivre ses complices ? s'exclame-t-il. Ma crainte n'est pas que la Shoah soit oubliée, mais que son histoire soit déformée dans certains pays d'Europe de l'Est, où l'on préfère oublier la participation active des tueurs locaux à la machine de mort nazie. »

Paradoxalement, dans cette inlassable chasse aux assassins, le plus dur n'est pas de les localiser. À l'exception d'Aribert Heim, le lieu de résidence des neuf autres personnages figurant sur la liste du Centre Wiesenthal est connu. Trois d'entre eux vivent en Allemagne, un en Australie, un autre en Estonie… Mais l'étape ultime, celle qui consiste à les voir présentés devant un tribunal, est un casse-tête juridique. Trop âgés, malades ou feignant de l'être, difficilement extradables, ces vieux messieurs savent que l'horloge tourne en leur faveur. Surtout quand ils bénéficient de la lenteur de l'administration ou de protections politiques.

Un criminel croate à l'Euro de foot 2008

« Le fait que ces gens puissent mourir dans leur lit me gêne, alors que leurs victimes n'ont pas connu une fin si douce », déclare à *L'Express* l'écrivain Elie Wiesel, rescapé des camps d'Auschwitz et de Buchenwald. « Je suis contre la peine capitale, mais qu'ils connaissent au moins l'enfermement… Comment accepter leur impunité ? » poursuit le prix Nobel de la paix. Dans son dernier roman, *Le Cas Sonderberg* (Grasset), Wiesel met justement en scène un ancien nazi émigré aux États-Unis qui va être jugé par son propre petit-fils.

En matière d'impunité, l'un des cas les plus sidérants est celui du Croate Milivoj Asner, 95 ans, quatrième sur la liste Wiesenthal. Responsable de la déportation de centaines de Juifs, Serbes, tsiganes et militants communistes en 1941 et 1942, sous le régime oustachi pronazi, Asner s'est réfugié en 2004 à Klagenfurt, en Autriche. La Croatie souhaite le juger ; Interpol a lancé un mandat d'arrêt international contre lui. Mais, jusqu'à présent, l'Autriche a refusé de le livrer en raison de sa « mauvaise santé psychique ». Pourtant, le 10 juin dernier, pendant l'Euro de football, Asner a été reconnu par un journaliste dans les rues de Klagenfurt. Bras dessus, bras dessous avec sa femme, il fêtait la victoire de l'équipe croate au milieu des supporters ! Malgré le scandale provoqué, le criminel avait reçu le soutien du leader d'extrême droite Jörg Haider [décédé le 11 octobre], alors gouverneur de Carinthie, la région de Klagenfurt : « Il vit tranquillement parmi nous depuis des années […]. Nous tenons beaucoup à cette famille. » Efraïm Zuroff, lui, a aussitôt rencontré la ministre autrichienne de la Justice, pour réclamer une nouvelle expertise du cas Asner. Demande accordée, mais quand aura-t-elle lieu ?

En attendant, le chasseur de nazis redouble d'efforts. Le 12 septembre, en fin diplomate, il était à Belgrade, où le ministre de la Justice serbe lui a confirmé qu'il demandait à son tour l'extradition de Milivoj Asner. S'il obtient un jour la condamnation de ce dernier, Zuroff sait que des nationalistes croates ont juré de le venger. Il a aussi reçu des menaces de mort en Lituanie. Il s'en moque.

Depuis le début de son combat, Efraïm Zuroff est parvenu à faire juger une douzaine de criminels. « Plus de soixante ans après les faits, il est très compliqué de démontrer les culpabilités individuelles devant un tribunal, souligne l'historienne allemande Claudia Moisel, chercheuse à l'université de Munich. En l'absence de documents écrits, les témoins doivent se souvenir de détails très précis. » Parole de survivant contre parole d'assassin.

Alors, entre deux missions, le limier du Centre Wiesenthal peaufine sans relâche ses dossiers dans son bureau de Jérusalem. Le temps presse. Dans quatre ou cinq ans, l'opération « Dernière Chance » prendra fin. Les criminels nazis auront définitivement disparu. « D'ici là, nous avons le devoir de tenter l'impossible pour les rattraper », martèle Zuroff. L'Histoire, elle, a déjà rendu son verdict.

Boris Thiolay
23 octobre 2008

Allemagne, un justicier contre le temps

Outre-Rhin, les tribunaux n'ont pas renoncé à poursuivre les criminels nazis. À Dortmund, c'est la mission du procureur Ulrich Maass. Une difficile bataille juridique et une course contre la montre.

Ne dites pas à Ulrich Maass qu'il est l'un des derniers chasseurs de nazis. « Je ne pourchasse pas les criminels de guerre, je conduis des instructions ! » proteste ce procureur de 62 ans, patron de l'unité spécialisée de Dortmund depuis 2000. Dans son bureau, livres et dossiers racontent les horreurs de la guerre et les aléas de la justice. Derrière sa table de travail trônent les actes du procès de Nuremberg. Sur le mur opposé est épinglée une vieille carte de l'Europe de l'Est. Le procureur Maass, barbiche grise et sourire avenant, est passionné par son métier. Ému, aussi, chaque fois qu'il évoque telle ou telle exaction.

En 1979, parce qu'il maîtrisait le français, il a été recruté par la cellule « crimes de guerre nazis » de Dortmund, où il a travaillé pendant trois ans. Il y est revenu en 1988, avant d'en prendre la tête en 2000. Son unité, dont la compétence couvre le territoire de la Rhénanie-du-Nord-Westphalie, est unique en son genre. Une spécificité qui plonge ses racines dans l'histoire tourmentée de l'Allemagne d'après guerre.

À la fin des années 1950, le pays commence à regarder en face un passé jusque-là refoulé. En 1958 s'ouvre, à Ulm, le procès de dix membres des Einsatzgruppen, ces troupes mobiles chargées d'exécuter les basses œuvres du Reich dans les territoires occupés de l'Est. Ces hommes sont accusés du massacre de 5 500 Juifs entre juin et septembre 1941, à la frontière germano-lituanienne. Un électrochoc pour la société allemande.

La même année, les ministres régionaux de la Justice décident de mettre en place, à Ludwigsburg, une cellule chargée de mener des enquêtes préliminaires sur les crimes de guerre nazis. Le Land de Rhénanie-du-Nord-Westphalie pousse la logique plus loin en créant, en 1961, deux unités de magistrats spécialisés : l'une à Cologne, pour les crimes commis dans les camps de concentration (elle a fermé en 1998), l'autre à Dortmund.

Près d'un demi-siècle plus tard, le procureur Maass croule sous la tâche. Depuis la fin des années 1980, l'ouverture ou la mise au jour d'archives (celles de l'Onu de l'ex-RDA et des pays de l'Est...) ont en effet relancé de multiples procédures. Voilà comment Ulrich Maass s'est retrouvé à Maillé, un village d'Indre-et-Loire, le 15 juillet dernier, sur les lieux d'un massacre commis le 25 août 1944. « Pourquoi ? » lui a demandé une survivante. Ulrich Maass s'est promis de lui apporter une réponse. Et, peut-être, de mettre la main sur les coupables. Il les a identifiés : des combattants SS de la 17e division d'infanterie motorisée « Götz von Berlichingen ». « Nous avons retrouvé des survivants, mais rien ne permet de prouver que ces soldats-là étaient sur les lieux. »

Mais voilà : ils ne sont plus que trois procureurs, à Dortmund, pour mener de front vingt instructions, avec le soutien de la police. « Maass est un type qui force le respect, mais il manque de moyens », estime le militant antifasciste Ulrich

Sander. Alors que le procureur et ses adjoints mènent une course contre le temps qui brouille les mémoires et fauche les survivants, le Code pénal allemand ne leur facilite pas la tâche. « Nous ne pouvons ouvrir une procédure qu'en cas d'assassinat aggravé, seul chef d'inculpation non prescrit, précise le magistrat. Cette qualification exige qu'il y ait eu meurtre avec actes de barbarie et/ou que l'homicide ait été motivé par la vengeance ou la haine raciale, notamment. »

Pour l'heure, son bilan est maigre, avec seulement quatre procédures pénales à son actif. La première visait un sous-officier accusé du meurtre d'une Ukrainienne. Il a été acquitté en 1981. La seconde procédure concernait un membre du parti nazi accusé de l'assassinat d'un Juif en Prusse-Orientale. Les juges l'ont condamné à deux ans de prison avec sursis en 1992. Le troisième inculpé, Hubertus Bikker, membre hollandais de la Waffen SS, coulait des jours tranquilles à Hagen, en Westphalie, jusqu'au jour où il avoua à deux journalistes le meurtre d'un résistant néerlandais. Son procès a été suspendu en 2004 pour raisons médicales.

Au printemps dernier, le procureur de Dortmund a ouvert sa quatrième procédure. Le 14 avril, il s'est rendu dans une maison de retraite d'Eschweiler pour notifier sa mise en examen à Heinrich Boere, 86 ans, l'un des dix criminels de guerre les plus recherchés. Une satisfaction au goût amer pour Ulrich Maass : « Humainement, on ne peut pas vraiment se réjouir de poursuivre en justice un vieil homme qui marche avec un déambulateur. “Il est trop tard pour m'envoyer en prison”, m'a-t-il dit. » Son procès pourrait s'ouvrir au début de 2009 à Aix-la-Chapelle. À moins qu'il ne soit jugé trop diminué pour comparaître, comme tant d'autres avant lui…

Le procureur n'est pas homme à céder à la frustration ou au découragement. Il préfère parler du plaisir de découvrir des archives, des amitiés nouées au fil des enquêtes, ou de la satisfaction du devoir accompli. Un mot revient souvent dans sa bouche : *die Pflicht* (le devoir). Le sien. Celui de sa génération. Celui de son pays.

Anne Vidalie
23 octobre 2008

Italie : les fantômes de l'Oradour toscan

Le 12 août 1944, les SS massacrent 560 personnes à Sant'Anna. Cette affaire, qui a inspiré en partie le dernier film de Spike Lee, a abouti, en 2005, à la condamnation de dix Allemands. Huit vivent encore... libres.

L'église se dresse toujours là-haut, sur sa colline toscane. Pour y accéder, il faut emprunter une route de montagne, sinueuse au possible, jusqu'à la forêt de châtaigniers. Au détour d'un virage, le panneau indique « Sant'Anna di Stazzema », un hameau calme et silencieux, figé dans un deuil perpétuel depuis le 12 août 1944.

Ce jour-là, un samedi, de 200 à 250 SS arrivent à l'aube par les chemins escarpés. Devant l'église, ils rassemblent des enfants, des femmes, des vieux, 132 personnes au total. Un sous-officier ordonne au curé de lui dire où se trouvent les hommes. Don Lazzeri l'ignore. Il implore l'Allemand d'épargner les innocents agenouillés derrière lui, les mains jointes, en position de prière. L'officier pointe alors son arme et l'exécute d'une balle dans la tête. Les rafales de mitrailleuse fauchent ensuite les autres, tous les autres : les jeunes mamans, les gamins, les anciens...

Quand le vacarme cesse, les SS balancent des bancs et de la paille sur les corps, avant d'y mettre le feu. Une épaisse fumée drape de noir ce pays de petites gens, mineurs et paysans. Les lieux-dits alentour – Vaccareccia, Franchi, Colle… – puent déjà la mort et les cendres. Dans les fossés, les étables, les cours de ferme, les cadavres se comptent par centaines : Paolo (5 ans), Marisa (12 ans), Sofia (75 ans), Maria (3 mois)… tous exécutés ou brûlés vifs à la grenade incendiaire ou au lance-flammes. Ici ou là, d'autres enfants, marqués à jamais par l'odeur de chair brûlée, se cachent dans les bois en espérant la fin de la tuerie. Puis, vers midi, les SS repartent vers la plaine. Il fait beau. L'un d'eux joue de l'harmonica.

Ce massacre (560 morts) est loin d'être le seul commis à cette époque où les Allemands occupaient le nord de l'Italie. Afin de bloquer l'avancée des Alliés par le sud, ils avaient en effet mis en place la « Ligne gothique », une frontière militaire dressée d'ouest en est de la mer Ligurienne à l'Adriatique. Pour en faciliter le contrôle et couper la Résistance de tout soutien de la part des civils, ils pratiquèrent la politique de la terre brûlée. Des centaines de tueries, visant des civils, furent ainsi perpétrées : à Marzabotto (800 victimes), à San Terenzo (350), ou encore à Padule di Fucecchio (180).

À chaque drame ses souffrances, sa vérité. Mais celui de Sant'Anna, dont le réalisateur américain Spike Lee s'est inspiré pour son dernier film, incarne, à lui seul, le combat contre l'oubli. Au terme d'une enquête d'exception, la justice italienne a identifié, et condamné par contumace dix Allemands. Parmi eux, Gerhard Sommer, suspecté d'être le sous-officier de l'esplanade de l'église. Cet homme de 87 ans vit aujourd'hui du côté de Hambourg, mais sa photo de jeunesse, regard d'acier et casquette à tête de mort, le renvoie à son passé de SS. Comme d'autres éléments du dossier, ce cliché a traversé les époques au fil d'une histoire digne d'un roman…

Dès que les Alliés prennent le contrôle de la région, à la fin de l'été 1944, ils sont alertés au sujet de Sant'Anna. Un officier britannique en fait état dans l'un de ses comptes rendus. Envoyés sur place, des enquêteurs de l'armée américaine mentionnent dans leur rapport des « maisons brûlées » et des « ossements de femmes et de jeunes enfants ». De rares témoins racontent ce qu'ils ont vu, devant l'église et ailleurs. L'ampleur du massacre s'explique en partie par la présence de nombreux réfugiés venus d'autres régions. Ainsi, la plupart des 132 victimes de l'église étaient des personnes étrangères au village, logées dans l'école voisine.

Les enquêteurs interrogent également un déserteur allemand, Willi Haase. Tout en niant avoir participé à l'opération, ce SS de 19 ans confie en avoir parlé avec ses compagnons d'armes. Selon lui, ils auraient agi sur ordre de leur hiérarchie, parfois à contrecœur. L'opération leur avait été présentée comme une action contre des résistants. Le nom d'un SS apparaît déjà dans ces procès-verbaux : Gerhard Sommer.

L'enquête en est là, en décembre 1946, quand les Américains transmettent le dossier aux autorités italiennes. À charge pour elles de poursuivre la procédure. Ce qu'elles feront pendant quelques années, puis plus du tout… Le pays, à peine sorti du fascisme, souhaite tourner la page et veut éviter de froisser l'Allemagne de l'Ouest, nouvelle alliée des Occidentaux. Ajoutons les pesanteurs judiciaires, peut-être aussi la négligence des magistrats, et voilà le dossier « provisoirement archivé » en 1960.

Les survivants eux-mêmes finissent par se résoudre au silence. Il y a bien des cérémonies du souvenir, le 12 août de chaque année, et des visites ministérielles devant l'ossuaire édifié en 1948, mais l'essentiel – la vérité, la justice – demeure enfoui. Les rescapés se confient d'autant moins que la présence auprès des SS de quelques Italiens, simples porteurs de munitions ou collaborateurs plus zélés, ravive les haines locales. Les habitants se déchirent également à propos des résistants : ont-ils, par leur stratégie de harcèlement dans l'arrière-pays, une responsabilité, même indirecte, dans la furie allemande ?

Il faut attendre 1994 pour que les documents d'époque sortent des oubliettes et permettent d'en savoir plus : 695 dossiers poussiéreux, portant sur autant de tueries, sont en effet découverts, presque par hasard, dans une armoire du parquet général militaire de Rome. Le scandale est tel que les autorités s'activent enfin : 214 de ces dossiers, dont celui de Sant'Anna, aboutissent ainsi au parquet militaire de La Spezia (Ligurie). Le procureur Marco De Paolis s'attelle à ce travail de titan. « J'ai constitué une équipe d'une dizaine d'enquêteurs bilingues, et nous avons établi des relations de confiance avec nos homologues allemands », explique-t-il à *L'Express*.

Les survivants se font rares, bien sûr, mais ils sont enfin prêts à parler. Pour l'Histoire. Pour eux-mêmes, aussi. Depuis ce maudit samedi de 1944, la vie a fait d'eux des parents, puis des grands-parents, mais le temps n'a pas fait son œuvre d'oubli. Ils peinent toujours à retenir leurs larmes devant leurs photos d'enfance, du temps où Sant'Anna et ses quatre cents habitants vivaient au rythme des saisons.

Sur la quarantaine de rescapés encore recensés, *L'Express* a pu en rencontrer quatre. À chacun son histoire, ses blessures : Cesira Pardini, vieille dame au regard doux – elle avait 17 ans en 1944 –, a vu mourir sa mère et vainement tenté de sauver sa sœur Maria, un bébé de 20 jours ; Enrico Pieri (74 ans), président de l'association des victimes, se souvient des cris (« *Raus !* », « *Schnell !* »), et de sa soudaine solitude d'orphelin, l'année de ses 10 ans ; Mauro Pieri, 12 ans en 1944, évoque la mort de sa mère, de ses frères, sa lutte pour survivre ; Enio Mancini, lui, doit la vie à un jeune SS qui l'avait incité à fuir… Au village même, cette libération de la parole s'accompagne d'un bel effort de mémoire. La région et la municipalité soutiennent le musée local, installé dans l'ancienne école, non loin de l'église.

La relance judiciaire ne tarde pas à produire ses effets. Au début des années 2000, les enquêteurs italiens se déplacent à plusieurs reprises en Allemagne. Peu à peu, la « cible » se précise : le 35ᵉ régiment de la 16ᵉ division SS. Des noms émergent : Schöneberg, Bruss, Schendel, Sonntag, Rauch, Sommer… « Je les ai tous interrogés avec mes collègues de Stuttgart, se souvient le procureur De Paolis. Disons que notre enquête les ennuyait… Nous parlons là d'anciens SS, de gens plus durs que les soldats, d'hommes qui ne se sont jamais repentis, qui n'ont jamais collaboré. » L'un d'eux, Alfred Concina, reconnaît sa présence à Sant'Anna, et admet que ce fut une « grande saloperie », mais il nie avoir tué qui que ce soit. Sommer, lui, rechigne à parler, si ce n'est pour dire : « Les ordres étaient les ordres. » « Un seul, Ludwig Göring, a reconnu avoir tué vingt-cinq femmes à la mitrailleuse, précise le magistrat italien. Il a dit avoir agi sur ordre, sous peine d'être fusillé. Je lui avais promis l'immunité s'il venait témoigner en Italie, mais il a renoncé au dernier moment sur les conseils de son avocat. »

Un autre ancien SS, auquel le procureur garantit l'impunité, accepte en revanche de venir au procès organisé à La Spezia en 2005. En présence des survivants, Adolf Beckert raconte qu'il avait été chargé de surveiller les abords de l'église. De l'endroit où il se trouvait, il aurait assisté à la scène, mais sans y participer. À la barre, le vieil homme ne peut retenir ses larmes. Son épouse, présente dans la salle, demande pardon à la nièce d'une victime. Celle-ci, Claudia

Buratti, lui répond : « Je remercie votre mari d'être venu, mais je ne peux pas pardonner. »

Grâce à ces témoignages et aux éléments d'enquête, la vérité affleure, le scénario s'affine. Celui d'un massacre prémédité, organisé, planifié ; en aucun cas une opération militaire classique. Les SS, pour la plupart très jeunes, sont arrivés par quatre chemins différents, avec un armement important et des lance-flammes. Ils ont procédé de manière coordonnée, de hameau en hameau. Et, même si certains ont peut-être rechigné à obéir, l'ordre était bien d'éliminer toute trace de vie. « Pour les Allemands, la lutte contre la Résistance était un prétexte formel, assure le procureur. Ce n'est pas la faute des résistants s'il y a eu un tel massacre. »

En 2005, à La Spezia, Sommer et neuf autres anciens SS ont été condamnés, par contumace, à la prison à vie. Depuis, deux d'entre eux sont décédés. Il reste à savoir si les huit autres, qui vivent en Allemagne, purgeront un jour cette peine dans leur pays. Les survivants de Sant'Anna le souhaitent, mais sans haine. « Vous savez, confie le président de leur association, Enrico Pieri, je ne pense pas qu'au fond d'eux ces gens-là soient vraiment tranquilles et sans remords. »

Philippe Broussard
23 octobre 2008

Condamnés mais impunis

Gerhard Sommer est un pensionnaire encombrant dans sa maison de retraite de Hambourg-Volksdorf. Comme neuf de ses frères d'armes dans la 16e division d'infanterie motorisée « Reichsführer », cet ancien lieutenant SS a été condamné à la prison à vie, le 22 juin 2005, par le tribunal militaire de La Spezia (Italie), pour le massacre de Sant'Anna (560 morts le 12 août 1944). Mais le jugement, confirmé en cassation (2007), n'a guère affecté cet homme de 87 ans dont la tranquillité est à peine troublée, une ou deux fois l'an, par les vociférations d'une poignée de militants antifascistes.

L'extradition vers l'Italie ? Impossible, car l'intéressé s'y est opposé. La prison en Allemagne ? Rome n'a pas déposé de demande auprès du parquet de Hambourg pour l'instant. Motif : l'instruction, ouverte en 2002 par le parquet du Wurtemberg, n'est pas close.

À Stuttgart, le procureur chargé de cette affaire, Bernhard Häussler, a beau avoir accumulé plusieurs mètres cubes de documents, l'enquête piétine. « Les conditions nécessaires à l'ouverture d'une procédure pénale ne sont pas remplies », estime-t-il. Il n'y peut rien, son travail consiste à appliquer le Code pénal, « même si celui-ci peut paraître difficilement acceptable ». Outre-Rhin, la marge de manœuvre de la justice face aux criminels de guerre est étroite. Le seul chef d'inculpation échappant à la prescription est l'assassinat assorti de circonstances aggravantes, comme la barbarie, la vengeance ou la haine raciale. Autre contrainte : seuls les officiers peuvent être poursuivis à moins que les exécutants n'aient outrepassé leurs ordres. Enfin, l'implication personnelle de chaque accusé doit être prouvée. Dans le cas de Sant'Anna, c'est mission (quasi) impossible.

Des survivants ont témoigné, pourtant. D'anciens SS ont raconté, eux aussi, l'horreur de ce matin d'été. Comme Horst Eggert, qui s'est confié, dès 1999, à une journaliste du quotidien *Süddeutsche Zeitung*. Comme le sous-officier Werner Bruss, devenu professeur après la guerre. Ou encore comme Aldof Beckert, venu s'exprimer à la barre du tribunal de La Spezia en 2005. Ceux qui ont obéi à leurs supérieurs ne risquent rien en Allemagne. « En Italie, il suffit d'avoir été un rouage de la machine à tuer pour être jugé coupable, souligne Häussler. Pas chez nous. »

Reste à savoir quel officier dirigeait les opérations devant l'église de Sant'Anna. Était-ce Sommer ? Les preuves manquent. Et le procureur ne cache pas sa frustration : « Je me heurte à un mur du silence, cimenté par la solidarité des anciens SS. Beaucoup m'ont menti au cours des auditions, je le sais. Malheureusement, je ne peux pas le prouver. »

Son ultime espoir réside dans un témoin domicilié « à l'étranger » (sans autre précision), susceptible d'identifier l'officier. Mais la demande d'entraide judiciaire, expédiée en avril 2006, n'a pas reçu de réponse « malgré plusieurs relances ». Pas de quoi troubler le sommeil des huit condamnés encore vivants. À commencer par Sommer. « Je n'ai aucun reproche à faire, lâchait-il, en 2004, dans un reportage télévisé. J'ai la conscience parfaitement tranquille. »

Anne Vidalie
23 octobre 2008

Allemagne : le vieil homme et les fantômes

Samuel Kunz, paisible retraité allemand, est accusé par la justice d'avoir participé activement à l'extermination des Juifs au camp de Belzec.

Finis, les jours tranquilles que Samuel Kunz, 88 ans, coulait dans sa jolie maison près de Bonn, avec vue imprenable sur le Drachenfels, un ancien volcan au bord du Rhin. Dans les semaines qui viennent, le vieil homme, retraité du ministère de la Construction, devrait être mis en examen pour complicité dans l'assassinat des 434 000 Juifs exterminés à Belzec, l'un des trois camps de la mort édifiés par les nazis à l'est de la Pologne. Kunz y aurait servi comme gardien de camp, entre 1942 et 1943.

Son histoire ressemble étrangement à celle de John Demjanjuk, dont le procès devant les assises de Munich s'est ouvert à la fin du mois d'octobre 2009. Comme l'ancien mécano de Cleveland (États-Unis), Kunz, natif des bords de la Volga, a été enrôlé par l'Armée rouge, puis fait prisonnier par la Wehrmacht et interné au camp de Chelm, dans d'effroyables conditions. Comme lui, il a cédé aux sirènes nazies et rejoint les rangs des gardiens de camp formés pour leur prêter main-forte dans leur entreprise d'extermination. Il en est sorti avec le grade de sergent. Ce « privilège », réservé aux Allemands de souche, lui donnait le droit de porter une arme.

Après la guerre, Kunz n'a pas fui l'Europe, à la différence de Demjanjuk. Naturalisé allemand en 1944, il s'est installé en Rhénanie du Nord-Westphalie, où la justice n'est jamais venue l'importuner. Pourtant, l'ancien fonctionnaire n'a pas cherché à dissimuler son passé. Il a même témoigné à trois reprises devant les tribunaux de son pays, lors de procès intentés à des responsables nazis. Oui, a-t-il reconnu à chaque fois, il savait ce qui se passait à Belzec : « Il était évident que les juifs étaient exterminés, puis brûlés. Nous sentions l'odeur chaque jour. »

Ces propos terribles, Kunz est prié de les répéter au procès Demjanjuk, au cours duquel il doit témoigner. Ils pourraient aujourd'hui être retenus contre lui, sept décennies après la guerre. C'est qu'outre-Rhin le vent judiciaire a tourné. « Tous ceux qui ont contribué à faire fonctionner ces usines de mort sont désormais jugés coresponsables », indique Cornelius Nestler, professeur de droit pénal à l'université de Cologne. Y compris les gardiens de camp, souvent originaires d'Ukraine. « Longtemps, personne ne s'est intéressé à eux parce que beaucoup ont émigré à la fin de la guerre ou sont rentrés dans leur pays d'origine », précise la juge Kirsten Götze, du Centre national de recherche sur les crimes de guerre nazis, qui a bouclé un dossier de quatre-vingts pages consacré à Kunz.

Les accusations sont lourdes. « Samuel K. aurait personnellement abattu une dizaine de Juifs », souligne Andreas Brendel, procureur au sein de l'unité de Dortmund spécialisée dans la chasse aux meurtriers nazis. L'affaire est désormais entre ses mains. Le 21 janvier, il a interrogé Kunz, dont le domicile a été perquisitionné par la police criminelle.

Sans attendre l'ouverture des poursuites, le professeur Cornelius Nestler s'est lancé sur les traces des descendants des Juifs de Belzec. Son credo : « Il est essentiel de donner un visage et de restituer une histoire personnelle à ces victimes. » Deux hommes se sont déjà manifestés, prêts à se porter parties civiles : un Canadien, originaire d'Allemagne, dont la mère et les trois frères et sœurs ont péri ; un Israélien, né en Pologne, qui a perdu ses parents. Pour eux, il ne sera jamais trop tard.

Anne Vidalie
28 janvier 2010

Allemagne : des procès pour mémoire

Soixante-cinq ans après la fin du conflit mondial, les tribunaux multiplient les poursuites contre les criminels de guerre nazis. Le dernier sursaut d'une justice qui fut trop clémente ?

L'un s'est éteint paisiblement, le 30 mars, dans son deux-pièces d'une maison de retraite de Stuttgart. L'autre dort en prison, entre deux apparitions devant ses juges. Le premier, le colonel Martin Sandberger, avait des milliers de suppliciés sur la conscience ; condamné à mort en 1948 et relâché dix ans plus tard, il a fait une jolie carrière dans une entreprise du Bade-Wurtemberg. Le second, John Demjanjuk, supplétif ukrainien des forces du IIIe Reich, aurait servi comme « simple » gardien dans un camp d'extermination de Pologne ; il comparaît depuis l'automne devant la cour d'assises de Munich.

Sandberger. Demjanjuk. La comparaison entre ces deux destins soulève une question embarrassante en Allemagne : pourquoi juger des exécutants, aujourd'hui nonagénaires, alors que leurs maîtres n'ont pas été punis après la guerre ?

Moins de 7 000 condamnations

Pour l'avocat Serge Klarsfeld, président de l'Association des fils et filles des déportés juifs de France, le paradoxe s'explique par une évolution des esprits outre-Rhin : « L'indulgence dont la société a fait preuve jusque dans les années 1980 appartient au passé. Les Allemands voudraient désormais juger les grands criminels nazis épargnés après la guerre, mais ils sont morts. Alors, on se rabat sur les survivants. Mais ils avaient 20 ans à l'époque et ne pouvaient donc occuper, étant donné leur âge, que des postes subalternes. »

Cette analyse irrite l'historien Eberhard Jäckel, spécialiste du nazisme et de la Shoah : « Dès qu'elle a recouvré sa souveraineté juridique, l'Allemagne a engagé des poursuites qui ont débouché sur des procès retentissants », rappelle-t-il.

En 1958, dix membres des Einsatzgruppen, ces unités chargées de liquider Juifs, tsiganes et communistes dans les territoires occupés de l'Est, sont jugés à Ulm. En 1965, 17 responsables du camp d'Auschwitz sont condamnés à Francfort-sur-le-Main. « Il a fallu attendre la fin des années 1950 pour que l'amnésie cynique fasse place à un mouvement public en faveur du jugement des coupables, confirme Henrik Uterwedde, directeur adjoint de l'Institut franco-allemand de Ludwigsburg. Auparavant, les anciens nazis étaient très présents dans l'appareil d'Etat, notamment dans le domaine judiciaire. »

C'est l'année du procès d'Ulm (1958) que voit le jour, à Ludwigsburg, le Centre national d'enquêtes sur les crimes de guerre nazis. La tâche est immense pour un organisme aux compétences limitées. « Il ne peut pas engager lui-même des poursuites, mais doit transmettre ses dossiers aux parquets compétents, pointe l'historienne Annette Weinke. De plus, il a vite été débordé, faute de moyens suffisants. »

Seul le Land de Rhénanie-du-Nord-Westphalie s'est doté, en 1961, de deux unités de magistrats spécialisés : l'une, à Cologne, chargée des crimes commis dans les camps de concentration, a fermé ses portes en 1998 ; l'autre, à Dortmund, toujours en activité, fait la chasse aux derniers nazis.

Mais le Code pénal allemand ne facilite pas le travail des magistrats et des juges : seuls peuvent être poursuivis les coupables d'assassinat aggravé (accompagné d'actes de barbarie ou motivé par la haine raciale, notamment) ou leurs complices, car la prescription ne s'applique pas à leurs crimes.

Résultat : entre des procédures interminables, des preuves difficiles à rassembler et des inculpés prompts à invoquer les ordres venus d'en haut, moins de 7 000 condamnations ont été prononcées par la justice ouest-allemande depuis la guerre. Dont 182 seulement pour homicide.

Anne Vidalie
12 mai 2010

Johann B., gardien à Auschwitz

Outre-Rhin, la justice pourrait ouvrir une procédure pénale contre cet ancien soldat SS, aujourd'hui installé aux États-Unis. Une enquête préliminaire très fouillée décortique sa vie.

La justice des hommes va-t-elle rattraper Johann B., 87 ans, avant sa mort ? Cet ancien gardien de camp à Auschwitz, aujourd'hui retraité aux États-Unis, est la cible d'une minutieuse enquête préliminaire diligentée par le Centre national de Ludwigsburg (Allemagne), créé en 1958 pour traquer les criminels de guerre nazis. Les accusations sont lourdes : Johann B. aurait participé au massacre de plus de 344 000 Juifs, dont 100 000 enfants de moins de 12 ans, gazés à Auschwitz-Birkenau entre le printemps et l'été 1944.

Le rapport de 182 pages a été transmis au parquet de Weiden, en Bavière, fin août. À lui de juger si le dossier est assez solide pour ouvrir une procédure judiciaire contre B. et demander son extradition aux autorités américaines. En attendant, la justice allemande se garde bien de révéler son identité afin de ne pas l'alerter.

Johann B. pourrait bien subir le même sort que l'Américain d'origine ukrainienne John Demjanjuk. En mai 2011, après dix-huit mois de procès et quatre-vingt-treize jours d'audience, un tribunal de Munich a jugé l'ex-sentinelle du camp d'extermination de Sobibor (Pologne) coupable de complicité dans l'assassinat de 27 900 juifs. Le mécanicien de Cleveland (Ohio) a été condamné à cinq ans de prison – il est mort dix mois plus tard. Ce verdict est une première outre-Rhin, où les simples servants de la machine de mort nazie s'étaient toujours abrités, avec succès, derrière les ordres de leurs supérieurs. Soixante-sept ans après la fin de la Seconde Guerre mondiale, à défaut d'avoir pu ou voulu juger les maîtres, l'Allemagne fait désormais la chasse aux exécutants, où qu'ils aient trouvé refuge. Johann B. est l'un d'eux.

Le roman de sa vie, l'octogénaire au pesant accent allemand l'a raconté en novembre 1991 aux enquêteurs de l'Office for Special Investigations (OSI), chargés de pister les nazis installés aux États-Unis. Ceux-ci soupçonnent Johann B., outilleur-ajusteur de son état, émigré outre-Atlantique depuis 1952, d'avoir travesti son passé.

Que sait-on de lui ? B. voit le jour le 30 mai 1925 à Neuwalddorf, petit village de l'est de la Slovaquie, un ancien territoire austro-hongrois, dont la plupart des habitants sont des Volksdeutsche, des Allemands de souche. Son père, prénommé lui aussi Johann, a exploité une ferme aux États-Unis avant de revenir travailler la terre natale. Sa mère, Katarina, est née à Manayunk, un faubourg de Philadelphie. Sa famille a tenté l'aventure américaine, elle aussi, puis elle est rentrée au pays. Avant guerre, Johann père, Katarina, Maria, la sœur aînée, et son mari, Adalbert, sont membres du Deutsche Partei, le parti qui défend les intérêts des Allemands vivant en Tchécoslovaquie.

Il jure n'avoir fait qu'assurer la surveillance extérieure

Les SS recrutent à tour de bras parmi ces Allemands qui vivent en lisière du Reich. En décembre 1942, à 17 ans, le jeune Johann se porte volontaire pour endosser l'uniforme. Deux mois plus tard, il est enrôlé dans le sinistre SS-Totenkopf, le bataillon des têtes de mort, celui des gardiens. Direction le camp de concentration de Buchenwald, où il s'exerce pendant six semaines au maniement des armes.

Ensuite, les versions divergent. Johann B. affirme avoir été transféré à Auschwitz, au printemps 1944. Une mesure de rétorsion, selon lui, car il aurait demandé à quitter la SS. Il jure ses grands dieux qu'il n'a fait qu'assurer la surveillance extérieure. Jamais, au grand jamais, il n'a servi à Birkenau, la partie du camp dévolue à l'extermination.

Pourtant, devant les enquêteurs de l'OSI, l'ancien Oberschütze (soldat de première classe) B. a décrit les « baraquements en bois » d'Auschwitz, alors que seuls ceux de Birkenau étaient bâtis dans ce matériau. Après avoir passé au crible ses déclarations et écumé les archives allemandes et américaines, la juge Kirsten Goetze, qui a rédigé l'enquête préliminaire, esquisse un scénario bien différent. Cinq documents d'époque témoigneraient de la présence de Johann B. à Auschwitz dès la fin de 1943, ainsi que son appartenance, d'avril à novembre 1944, à une compagnie exclusivement affectée à Birkenau.

Pendant ces quelques mois, la mécanique à broyer les vies s'emballe. À Birkenau, jour et nuit, les convois de déportés promis aux chambres à gaz se succèdent. Les permissions des gardes SS sont annulées. Les hommes se relaient pour monter la garde le long de la rampe où débarquent hommes, femmes et enfants, et les pousser vers la mort. La plupart des trains viennent de Hongrie, d'autres d'Italie, de Grèce, de Serbie, de Belgique, d'Allemagne et de France. « En 1944, treize convois sont partis de Drancy et un de Lyon », précise Serge Klarsfeld, président de l'Association des fils et filles des déportés juifs de France. Raflés le 6 avril sur l'ordre de Klaus Barbie, le chef de la Gestapo lyonnaise, les 44 enfants juifs réfugiés à Izieu (Ain) ont embarqué dans ces fourgons à bestiaux.

Aux États-Unis, Johann B. est sorti vainqueur de sa guérilla judiciaire. En 2002, la justice a renoncé à lui retirer son passeport. Motif : sa mère, née à Philadelphie, lui a transmis la nationalité américaine. « Mais rien ne s'oppose à ce qu'il soit visé par un mandat d'arrêt international, si le parquet de Weiden décide d'ouvrir une procédure pénale contre lui », souligne Kurt Schrimm, directeur du centre d'enquêtes de Ludwigsburg.

L'avocat bavarois Thomas Walther prépare d'ores et déjà le terrain. C'est lui, l'ancien juge à Ludwigsburg, qui a patiemment ficelé le dossier contre John Demjanjuk, la sentinelle de Sobibor. Aujourd'hui, Walther[1] s'est lancé dans un nouveau combat : il veut retrouver les derniers témoins d'Auschwitz. Et identifier des survivants ou des descendants de victimes qui pourraient se porter partie civile contre Johann B.

Anne Vidalie
19 septembre 2012

1. auschwitz.parties.civiles@gmail.com

Johann Breyer, gardien à Auschwitz : « Je n'ai rien fait de mal »

Des journalistes de l'agence de presse américaine Associated Press ont rencontré Johann Breyer, que la justice allemande soupçonne d'avoir participé à l'extermination de 344 000 Juifs à Auschwitz. Le retraité de Philadelphia clame son innocence.

La justice allemande n'aura pas réussi à tenir secrète bien longtemps l'identité de Johann Breyer, 87 ans. Cet ancien gardien de camp à Auschwitz est visé par une enquête préliminaire du Centre national de Ludwigsburg (Allemagne), créé en 1958 pour faire la chasse aux criminels de guerre nazis. Certes, le rapport de 184 pages, désormais entre les mains du procureur bavarois de Weiden, mentionnait son patronyme complet, mais les magistrats de Ludwigsburg ne souhaitaient pas le rendre public afin ne pas alerter l'ancien outilleur-ajusteur, désormais citoyen américain, qu'ils soupçonnent de complicité dans l'assassinat de 344 000 Juifs, gazés à Auschwitz entre le printemps et l'été 1944.

Les journalistes de l'agence Associated Press (AP) leur ont grillé la politesse. Ils ont rencontré le retraité de Philadelphie dans sa modeste maison de bois blanc et de briques et l'ont longuement interrogé sur son passé. Johann « Hans »

Breyer leur a répété ce qu'il avait dit en novembre 1991 aux limiers de l'Office for Special Investigations (OSI), chargés de traquer les anciens nazis installés aux États-Unis. Oui, il était membre de la SS et sentinelle à Auschwitz, où il montait la garde à l'extérieur du camp. Non, il n'a jamais servi à Birkenau, la partie de ce vaste complexe concentrationnaire où se trouvaient les chambres à gaz et les crématoriums. « Je n'ai tué personne, je n'ai violé personne, je n'ai rien fait de mal », a-t-il déclaré aux journalistes d'AP.

Selon Kirsten Goetze, ex-juge à Ludwigsburg et auteur de l'enquête préliminaire sur Breyer, cinq documents d'époque prouveraient sa présence à Birkenau, contrairement à ses dires, et pourraient permettre de l'inculper de complicité d'assassinat. John Demjanjuk, ancien garde-chiourme à Sobibor (Pologne), a été le premier à faire les frais de cette nouvelle approche de la justice allemande : tous ceux qui ont servi dans les camps d'extermination, même les simples sentinelles, ont contribué au fonctionnement de la machine de mort et sont donc passibles de poursuites – quatrre-vingts gardiens seraient encore vivants aujourd'hui. Demjanjuk, reconnu coupable, a été condamné à cinq ans de prison – il est mort en mars 2012.

Si le parquet de Weiden décide d'ouvrir une procédure pénale, il devrait délivrer un mandat d'arrêt international contre Johann Breyer et demander son extradition aux autorités américaines. « Je suis un citoyen américain, a protesté l'intéressé devant les journalistes d'AP. Ils ne peuvent pas me déporter ! »

Anne Vidalie
24 septembre 2012

L'Allemagne enquête sur 50 anciens gardiens du camp d'Auschwitz

Le Centre national d'enquête de Ludwigsburg, créé en 1958 pour traquer les criminels de guerre nazis, examine le passé de cinquante-deux ex-sentinelles du camp d'extermination d'Auschwitz-Birkenau. Les premiers dossiers pourraient être soumis à la justice allemande dans quelques mois.

Soixante-huit ans après la fin de la Deuxième Guerre mondiale, l'Allemagne s'apprête à lancer une vaste offensive judiciaire contre les derniers servants de la machine de mort du IIIe Reich. Cinquante hommes, âgés de 85 à 90 ans, sont dans le collimateur du Centre national d'enquête de Ludwigsburg, créé en 1958 pour traquer les criminels de guerre nazis. Tous, de nationalité allemande ou non, vivent en Allemagne. Tous ont servi comme gardiens au camp d'Auschwitz-Birkenau, la partie de ce vaste complexe concentrationnaire où se trouvaient les chambres à gaz et les fours crématoires.

La jurisprudence Demjanjuk

Jusqu'au procès de John Demjanjuk, ces hommes dormaient sur leurs deux oreilles. En mai 2011, un tribunal de Munich a condamné cet Américain d'origine ukrainienne, ex-sentinelle du camp d'extermination de Sobibor (Pologne), pour complicité dans l'assassinat de 27 900 Juifs. Une première qui a bouleversé la jurisprudence germanique. Pour la première fois, la justice jugeait un homme coupable, sans preuve de sa participation directe à un meurtre. Coupable, simplement, d'avoir été l'un des multiples rouages d'une sinistre entreprise criminelle.

« Depuis des dizaines d'années, il existait une liste recensant les gardiens du camp d'Auschwitz-Birkenau dont on ne sait si elle est exhaustive, explique le procureur général Kurt Schrimm, qui dirige le Centre de Ludwigsburg. Après l'avoir complétée en puisant dans les archives d'Auschwitz, nous sommes arrivés à un total d'un millier de noms que nous avons passés au crible pour identifier les survivants. » Aux magistrats de Ludwigsburg, à présent, de passer à la loupe le pedigree et les antécédents de ces cinquante anciens gardiens de camp afin de cerner le rôle qui fut le leur.

« Pour chacun, poursuit Schrimm, nous devons répondre à trois questions qui détermineront la possibilité d'engager des poursuites pour complicité d'assassinat : À quelle compagnie appartenait-il ? Quand était-il à Auschwitz ? Combien d'hommes, de femmes et d'enfants ont été assassinées dans cette période-là ? »

Les premiers dossiers pourraient être bouclés d'ici à trois ou quatre mois. Ils seront ensuite transmis aux différents parquets concernés, selon le lieu de résidence des suspects. À eux de décider d'engager ou non une procédure pénale.

Une course contre le temps

Kurt Schrimm ne compte pas en rester là. « Nous essayons également de recenser les sentinelles qui étaient en poste dans les autres camps d'extermination, comme Sobibor ou Treblinka, même s'il n'existe pas de listes préétablies, indique-t-il. Nous nous penchons aussi sur les membres des Einsatzgruppen [les "groupes d'intervention", unités mobiles chargées de liquider Juifs, tsiganes et communistes dans les territoires occupés de l'Est, première phase de la "Solution finale de la question juive" avant l'ouverture des camps de la mort]. Il risque d'être difficile de retrouver des survivants, car les soldats qui étaient affectés aux Einsatzgruppen étaient soit âgés, soit en mauvais état de santé. »

C'est une course contre le temps qui s'engage. Combien de ces hommes seront encore en vie le jour où leur procès s'ouvrira ? Le cas de Johann Breyer, ex-gardien à Auschwitz-Birkenau, n'incite pas à l'optimisme. Ludwigsburg a transmis le dossier très fouillé de cet ancien SS de 87 ans, qui coule une retraite paisible aux États-Unis, au parquet de Weiden (Bavière) fin août 2012. Aucune décision n'a, à ce jour, été prise.

Anne Vidalie
10 avril 2013

ANNEXE

Les bases juridiques des diverses catégories de procès ont été les suivantes :

1. Les déclarations interalliées sur le châtiment des criminels de guerre des 13 janvier et 17 décembre 1942, puis du 5 janvier 1943, et la déclaration de Moscou du 1er novembre 1943.

2. L'accord quadripartite de Londres du 8 août 1945 et le statut du Tribunal militaire international, lequel concernait l'Allemagne qui, par suite de la capitulation inconditionnelle, avait perdu son statut de sujet du droit international et était devenue un objet de l'action internationale.

3. La loi n° 10 du 20 décembre 1945 du Conseil de contrôle allié adoptée par les puissances occupantes de l'Allemagne. Cette loi a créé, en Allemagne, une base juridique uniforme pour la procédure des jugements des crimes de guerre. Elle a entraîné la création de tribunaux organisés par les Alliés dans leurs zones d'occupation respectives et a été appliquée par certains tribunaux allemands durant l'existence du régime d'occupation.

4. Les législations nationales adoptées, d'une part, par les pays précédemment occupés par l'Allemagne (Tchécoslovaquie, Pologne, Norvège, Pays-Bas, Belgique, Luxembourg, France, Danemark, Grèce) et, d'autre part, par ses alliés et satellites (Italie, Bulgarie, Roumanie, Hongrie). Le plus souvent, il s'est agi de lois d'exception adoptées, dans le premier cas, pendant la guerre et, dans le second, au lendemain de la Libération afin de châtier les criminels de guerre.

5. Le code pénal allemand proprement dit, appliqué par les tribunaux de la République fédérale d'Allemagne, ainsi que le code pénal de la République démocratique allemande. Ces deux États avaient été créés en 1949. La RDA a cessé d'exister en 1989.

6. Le code pénal israélien sanctionnant les crimes contre le peuple juif conformément aux dispositions de la loi sur la punition des nazis et de leurs collaborateurs.

7. Les législations adoptées par des États tels que les États-Unis, le Canada et l'Australie quand ils ont décidé de s'attaquer à une politique d'immigration laxiste dont certains criminels nazis avaient tiré parti pendant la guerre froide pour s'installer dans ces pays et, souvent, en devenir citoyens.

8. Les criminels pouvaient être jugés devant les tribunaux des pays où les crimes avaient été commis, devant la justice du pays dont ils étaient citoyens ou devant les tribunaux de l'État contre les intérêts duquel l'infraction avait été commise.

Composé par Nord Compo Multimédia
7, rue de Fives, 59650 Villeneuve-d'Ascq

Dépôt légal : novembre 2013
ISBN : 979-10-210-0377-4
Numéro d'édition : 3644
Imprimé en Italie